"十二五"职业教育国家规划教材
经全国职业教育教材审定委员会审定

工业和信息化人才培养规划教材　　高职高专计算机系列

管理信息系统开发项目式教程（第3版）

Management Information Service

陈承欢 ◎ 编著

人民邮电出版社
北　京

图书在版编目（ＣＩＰ）数据

管理信息系统开发项目式教程 / 陈承欢编著. -- 3
版. -- 北京 ：人民邮电出版社，2013.4（2023.8重印）
工业和信息化人才培养规划教材. 高职高专计算机系
列
ISBN 978-7-115-30820-7

Ⅰ. ①管… Ⅱ. ①陈… Ⅲ. ①管理信息系统—高等职
业教育—教材 Ⅳ. ①C931.6

中国版本图书馆CIP数据核字(2013)第057762号

内 容 提 要

本书优选了两个教学项目（图书管理系统、进销存管理系统）和 27 个项目开发任务，以开发真实的管理信息系统为主线重构课程教学内容，在真实工作环境中分析管理信息系统开发的原理与方法，采用"项目导向、任务驱动"的方法训练技能与讲解知识，适用于理论实践一体化教学。每个教学单元都设置了两个技能训练环节：项目实战与同步实践，强化了项目开发技能的训练。

根据岗位需求和系统开发的工作过程将教学内容划分为 7 个模块：管理信息系统的整体规划与可行性分析、管理信息系统的分析与建模、管理信息系统的系统设计、系统模块实施与测试、管理信息系统的整合与发布、管理信息系统的运行与维护、管理信息系统的有效管理与安全保障。每一个教学单元面向教学全过程设置了 8 个必要的教学与考核环节：教学导航、知识必备、项目实战、项目实战考核评价、同步实践、同步实践考核评价、归纳总结、单元习题，按照理论指导→实战体验→训练提升→考核评价的进程组织教学，有利于提高教学效果。

本书可以作为高等本科院校和高等职业院校计算机类各专业以及其他各相关专业的教材和参考书，也可以作为从事管理信息系统开发的技术人员和管理人员的参考书。

◆ 编　　著　陈承欢

　　责任编辑　王　威

◆ 人民邮电出版社出版发行　　北京市丰台区成寿寺路 11 号
　　邮编　100164　　电子邮件　315@ptpress.com.cn
　　网址　https://www.ptpress.com.cn
　　北京天宇星印刷厂印刷

◆ 开本：787×1092　1/16
　　印张：22　　　　　　　　　　2013 年 4 月第 3 版
　　字数：550 千字　　　　　　　2023 年 8 月北京第 13 次印刷

ISBN 978-7-115-30820-7

定价：45.00 元

读者服务热线：(010)81055256　印装质量热线：(010)81055316
反盗版热线：(010)81055315
广告经营许可证：京东市监广登字 20170147 号

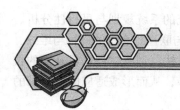

第3版前言

当今世界，全球数字化、信息化和网络化正在改变着数千年的经济形态，改变着全球的交往和交换形式，改变人类的生产和生活方式，改变着企业的经营管理、产品销售、财务结算等方面。随着计算机的普及与发展，管理信息系统也得到了空前的发展和应用，信息和信息系统的概念已经深入到社会的各行各业，目前各行各业都开始应用管理信息系统进行管理和控制生产、经营、服务等方面，极大地提高了生产自动化、管理现代化、决策科学化的水平，提高了工作效率、产品质量、管理水平和创新能力，有效地降低了生产、经营成本，优化了服务，从而提高企业的市场竞争力。

目前，使用管理信息系统进行管理和控制的典型案例有：政府机关大量应用电子政务系统管理政府事务、提供高效、优质的服务；工业企业大量应用 MIS（管理信息系统）、ERP（企业资源计划）、CRM（客户关系管理）、SCM（供应链管理）等系统管理和控制供应、生产、销售、财务等方面；商业企业和工业企业大量应用电子商务系统销售商品和结算资金，应用物流管理系统控制物流；图书馆应用图书管理系统进行图书入库、借书、还书等；各类学校应用教务管理系统管理学习者的学籍、成绩，进行排课等；超市、商场应用 POS（销售管理系统）销售商品和盘点库存；人力资源管理部门应用 HR（人力资源管理系统）有效利用和管理人力资源；大部分政府部门、学校和企业都开始应用办公自动化系统传输文件，实现无纸化办公。

随着信息技术的飞速发展和管理信息系统的推广应用，管理信息系统的开发、运行、维护和推广需要大量的从业人员，为高等院校相关专业的毕业生提供了许多就业岗位，高等院校的学习者毕业后在实际工作中将不可避免地成为各种管理信息系统的使用者、维护者和开发者。因此，有必要掌握各类管理信息系统应用、分析、设计、实施、维护和管理的方法，以适应行业、企业对信息管理类人才的需求。

本书主要有以下特色。

（1）针对职业岗位的从业需求系统化重构教学内容，围绕具体的设计任务训练技能，达到学以致用的目标。

对信息管理类职业岗位的从业需求进行认真分析，目前的需求主要包括管理信息系统的开发测试、运行维护和应用操作，根据岗位需求和系统开发的工作过程将教学内容划分为 7 个模块：管理信息系统的整体规划与可行性分析、管理信息系统的分析与建模、管理信息系统的系统设计、系统模块实施与测试、管理信息系统的整合与发布、管理信息系统的运行与维护、管理信息系统的有效管理与安全保障。系统模块实施与测试模块划分为 3 个单元：用户登录与管理模块的实施与测试、基础数据管理模块的实施与测试、业务功能模块的实施与测试。

（2）在真实的工作环境中完成真实软件项目的开发，在完成各项具体开发任务过程中训练技能、掌握知识、积累经验、固化能力。

本书以完整的真实软件系统为教学案例，优选了两个教学项目（图书管理系统、进销存管理系统）和 27 个项目开发任务。这些教学项目代表性较强，业务逻辑关系清晰，基础数据和业务数据容易采集，业务功能容易理解和实现。在完成管理信息系统的系统规划与可行性分析、系统分析与建模、系统设计、系统模块的实施与测试、系统的整合与联调、系统的运行与维护、系统管理与安全保障等各项具体任务过程中体验真实项目的实现方法、训练软件项目开发的技能，掌握管理信息系统的理论知识，积累管理信息系统的开发经验，从而形成适应岗位需求的项目开发能力。

（3）**面向教学全过程设置完善的教学考核环节。**

本书的每一单元面向教学全过程设置了 8 个必要的教学考核环节：教学导航、知识必备、项目实战、项目实战考核评价、同步实践、同步实践考核评价、归纳总结、单元习题，按照理论指导→实战体验→训练提升→考核评价的进程组织教学，符合认识规律，有利于提高教学效果。

（4）**采用过程考核与综合考核有机结合方式进行考核评价。**

为了充分调动学习者的学习积极性和主动性，培养团队合作意识和工作责任心，所有单元都设置了两个考核评价环节：项目实战考核评价和同步实践考核评价。项目实战考核评价主要反映学习者对教师课堂教学内容的掌握程度，评价教学效果。同步实践考核评价主要对学习者完成同步实践任务情况进行客观、公正的评价，作为考核学习者的依据。课堂同步实践任务的完成方式有两种：小组协作完成和个人独立完成，评价方式主要包括自我评价、小组评价和教师评价。全教材设置了 9 次过程考核和 1 次综合考核，考核评价都有具体的评价标准，操作性强。

（5）**采用"理论实践一体化"方式组织教学，强调"做中学"，注重理论指导实践。**

本书采用"项目导向、任务驱动"的方法训练技能与学习知识，适用于理论实践一体化教学。强化了操作技能的训练，技能训练符合技能形成规律，有效地提高学习者的操作技能。

（6）**强化时间观念、效率观念和团队合作等职业素养的培养。**

每个教学单元的项目实战环节都设置了"任务跟踪卡"，"任务跟踪卡"中要求记录任务的开始时间、完成时间、计划工时、实际工时，以强化学习者的时间观念和效率观念。

同步实践环节的任务完成方式设置了"小组协作完成"的方式，充分发挥小组成员的优势，在相互协作中，完成规定的实践任务。考核评价环节设置了自我评价、小组评价和教师评价 3 种方式，让小组成员通过自我评价和相互评价取长补短、相互借鉴、增强自信、共同提高。

本书的教学组织方式可以为串行方式（连续安排 2～3 周）组织教学，也可以为并行方式（每周安排 6～8 课时，安排 8 周左右，每周完成一个教学单元）组织教学。

本书使用的编程语言为 C#，集成开发环境为 Microsoft Visual Studio 2008，数据库开发工具为 Microsoft SQL Server 2008，数据库建模工具为 Microsoft Visio 2003。

本书由湖南铁道职业技术学院陈承欢教授编著，吴献文、裴来芝、刘东海、颜谦和、谢树新、冯向科、杨茜玲、潘玫玫、颜珍平、刘荣胜、刘志成、宁云智、郭外萍、言海燕、薛志良、林东升、侯伟、邓莹、唐丽玲、张丽芳等参与了教学案例的设计、优化和部分章节的编写、校对和整理工作。

由于编者水平有限，书中难免存在疏漏之处，敬请广大读者批评指正，作者的 E-mail 为 chenchenghuan@163.com，QQ 为 1574819688，感谢您使用本书，期待本书能成为您的良师益友。

陈承欢

2013 年 3 月

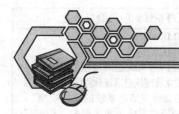

1. 教学单元设计

教学单元设计如下表所示。

单元序号	单元名称	建议课时	建议考核分值
单元1	管理信息系统的开发综述	4	6
单元2	管理信息系统的系统分析	6	12
单元3	管理信息系统的系统设计	4	10
单元4	用户登录与管理模块的实施与测试	6	8
单元5	基础数据管理模块的实施与测试	18	24
单元6	业务功能模块的实施与测试	10	16
单元7	管理信息系统的整合与发布	6	14
单元8	管理信息系统的运行与维护	6	6
单元9	管理信息系统的有效管理与安全保障	4	4
小计		64	100

2. 教学流程设计

教学流程设计如下所示。

教学环节序号	教学环节名称	说明
1	教学导航	明确教学目标、熟悉教学方法、了解建议课时
2	知识必备	对本单元的理论知识从整体上进行把握和熟悉，为完成项目开发任务提供必要的方法指导
3	项目实战	引导学习者一步一步完成项目开发任务
4	项目实战考核评价	对单元项目实战任务的完成情况进行考核评价，包括考核项目、考核内容、评分标准和评价方法等方面
5	同步实践	借助参考资料，参照项目实战的过程，完成类似的项目开发任务
6	同步实践考核评价	对单元同步实践任务的完成情况进行考核评价
7	归纳总结	对本单元所学习的知识和训练的技能进行简要归纳总结
8	单元习题	通过习题测试对理论知识的掌握情况

3. 理论知识选取与序化

理论知识选取与序化如下表所示。

序号	理论知识的选取与序化	序号	理论知识的选取与序化
单元 1	1.1　认识数据与信息 1.1.1　数据与信息的基本概念 1.1.2　数据处理 1.1.3　信息的基本特性 1.2　管理信息系统的基本概念与主要作用 1.2.1　管理信息系统的基本概念 1.2.2　管理信息系统的主要作用 1.2.3　管理信息系统的基本功能 1.3　管理信息系统的结构 1.4　管理信息系统的开发过程 1.5　管理信息系统开发的人员分工 1.6　管理信息系统规划的重要性与主要任务 1.6.1　管理信息系统规划的重要性 1.6.2　管理信息系统规划的主要任务 1.6.3　管理信息系统的初步调查分析 1.6.4　管理信息系统规划的特点 1.7　管理信息系统规划的主要方法 1.7.1　企业系统规划法（BSP 法） 1.7.2　关键成功因素法（CSF 法） 1.7.3　战略目标集转化法 1.8　管理信息系统的可行性分析 1.8.1　管理信息系统开发可行性分析的内容 1.8.2　管理信息系统开发可行性分析的步骤 1.9　管理信息系统规划与可行性分析阶段的文档编写 1.9.1　管理信息系统项目开发立项报告 1.9.2　管理信息系统可行性分析报告 1.9.3　管理信息系统开发计划书	单元 2	2.5.3　UML 的图 2.5.4　UML 的应用 2.6　管理信息系统逻辑模型的建立 2.6.1　建立管理信息系统软件模型的重要性 2.6.2　建立管理信息系统的逻辑模型 2.7　管理信息系统分析阶段的文档编写 2.7.1　需求分析说明书 2.7.2　系统分析报告
		单元 3	3.1　管理信息系统设计的主要任务与基本原则 3.2　管理信息系统的结构模式 3.3　管理信息系统的功能模块设计 3.3.1　管理信息系统功能模块设计概述 3.3.2　子系统与功能模块的划分 3.3.3　功能模块之间的联系 3.4　管理信息系统的输入设计 3.5　管理信息系统的输出设计 3.6　管理信息系统的配置方案设计 3.6.1　管理信息系统配置方案设计的基本原则 3.6.2　管理信息系统硬件设备的选择 3.6.3　管理信息系统的网络设计 3.6.4　管理信息系统系统平台的选择 3.6.5　开发工具与程序设计语言的选用 3.7　管理信息系统的数据库设计 3.7.1　数据库设计的需求分析 3.7.2　数据库的概念结构设计 3.7.3　数据库的逻辑结构设计 3.7.4　数据库的物理结构设计 3.8　管理信息系统的界面设计 3.8.1　友好用户界面的基本要求 3.8.2　管理信息系统的界面设计 3.9　管理信息系统设计阶段的文档编写
单元 2	2.1　管理信息系统分析的主要任务 2.2　管理信息系统分析的基本步骤 2.3　管理信息系统的调查与分析 2.3.1　详细调查的主要内容 2.3.2　系统调查的基本方法 2.3.3　用户需求的调查与分析 2.3.4　组织机构的调查与分析 2.3.5　业务流程的调查与分析 2.3.6　数据的调查与分析 2.4　数据流分析 2.4.1　绘制数据流图 2.4.2　定义数据字典 2.4.3　加工逻辑说明 2.5　UML 概述 2.5.1　UML 的功能 2.5.2　UML 的组成	单元 4	4.1　管理信息系统实施阶段的工作内容 4.2　程序设计的步骤及其要求 4.3　程序设计的一般方法 4.4　程序模块处理过程的设计
		单元 5	5.1　程序编写的规范化要求 5.1.1　优良程序的性能指标 5.1.2　良好的编程风格 5.2　管理信息系统程序设计阶段的文档编写
		单元 6	6.1　软件测试 6.1.1　程序调试 6.1.2　软件测试 6.1.3　系统测试阶段的文档编写
		单元 7	7.1　管理信息系统实施阶段的文档编写

续表

序号	理论知识的选取与序化	序号	理论知识的选取与序化
单元 8	8.1 管理信息系统的数据采集 8.8.1 数据采集的作用 8.8.2 数据采集的方法 8.8.3 数据获取的新技术 8.8.4 数据整理 8.2 管理信息系统的数据编码 8.8.1 数据编码概述 8.8.2 数据编码设计 8.3 管理信息系统的评价 8.3.1 系统评价的目的 8.3.2 系统评价的内容 8.4 管理信息系统的系统维护 8.4.1 管理信息系统维护的需求来源 8.4.2 管理信息系统维护的类型	单元 8	8.5 管理信息系统评价与维护阶段的文档编写 8.5.1 系统评价报告 8.5.2 系统开发总结报告
		单元 9	9.1 管理信息系统开发的项目管理 9.2 管理信息系统开发的文档管理 9.3 管理信息系统开发的质量管理 9.4 管理信息系统开发的行为管理 9.5 管理信息系统的正常使用与安全保障 9.5.1 管理信息系统的安全隐患 9.5.2 数据安全与保密 9.5.3 管理信息系统开发过程的安全保障措施 9.5.4 管理信息系统运行过程的安全保障措施

4. 项目开发任务设计

项目开发任务设计如下表所示。

单元序号	项目开发任务
单元 1	【任务 1-1】图书管理系统开发的规划与可行性分析 【任务 1-2】进销存管理系统开发的规划与可行性分析
单元 2	【任务 2-1】应用 UML 分析图书管理系统 【任务 2-2】分析图书管理系统的数据库 【任务 2-3】应用数据流图分析图书管理系统 【任务 2-4】分析进销存管理系统
单元 3	【任务 3-1】图书管理系统的总体设计 【任务 3-2】图书管理系统的数据库设计 【任务 3-3】进销存管理系统的总体设计和数据库设计
单元 4	【任务 4-1】图书管理系统的用户登录程序设计与测试 【任务 4-2】图书管理系统的用户管理程序设计与测试 【任务 4-3】进销存管理系统的用户登录程序的实施与测试
单元 5	【任务 5-1】出版社数据管理模块的实施与测试 【任务 5-2】图书类型管理模块的实施与测试 【任务 5-3】图书书目管理模块的实施与测试 【任务 5-4】进销存管理系统基础数据管理模块的实施与测试
单元 6	【任务 6-1】图书借出模块的实施与测试 【任务 6-2】图书续借与归还模块的实施与测试 【任务 6-3】进销存管理系统的业务功能模块的实施与测试
单元 7	【任务 7-1】图书管理系统的主界面设计与系统整合 【任务 7-2】图书管理系统的部署与发布 【任务 7-3】进销存管理系统的主界面设计与系统整合

单 元 序 号	项目开发任务
单元 8	【任务 8-1】图书管理系统的数据采集与编码 【任务 8-2】图书管理系统的系统评价与运行维护 【任务 8-3】进销存管理系统的数据采集与系统评价
单元 9	【任务 9-1】图书管理系统的有效管理和安全保障 【任务 9-2】进销存管理系统的有效管理和安全保障
任务合计	27

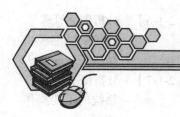

目　录

1

单元 1

管理信息系统的开发综述

    管理信息系统是对数据进行收集、存储、传输、处理和检索并能向人们提供有用信息的系统。管理信息系统规划就是从全局角度出发、合理地确定管理信息系统的建设目标和设计达到这些目标的一系列措施、方法和步骤。管理信息系统的规划在整个管理信息系统建设过程中起着关键的作用，是组织战略的重要组成部分和实施环节，是开展组织和业务流程规划的依据。

    管理信息系统可行性分析的目的是用最少的代价在尽可能短的时间内确定问题是否能够解决，可行性分析的目的不是解决问题，而是确定问题是否值得去解决。

    本单元主要介绍管理信息系统的基本概念、主要功能、基本结构、开发方法、开发过程、系统规划和可行性分析等方面的内容，使读者对管理信息系统有一个初步印象，为管理信息系统的应用和开发奠定基础。

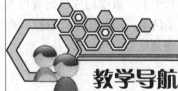

教学导航

教学目标	（1）了解数据与信息的区别 （2）了解管理信息系统的基本结构 （3）了解管理信息系统的结构模式、开发方法和开发过程 （4）了解管理信息系统开发的人员分工 （5）了解管理信息系统规划的重要性与主要任务 （6）了解管理信息系统规划的特点与主要方法 （7）掌握管理信息系统的基本概念与主要作用 （8）学会对管理信息系统开发进行必要性分析和可行性分析 （9）学会制订管理信息系统的开发计划和编写相关文档
教学方法	任务驱动法、分析探讨法、调查分析法、归纳总结法等
课时建议	4 课时（含考核评价）

知识必备

1.1 认识数据与信息

1.1.1 数据与信息的基本概念

日常生活中人们可以从报刊杂志、电视广播、商业广告等方方面面获取各种信息。企业的管理者通过与企业内部和外部人员的交往，或从文件、报告和各种业务报表中获取大量的信息。在实际生活和工作中，人们往往将数据和信息两个术语当作意义相同的词来使用，例如数据处理与信息处理等，但严格意义上来说，数据和信息在概念上有所区别的。

数据（Data）是对客观事物进行观察或观测后记载下来的一组可识别的符号，是对现实世界中客观事物真实属性的记录，它反映客观事物的性质、形态、数量和特征。数据包括可以用来计算的数值型数据，也包括非数值数据，例如英文字母、汉字、图像和声音等。

信息（Information）不是一般的数据，而是经过加工、处理的，具有一定意义的数据。信息是客观事物运动和变化的一种反映，是客观事物的特征通过一定物质载体的反映，它对决策或行为有现实或潜在的价值。

信息与数据是管理信息系统中两个最基本的概念，它们既相互联系，又相互区别。首先，数据是构成信息的原材料，是记录下来可以鉴别的符号；而信息是经过加工的数据，这种数据对接收者的行为有现实或潜在的影响，对接收者的决策具有价值。其次，数据与信息有时是相对的，一种数据经加工后成为下级部门或管理人员决策时采用的信息，而对于上一级部门或高层管理人员来说又可能是数据。例如，某个职工的工资，对于职工个人来说是信息，但对于企业管理者来说是数据，如果将全部职工的工资进行汇总，那么公司的工资总额便是信息。

1.1.2 数据处理

数据处理是指对数据进行收集、存储、分类、排序、查询、维护（录入、修改和删除）、统计和传输等一系列活动的总称，是将数据转换为信息的过程。其目的是获得人们所需要的数据并提取有用的信息，作为人们进行决策的依据。数据经过加工、处理后即可得到有用的信息，数据、信息与数据处理的关系如图1-1所示。

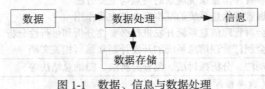

图1-1　数据、信息与数据处理

1．数据处理的目的

数据处理的主要目的如下。

（1）把原始数据转换为易于分析、传递、加工及处理的形式。

（2）从大量的原始数据中，根据应用需求，提取有用信息，为管理与决策提供依据。

（3）把数据编辑后存储起来，供以后使用。

2．数据处理的基本任务

数据处理是指数据的采集、存储、加工和传输的整个过程，其基本任务如下

（1）数据采集：依据管理信息系统的需求，采集相关数据。

（2）数据转换：把采集的数据转换成计算机能够处理的形式。

（3）数据输入：将数据输入管理信息系统中。

（4）数据筛选：根据用户需求，对数据进行筛选、分类和排序。

（5）数据组织：把具有某种逻辑关系的数据组织起来，以某种方式存放在计算机存储器中。合理组织数据，可使数据处理的速度加快，且占用存储空间小。

（6）数据加工：根据用户需求，对数据进行加工，包括算术运算和逻辑运算等。

（7）数据存储：将数据存储在计算机的存储设备（一般以数据库的形式存储）中。

（8）数据检索：根据用户需求，检索相应的数据。

（9）数据发布：通过网络把数据发布给相关的部门与人员。

（10）数据输出：将数据以需要的格式预览或打印输出。

1.1.3　信息的基本特性

信息的特性是指信息与其他事物相比所具有的属性，信息具有以下基本特性。

（1）客观性。

客观性是信息的首要特征，是指信息所反映的内容，是对现实世界中客观存在事物的运动状况或存在方式的真实描述，它是不以人的意志为转移的。信息的客观性要求信息能符合并反映客观实际，即准确。

（2）共享性。

信息的共享性是指信息资源可以为不同的接收者共同享用。信息的共享不同于其他资源的共享，例如，两个苹果两个人分享，一个人只能分到一个，但是信息的分享，每人所得到的都是完整的。

（3）时效性。

信息的时效性是指信息的价值会随着时间呈反方向变化，也就是说越能反映客观事物最新发展变化的信息其效用也就越大。

（4）层次性。

信息的层次性是指一个组织中不同层次的管理者所需的信息是不相同的。高层管理者所需的信息大量来自组织外部，即所谓的战略信息；中层管理者所需的信息主要来自于组织内部，即所谓战术信息；而基层管理者所需的信息是用于组织内部日常作业控制的信息，即作业控制信息。

（5）不对称性。

信息的不对称性是指信息提供者和信息接收者所拥有的信息量是不同的，接收者得到某一事物的信息是有限或不完全的。

（6）价值性。

信息具有使用价值，它能够满足人们生产、生活和学习等方面的需要。信息是商品，不仅具有使用价值，当信息产品和信息服务进入市场后，与其他商品一样具有交换价值。

（7）可传输性。

信息可以通过各种传输手段向外传输，其传输的速度直接影响信息的使用价值。

除了以上主要的特性之外，信息还具有抽象性、转化性、相对性、滞后性等特性。

1.2 管理信息系统的基本概念与主要作用

1.2.1 管理信息系统的基本概念

20 世纪 70 年代以来，关于管理信息系统（Management Information System，MIS）的定义有很多种，各种定义的共同点是都强调了 MIS 是利用计算机技术进行信息处理，并具有预测和辅助企业进行决策的功能。

《中国企业管理百科全书》中对管理信息系统的定义是："一个由人、计算机等组成的能进行信息收集、传递、储存、加工、维护和使用的系统。管理信息系统能实测企业的各种运行情况；利用过去的数据预测未来；从企业全局出发辅助企业进行决策；利用信息控制企业行为；帮助企业实现其规划目标。"

管理信息系统也是一门新兴学科，它是由现代化管理的客观需要而产生的，是综合运用管理科学、系统科学、数学、计算机技术等多种学科的边缘学科。

管理信息系统的理论在不断地延伸和发展，管理信息系统也是一个不断发展的概念。可以从以下几个方面理解管理信息系统的概念。

（1）管理信息系统是一个人机系统，人占主导地位，计算机是支持管理信息系统的工具。

（2）管理信息系统应用了计算机技术、网络通信技术、数据库技术等新技术。

（3）管理信息系统为企业或组织管理信息，而不是管理物资和能源，具体包括信息的收集、传输、存储、加工、维护和使用等。

（4）管理信息系统能辅助决策，为企业管理和决策提供信息服务。但由管理信息系统提供的信息仍需要管理人员去分析、判断和决策，管理信息系统并不能代替人去决策。

1.2.2 管理信息系统的主要作用

企业采用管理信息系统对生产、经营进行管理、控制和辅助决策，将极大地提高企业的竞争力，提高企业的效率，具体体现在以下几个方面。

（1）对市场做出快速反应。

应用 MIS 技术，企业能够迅速安排物资计划，查清库存情况，缩短交货期，并可以及时给出报价，对市场做出快速反应。

（2）缩短生产周期。

MIS 的良好运行可以在生产过程中不断掌握产品的生产、销售、库存情况，及时发现问题并解决问题，从而缩短产品的生产周期。

（3）降低生产成本。

利用 MIS 辅助管理，可以对原材料和产品的库存进行有效控制，做到心中有数，不会盲目追求生产数量，而是以经济效益为中心，在"优质、高效、低成本"的前提下完成生产计划和作业计划。

（4）及时掌握市场信息。

企业的生存和发展要受政治、经济、技术等各种环境因素的影响，及时了解外部环境和竞争对手的信息，掌握市场竞争的主动权，在市场竞争中立于不败之地。

1.2.3　管理信息系统的基本功能

管理信息系统具有以下基本功能。

（1）数据处理功能。

能够对各种形式的数据进行收集、录入、存储、传输、处理、检索、查询和管理，从而为管理人员提供准确的信息。

（2）计划功能。

能够对管理和生产合理地安排计划，提高生产和管理工作效率，例如生产作业计划、销售计划等。

（3）控制功能。

对企业生产和经营的各个部门和环节的运行情况加以监测和控制，发现问题及时纠正，以保证系统的正常运行。

（4）预测和辅助决策功能。

运用各种数学方法、预测模型和优化方法，利用历史数据和经验，对未来可能发生的结果进行预测，并为企业决策者提供辅助决策方案。

1.3　管理信息系统的结构

管理信息系统的结构是指系统中各组成部分之间的相互关系和构成框架。主要有概念结构、层次结构、功能结构、硬件结构和软件结构之分。

1. 管理信息系统的概念结构

从管理信息系统对信息的处理过程来看，系统由输入、处理和输出 3 个基本的部分组成。MIS 把收集的原始数据经适当的处理变成有用的信息输出，输出的数据反馈给信息使用者和信息输入端。

（1）输入。

各种原始数据通过键盘、扫描仪等输入设备输入到计算机中存储起来，并初步将这些信息转换为计算机可处理的数据。

（2）处理。

对存储在计算机中的数据按业务逻辑的要求进行加工、处理，将数据转变为有用的信息提供给各种信息用户。

（3）输出。

把经过加工、处理后的数据以各种形式提供给信息用户，如打印报表和输出文件等。

2. 管理信息系统的层次结构

管理信息系统的层次结构来源于企业的管理层次。一个企业的管理活动一般分为 3 个层次，即战略计划、管理控制计划、业务计划的控制。与之相对应管理信息系统的层次结构也分为 3 个层次，即决策层、管理层、业务处理层。MIS 的层次结构如图 1-2 所示。

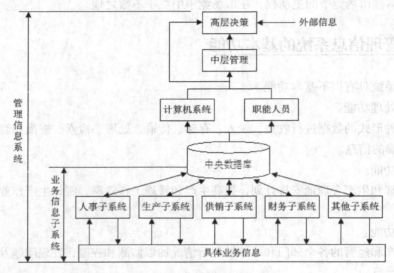

图 1-2   管理信息系统的层次结构

决策层是企业的顶层，主要根据外部环境信息和有关模型确定和调整企业目标，制订和调整长期计划、总行动方针等。

管理层一般根据企业的整个目标和长远规划制订中期人力资源、生产、供应、销售计划，运用各种计划、预算、分析、决策模型和有关信息协助决策层分析问题，修改计划与预算，分析、评价、预测当前的活动及其发展趋势。

业务处理层主要是处理日常活动中的数据，主要的工作有数据录入、分类统计、报表输出、信息查询和资料存档等，也包括制订一些短期计划，进行计划的实施和控制。

3. 管理信息系统的功能结构

管理信息系统具有多种功能，各种功能之间又有各种信息相互联系，组成一个有机的整体。通常按职能部门的业务范围划分为生产管理子系统、人事管理子系统、财务管理子系统、销售管理子系统、物料供应子系统、后勤管理子系统、信息处理子系统和高层管理子系统等。

（1）生产管理子系统。

生产管理子系统主要协助管理者制订与实施产品开发策略、生产计划和生产作业计划，进行生产过程的产品质量分析、成本控制分析等。在该子系统中，典型的事务处理有生产指令、装配单、成品单、废品单和工时单的处理。

（2）人事管理子系统。

人事管理子系统协助管理者对各类人员需求预测与规划、绩效分析，包括人力资源计划、职工档案管理、员工的录用、培训、业绩考核、岗位调配、工资管理等。

（3）财务管理子系统。

财务管理子系统主要包括会计信息管理与财务信息管理。协助管理者进行日常账务处理、制订财务计划、进行财务分析，编制财务报表，制订预算、核算和分析成本等。

（4）销售管理子系统。

销售管理子系统包括产品销售、推销和售后服务的全部活动。具体工作包括销售计划、销售统计、销售人员管理。按区域、产品、顾客的销售数量进行定期分析与预测、制订销售规划和策略、新市场和开发和新市场的战略等。

（5）物料供应子系统。

物料供应子系统主要协助管理者制订物资采购计划和物品存放、分配管理等。包括原材料的采购、收货、库存管理和分发等管理活动。业务处理数据主要有购货申请、购货订单、加工单、收货报告、库存票、提货单等单据中的数据。

（6）信息处理子系统。

信息处理子系统协助管理者制订管理信息系统的发展规划、对管理信息系统的运行和维护进行统计、记录、审查、监督并对各项工作进行协调。主要职责是保证企业或组织的各职能部门获得必要的信息资源和信息处理服务。

（7）高层管理子系统。

高层管理子系统是面向高层管理部门和人员，主要提供企业内、外部各种统计数据，为高层管理人员制订战略规划、进行资源分配，为决策分析提供支持。同时协助管理者进行日常事务处理，对下级工作进行检查、监督和协调。

4．管理信息系统的硬件结构

管理信息系统的硬件结构主要是指管理信息系统的硬件组成及其网络结构。

5．管理信息系统的软件结构

管理信息系统的软件结构是指支持管理信息系统的各类软件所构成的系统结构。支持管理信息息系统的软件系统包括通用的操作系统、数据管理系统和专用的 MIS。

1.4　管理信息系统的开发过程

管理信息系统开发过程的阶段划分有多种观点。软件开发模型之一的瀑布模型将软件开发过程分为系统分析、软件项目计划、需求分析、软件设计、编码、软件测试、软件维护等 7 个阶段。国家有关部门制订的《企业管理信息系统开发规范》将管理信息系统开发过程分为 5 个阶段：（1）可行性分析与论证及战略规划；（2）需求分析和概要设计；（3）详细设计；（4）实现与测试；（5）系统运行、维护和评价。有的教材将开发过程分为系统规划、系统分析、系统设计、系统实施 4 个阶段。本书采用细分法将管理信息系统开发过程分为系统规划、系统分析、系统设计、系统实施与测试、系统评价与维护 5 个阶段，各个阶段的主要工作任务如表 1-1 所示。

表 1-1　　　　　　　　　　　管理信息系统的开发过程

开发阶段		主要任务	撰写文档
系统规划	项目立项	• 提出开发请求	项目开发立项报告
	初步调查	• 用户需求调查与分析 • 企业的运行状况 • 企业管理方式 • 信息需求分析 • 基础数据管理状态 • 现有管理信息系统运行状态	项目开发初步计划
	总体方案设计	• 确定系统目标 • 划分子系统 • 功能结构图的总体设计 • 数据库系统总体结构设计 • 代码方案的总体设计 • 系统物理配置总体方案的设计 • 工程费用概算与效益分析 • 制订项目实施计划 • 给出系统的总体方案	费用概算与效益分析报告 项目实施计划 系统的总体方案
	可行性分析与论证	• 经济上的可行性分析与论证 • 技术上的可行性分析与论证 • 操作上的可行性分析与论证 • 法律上的可行性分析与论证 • 管理上的可行性分析与论证 • 编写可行性分析报告	可行性分析与论证报告
	审核批准	• 审核项目开发计划 • 审核可行性分析报告	审批报告
系统分析	详细调查 组织机构与功能分析	• 组织机构与功能调查 • 绘制组织机构图 • 调查系统的功能及性能要求 • 绘制业务功能一览表	需求规格说明书
	详细调查 业务流程分析	• 收集相关资料 • 绘制业务流程图	
	详细调查 数据流分析	• 收集相关资料 • 绘制数据流程图 • 编写需求规格说明书	
	系统化分析与建模	• 分析系统目标 • 分析原系统存在的问题 • 优化子系统的划分结果 • 分析各子系统的功能 • 建立软件模型和数据库模型 • 新系统的边界分析 • 确定数据处理方式	系统分析报告
	编写系统分析报告	• 完成系统分析报告，交有关部门审批，审批通过，进入系统设计	

续表

开　发　阶　段		主　要　任　务	撰　写　文　档
系统设计	系统物理配置方案设计	• 计算机选型 • 确定网络配置 • 确定 DBMS	概要设计说明书
	功能结构图设计	• 建立系统总体结构 • 划分功能模块，绘制功能结构图 • 定义各功能模块接口	
	详细设计编码	• 为新系统中的数据编码 • 统一并改进编码 • 制订测试计划	
	数据存储设计	• 数据库的逻辑结构设计 • 数据库的物理结构设计	
	输入与输出设计	• 系统的输入设计 • 系统的输出设计	系统设计规范 程序说明书 系统设计报告 模块测试计划
	制订系统设计规范	• 规定文件名、程序名和参数名等的统一格式 • 确定模块间具体接口参数	
	编写程序说明书	• 定义处理过程 • 设置具体实现算法 • 制订模块测试方案	
	编写系统设计报告	• 完成系统设计报告 • 提交有关部门审批	
系统实施与测试	物理系统的实施	• 采购计算机和网络设备 • 安装调试设备	程序设计说明书 系统测试报告 用户手册
	界面设计与程序设计	• 用户界面设计 • 管理程序设计 • 业务程序设计	
	程序和系统调试	• 程序调试 • 分调 • 总调	
	系统切换、试运行	• 以新系统代替旧系统	
	系统测试、验收	• 系统集成测试 • 将系统交付使用，进行验收测试	
	编写技术文档	• 编写程序设计说明书 • 编写系统测试报告 • 编写与使用用户手册	
系统评价与维护	定期考核与评价结论	• 功能评价 • 软件硬件评价 • 应用评价 • 经济效益评价	系统评价分析报告
	系统运行的组织与管理	• 系统运行情况记录 • 系统的日常维护	系统运行情况说明
	系统维护	• 程序维护 • 数据文件维护 • 编码维护 • 修订用户手册	系统维护报告

系统规划阶段解决管理信息系统"能不能干"的问题，指出系统的开发方向，确定开发能够达到的目标，确定系统开发的总策略。

系统分析阶段解决管理信息系统"干什么"的问题，从用户和现场入手进行详细的调查研究，把物理因素一个个抽去，从具体到抽象，最终提出系统分析说明书，建立管理信息系统的逻辑模型。

系统设计阶段解决管理信息系统"怎么干"的问题，从管理信息系统的逻辑模型出发，以系统说明书为依据，一步一步地加入物理内容，从抽象到具体，最终提出系统的实施方案，建立系统的物理模型。

在管理信息系统的开发过程中要切实注意以下几点。

（1）充分听取用户意见，争取用户密切配合。为了成功开发有价值的管理信息系统，系统的分析设计人员首先必须坚持不懈地与用户进行交流，赢得用户的理解和支持。因为用户最熟悉系统的信息需求以及信息处理的过程，开发后的系统也是交给用户使用。管理信息系统满足用户需要是开发成功的关键，在开发过程中定期与用户沟通，及时纠正设计思路中与用户实际目标的偏差，遇到困难与疑点在用户的帮助下寻求合理的解决方案。

（2）系统分析阶段工作量大，不确定因素较多，系统分析人员只有经过周密细致的分析，以后的设计才能少走弯路，不至于造成先天性的不足。

（3）程序的编写要在系统分析和系统设计阶段结束，有了严格的说明以后才开始。若一开始就着手编码，可能造成所编的程序不符合要求，要大幅度进行修改，甚至推翻重写，欲速则不达。

（4）重视文档资料的书写。管理信息系统开发周期较长，涉及面较广，每个阶段都应提供完整的文档资料，作为下一个阶段的依据。

1.5　管理信息系统开发的人员分工

开发一个管理信息系统，工作量较大，周期较长，投资也大，需要一个密切配合的团队共同完成。根据一般惯例开发管理信息系统需要以下几方面的软件开发人才。

（1）项目经理。

项目经理负责界定项目的目标及范围、制订项目计划、管理开发过程、协调与配置项目资源、控制系统开发过程、评估团队成员的绩效、负责系统的集成与验收、保证项目按时保质完成。

（2）系统分析师。

系统分析师也称为框架设计师，他们主要负责管理信息系统的可行性分析、需求分析和规范说明，确定管理信息系统的逻辑模型和管理信息系统的基本功能、系统结构、数据要求等工作。他们要和用户广泛交流，密切配合。系统分析员要求具有多学科知识和丰富的管理信息系统开发经验，熟悉企业管理，有较好的表达能力，具备与他人协同工作的能力。

（3）系统设计师。

系统设计师是管理信息系统开发过程中的高层实施人员。其以前一阶段的逻辑模型为基础，充分考虑现有的技术条件、经济条件和管理现状，把管理信息系统规定在更合理的层次，精心设计管理信息系统实施方案。确定管理信息系统应由哪些子系统组成，每个子系统需要哪些模块，同时考虑各模块之间的接口及数据库的逻辑设计。

（4）程序员。

程序员按照系统设计的总要求，用某一种程序设计语言（C#、Java、VB.NET 等）设计管理信息系统的程序模块。编写的程序要符合软件工程规范、逻辑清晰、可读性好、可靠性高等要求。

（5）数据库管理员。

理解系统设计报告的数据需求，设计数据库系统的关系模型和数据表结构，规划物理存储，管理和控制系统数据库。

（6）系统测试员。

系统测试员负责编写测试用例，对管理信息系统进行多方面测试，发现软件中潜在的错误和缺陷，及时纠正，以保证管理信息系统的质量，投入运行能可靠地运行。

（7）系统维护员。

系统维护员主要是对系统的硬件设备进行维护保养、安装更换易耗品，对软件系统和数据进行维护等。

1.6　管理信息系统规划的重要性与主要任务

管理信息系统的规划是基于企业发展目标与经营战略而制订的，面向企业信息化发展远景的，关于企业管理信息系统的整个建设计划，包含管理信息系统的发展方向和目标，管理信息系统的实施策略、计划和预算等。管理信息系统规划可以帮助组织充分利用信息技术来规范内部管理，提高组织工作效率和顾客满意度，为组织获取竞争优势，实现组织的宗旨、目标和战略。

1.6.1　管理信息系统规划的重要性

管理信息系统规划的重要性主要体现在以下方面。

（1）管理信息系统规划是系统开发和实施的前提条件。

管理信息系统的建设投资大、周期长，不可预见的因素较多，必须进行科学规划，以减少盲目性，缩短开发周期，节约开发费用，取得预期的总体效益。

（2）管理信息系统规划是系统开发和实施的纲领和方向。

管理信息系统规划所涉及的内容包括管理信息系统开发的任务、方法与步骤，系统开发的原则，控制开发过程的手段等方面，这些内容是指导管理信息系统开发的纲领性原则和总的要求。

（3）管理信息系统规划是系统开发成功的保证。

系统规划使管理信息系统的开发严格地按计划有序地进行，同时对开发过程中出现的各种偏差进行调控，及时修改、完善计划，有效地避免由于中、后期发生错误所造成的巨大损失。

（4）管理信息系统规划是系统验收评价的标准和原则。

管理信息系统建成后，以系统规划中规定的内容为标准，对系统运行情况进行测试验收，对系统所达到的目标、具备的功能与特点等方面进行评价。

1.6.2　管理信息系统规划的主要任务

管理信息系统规划阶段的主要目标是制订管理信息系统的长期发展方案，主要包括以下几个方面的内容。

（1）确定管理信息系统的总目标、发展战略与总体结构。

根据企业的战略目标和内外约束条件，确定管理信息系统的总目标和总体结构，使管理信息系统的战略与整个企业的战略和目标协调一致。

（2）分析当前的能力状况，确定企业的主要信息需求。

充分了解和评价计算机软硬件、开发费用，企业的业务流程现状、存在的问题。确定企业的主要信息需求，形成管理信息系统的总体结构方案，制订项目开发计划。

（3）进行可行性分析。

在现状分析的基础上，从技术、经济、管理、社会等方面分析并且论证系统开发的可行性。

（4）确定系统建设资源分析计划。

制订为实现系统开发计划而需要的软硬件资源、通信设备、技术、人员和资金等计划，给出整个系统建设的概算。

管理信息系统规划的主要阶段及各阶段的主要任务如表 1-2 所示。

表 1-2　　　　　　　　　　管理信息系统规划的主要阶段及各阶段的主要任务

序号	主 要 阶 段	主 要 任 务
1	确定规划的基本问题	明确管理信息系统规划的年限、方式、方法和策略
2	初步调查当前系统，收集初始信息	收集来自企业内部和外部环境中与战略规划有关的信息
3	评价系统现状、明确系统功能	分析管理信息系统目标、开发方法、功能结构和信息部门的情况等，识别系统现存的设备、软件及其质量
4	确定新系统初步目标	明确管理信息系统应具有的功能、服务的范围和质量等
5	识别系统约束条件、限制因素	根据企业或组织的人力、物力、财力及信息设备资源等方面的限制，定义管理信息系统的约束条件和政策
6	拟定系统实现方案	根据资源的约束情况，拟定实现方案，确定总体开发顺序
7	可行性分析，论证系统实现方案	分析系统开发的必要性和开发的系统在经济、技术、社会等方面的可行性
8	提出项目的实施进度计划	估算项目成本、人员要求等，编制项目的实施进度计划，列出开发进度表
9	编写系统规划报告	撰写管理信息系统规划报告
10	上报领导审批	将系统规划上报领导审批

1.6.3　管理信息系统的初步调查分析

管理信息系统的初步调查是为系统规划、可行性分析提供依据。管理信息系统的调查包括初步调查和详细调查，初步调查在规划阶段进行，详细调查在系统分析阶段进行。

初步调查主要是从总体上了解企业概况、基本功能、信息需求和主要薄弱环节。初步调查的主要内容如下。

（1）企业或组织的概况调查。

包括企业或组织发展规模、经营效果、业务范围等，以便确定系统边界、外部环境并对现有管理水平做出评估。

（2）企业或组织的目标与任务调查。

调查企业或组织在一定时期内生产经营活动最终要达到的目标和具体生产、经营内容。

（3）组织机构调查。

调查组织机构设置及职能、部门职责的划分及相互关系等，绘制组织机构图。组织机构图是组织内部的机构设置及其相互关系的图示。

（4）现行管理系统的业务流程。

了解现行管理系统的主要业务流程，并根据地理分布、信息量大小初步确定合理的硬件结构、通信方式等。

（5）目前存在的主要问题。

了解现行系统存在的主要问题，搞清楚影响现行系统运行的主要瓶颈环节及解决的初步方案。

（6）系统开发条件。

包括企业或组织的领导对管理信息系统开发的认识与支持程度、用户对系统开发的认识水平与态度、管理基础工作、系统开发人员及技术力量、投资费用等。

（7）计算机应用水平及可供利用的资源。

调查现阶段计算机应用的情况、应用规模及开展水平，调查可供利用的计算机资源。

1.6.4　管理信息系统规划的特点

管理信息系统的规划是管理信息系统建设框架的描述，是面向组织高层管理人员、面向组织全局的管理信息系统需求，具有战略性、全局性、高层性、指导性、适应性、技术性等特点。

（1）战略性。

管理信息系统规划的战略性是指该规划与组织的战略密切相关，是组织战略的有机组成部分，是确保组织战略实现的保障机制。

（2）全局性。

管理信息系统的规划从时间上来看是面向长远和未来，从范围上来看是面向全局和整体，具有较强的不确定性，非结构化程度高。

（3）高层性。

管理信息系统的规划从层次上来看是属于高层的系统分析和整体策划，参与规划的人员一般是单位高层的管理人员和高层信息管理人员。管理信息系统规划是整个管理信息系统纲领性文件，是概括性描述管理信息系统框架。

（4）指导性。

管理信息系统的规划宜粗不宜细，对系统的描述只在宏观上进行。其主要工作是为整个系统建设确定总目标、总体结构方案和资源分配计划，为后续各阶段的具体开发工作提供指导。

（5）适应性。

管理信息系统的规划是整个企业或组织整体发展规划的一部分，要求服从企业或组织的总体发展规划，并随环境发展而变化，具有较强的应变能力。

（6）技术性。

管理信息系统的规划与信息技术的发展紧密结合，是在对信息技术发展方向预测的基础上建立的，不能脱离信息技术现实空谈管理信息系统的规划。

1.7 管理信息系统规划的主要方法

管理信息系统规划的方法主要有企业系统规划法（Bossiness System Planning，BSP 法）、关键成功因素法（Critical Success Factors，CSF 法）、战略目标集转化法（Strategy Set Transformation，SST 法）等。

1.7.1 企业系统规划法

企业系统规划法（BSP 法）是一种对企业管理信息系统进行规划的结构化方法，由 IBM 公司于 20 世纪 70 年代提出。BSP 法自上而下识别系统目标、企业过程和数据，从企业目标入手，逐步将企业目标转化为管理信息系统的目标和结构。从企业最基本的活动过程出发，进行数据分析，分析决策所需的数据。然后自下而上设计系统，以支持系统目标的实现。

1. 企业系统规划法的主要特点

企业系统规划法（BSP 法）具有如下的特点。

（1）具有强大的数据规划能力，包括确定业务处理过程，列出支持每个处理过程的信息需求以及建立所需的数据项。

（2）可以确定未来管理信息系统的总体结构，明确系统的子系统组成以及子系统的开发先后顺序。

（3）保证了信息的一致性，对数据进行统一规划、管理和控制，明确各子系统之间的数据交换关系。

（4）保证所开发的管理信息系统独立于企业的组织机构，如果将来企业的组织机构或管理体制发生变化，所开发的管理信息系统的结构体系不会受到太大的影响。

2. 企业系统规划法的工作过程

企业系统规划法（BSP 法）的工作过程如下。

（1）确定研究项目。

工作内容包括明确研究的范围、目标和期望的成果，成立研究小组等。

（2）完成准备工作。

工作内容包括培训研究小组的成员和管理部门的管理者，制订 BSP 的研究计划、调查计划，准备各种调查表和调查提纲等。

（3）进行调查研究。

调查研究的工作内容包括收集各方面的有关资料，了解和分析决策过程、组织职能和各部门的主要活动等，了解企业对信息支持的要求。

（4）识别管理功能。

在系统初步调查的基础上，进一步确定系统的功能模型。系统功能应独立于现行系统的组织机构，应从企业或组织的全部管理工作中理出相关的管理功能。

系统功能模型表示系统为了实现其目标而需具备的功能，它具有层次结构，最高层是功能整体，下一层功能是上一层功能的分解，逐层分解直到不再表现系统"做什么"，而表示系统"如何做"时为止，功能模型最底层为"任务层"。

（5）确定业务过程。

定义业务过程是 BSP 法的核心，业务过程为逻辑上相关的一组决策或活动的集合，它构成了整个企业的管理活动。对功能模型进一步进行分解即得到了企业过程层次。一项任务可以分解为若干个执行过程，每个执行过程都是相对独立的一项功能。

过程确定后，应结合功能模型和调查资料来检查业务过程的正确性和完备性，并对业务过程按功能分组。最后把业务过程与组织机构之间的关系列在一张组织/过程矩阵表中。

（6）分析当前系统，确定管理部门对系统的要求。

分析当前系统中存在的主要问题，同时确定各管理部门对开发的管理信息系统的具体要求。

（7）业务过程重组。

在业务过程定义的基础上，区分正确、可行的过程和低效、需改进的过程，根据计算机处理的要求对过程进行优化处理，取消不适合计算机处理的过程。

（8）确定数据类。

数据类是逻辑上相关的一组数据。例如商品数据，包括商品编号、商品名称、单价等。一个系统中存在着许多数据类（即管理对象），例如客户、产品、库存等。

（9）设计管理信息系统的总体结构。

主要的工作内容包括使用过程/数据类（U/C）矩阵划分子系统，描述开发的管理信息系统的框架和相应的数据类。

（10）确定子系统开发的优先顺序。

划分子系统之后，根据企业目标和技术约束确定子系统实现的优先顺序。一般对企业贡献大的、需求迫切的、容易开发的优先开发。

（11）形成最终研究报告。

完成 BSP 研究后，整理研究过程的资料，提出建议书，制订开发计划。

1.7.2　关键成功因素法

关键成功因素法（CSF 法）于 1970 年由哈佛大学 William Zani 教授和 MIT 大学 John Bockart 教授提出。关键成功因素（Critical Success Factors，CSF）是指对企业成功起着关键性作用的因素。一个企业要获得成功，就必须对关键成功因素进行认真的和不断的度量，并时刻注意对这些因素进行调整。关键成功因素法就是帮助识别关键成功因素的方法。

关键成功因素法的主要步骤如下：了解企业战略目标→识别所有成功因素→识别关键成功因素→识别性能的评价指标和标准→识别度量性能的数据→定义数据字典。

CSF 法的目标是开发数据库，输出的是一个数据字典。CSF 的关键是识别关键成功因素，可借助于树枝因果图来分析。

1.7.3　战略目标集转化法

战略目标集转化法（Strategy Set Transformation，SST 法）于 1978 年由 William King 提出，

SST 法把企业的战略目标看成是一个"信息集合"，由使命、目标、战略和其他战略变量等组成。管理信息系统的战略规划过程就是把组织的战略目标转变为管理信息系统战略目标的过程。

战略目标集转化法主要步骤如下。

（1）识别企业的战略集，当企业战略初步识别后，应立即送交企业有关领导审阅和修改。

（2）将企业战略集转化为管理信息系统战略，管理信息系统战略应包括系统目标、系统约束以及开发策略、设计原则等。这个转化过程包括将对应企业战略集的每个元素转换为对应管理信息系统的战略约束，然后提出整个管理信息系统的结构。

1.8 管理信息系统的可行性分析

可行性分析与分析是在初步调查的基础上，分析系统开发的必要性与可能性。首先要分析开发管理信息系统的必要性，然后从经济、技术、管理、社会等方面分析其实现的可行性。

1.8.1 管理信息系统开发可行性分析的内容

1. 管理信息系统开发的必要性分析

必要性分析是从管理对管理信息系统的客观要求及现行系统的可满足性等方面分析开发管理信息系统是否必要。新开发管理信息系统的使用能给企业或组织目前和将来带来明显的效果。例如数据处理速度加快所带来的业务处理数量和质量的提高，信息的完备与准确使决策者能迅速做出正确的决策，适应变化的市场需求。

2. 管理信息系统开发可行性分析的主要内容

（1）经济可行性。

通过对新开发的管理信息系统进行费用分析和效益分析。初步估算开发管理信息系统需要的投资，估计管理信息系统正常运行能带来的效益，确定系统开发的经济合理性，同时估计整个系统的投资回收期，一般管理信息系统的投资回收期为 4～5 年。

（2）技术可行性。

从设备条件、技术力量等方面分析实现新系统的可行性。在当前条件下是否具备开发的管理信息系统所需的各种技术要求。对于设备条件，主要考虑计算机的硬件设备、网络以及安全性、可靠性等方面能否满足管理信息系统数据处理和传输的要求。对于技术力量主要考虑是否具备从事管理信息系统开发与维护工作的技术人员，技术人员在能力上是否达到开发系统的要求。

（3）组织与管理可行性。

管理信息系统是管理人员进行决策的辅助手段，管理信息系统的开发只有在具备合理的管理制度和科学的管理方法基础上才能实现。要使管理信息系统成功开发，正常运行，需要用户的大力配合，提高企业或组织的领导层和管理人员对管理信息系统的认识与支持的程度。

（4）社会与政策可行性。

社会环境、国家或地区政策对管理信息系统项目支持的情况是项目可行的重要基础，软件项目只有和社会环境要求相一致，符合国家和地区产业政策方向，才会得以支持。

1.8.2　管理信息系统开发可行性分析的步骤

管理信息系统开发可行性分析的步骤如下。

（1）核查系统规模和目标。

访问有关管理人员，仔细分析有关材料，以便系统分析员对系统调查阶段确定系统规模和目标进一步核查确认，改正含糊或不正确的描述，明确系统的限制和约束。

（2）开展系统调查，分析当前系统。

对现行系统和市场进行细致的调查研究和分析。如果企业或组织目前有一个系统正在被使用，这个系统必定能完成某些有价值的工作。首先必须仔细阅读分析现有系统的文档资料和使用手册，实地考察现有系统，了解现有系统可以做什么，为什么这样做，还要了解使用这个系统的运行成本。新开发管理信息系统必须能完成老系统所具有的功能，也要解决老系统中存在的问题。

（3）列出可能的技术方案。

在系统调查的基础上，列出所有可能的技术方案。

（4）技术先进性分析。

分析系统功能的先进性、所用的计算机设备的先进性、标准化等组织技术的先进性等。

（5）经济效益分析。

按现行财务制度的各种规定和数据、现行价格、税收和利息等来进行财务收支计算，并用可能发生的资金流量对技术方案的经济效益进行评价。

（6）综合评价。

在经济评价的基础上，同时考虑其他非经济因素，对技术方案进行评价。

（7）优选可取方案并写出可行性分析报告。

通过各种分析和评价，根据项目目标和约束条件优选最合适方案，并按照总体纲要写出可行性分析报告。

1.9　管理信息系统规划与可行性分析阶段的文档编写

管理信息系统规划阶段的技术文档主要有：系统开发立项报告、可行性分析报告和系统开发计划书。

1.9.1　管理信息系统项目开发立项报告

管理信息系统开发立项报告是在管理信息系统的正式开发前，由开发单位提出或委托开发单位提出要开发的新系统的目标、功能、费用、时间、对组织机构的影响等。如果是本单位独立开发或联合开发，则称为立项报告。如果是委托开发，则以任务委托书或开发协议的方式进行说明。报告的主要内容如下。

（1）现行系统概述。简述现行系统组织结构、功能、业务流程以及存在的主要问题。

（2）新系统概述。简述开发新系统的意义，新系统的期望目标、主要功能和运行环境。

（3）项目经费预算及来源。

（4）系统开发进度和计划完成期限。

（5）系统的验收标准和方法。

（6）可行性分析的组织方案。

（7）有关文档资料和其他需要说明的问题。

1.9.2　管理信息系统可行性分析报告

可行性分析报告要根据对现行系统的分析研究，提出若干个新系统的开发方案，报告的主要内容包括新系统的预期目标、要求和约束，进行可行性分析的基本原则，对现行系统分析的描述及主要存在的问题，系统开发的投资和效益的分析，系统开发的各种可选方案及比较，可行性分析的有关结论等。

可行性分析报告的主要条目和内容如下。

1. 引言

（1）概要：说明新系统的名称、期望目标和基本功能等。

（2）背景：包括用户单位、新系统的承担单位或组织、本系统与其他系统的关系等。

（3）定义：包括本报告中使用的专门术语及其定义等。

（4）参考资料：包括本报告所引用的文件及技术资料等。

2. 可行性分析的前提

（1）目标和要求。

（2）条件、假定和限制。

（3）进行可行性分析的方法。

（4）评价尺度。

3. 对现行系统的分析

包括分析企业的目标与任务、组织机构及管理体制、现行系统的状况、可供利用的资源及约束条件、存在的主要问题及薄弱环节等方面。

4. 新系统的方案

（1）新系统的期望目标。

（2）新系统的主要功能。

（3）新系统的基本结构。

（4）计算机系统的主要配置。

（5）新系统开发的进度计划，包括各阶段对人力、资金、设备的需求。

（6）新系统实现后对组织机构、管理模式的影响。

5. 可行性分析

（1）开发新系统的必要性分析。

（2）开发新系统的经济可行性分析，包括支出、收益、收益投资比、投资回收期等。

（3）开发新系统的技术可行性分析，包括设备条件、技术力量等。

（4）组织管理上的可行性分析。

（5）社会条件方面的可行性分析，包括法律方面的可行性和使用方面的可行性。

6. 可供选择的其他方案

1.9.3　管理信息系统开发计划书

可行性分析论证报告被批准后及系统正式开发之前，拟订一份较为详细的系统开发计划，以保证系统开发工作按计划有序地进行。在开发计划书中，应该说明各项任务的负责人、开发进度、开发经费的预算、所需的硬件及软件资源。项目计划的管理可以采用 Microsoft Project 之类的项目管理软件进行辅助管理。系统开发计划的主要内容如下。

（1）系统开发概述。主要包括新系统开发的目标、基本方针、人员组织、开发阶段等描述。

（2）系统开发计划。主要包括各主要开发阶段的任务、人员分工及负责人、时间分配、资金设备投入计划等。可用工作进度表、甘特图、网络图及关键路径等工具辅助确定。

（3）系统验收标准。主要包括各项工作任务的验收方法和标准。

（4）组织协调。主要包括管理信息系统开发中的单位、人员、开发阶段、责任与权益等的衔接、协调方式及协调负责人等。

项目实战

【任务 1-1】　图书管理系统开发的规划与可行性分析

【任务描述】

（1）任务卡

【任务 1-1】的任务卡如表 1-3 所示。

表 1-3　　　　　　　　　　　　　【任务 1-1】的任务卡

任务编号	01-1	任务名称	分析图书管理系统
计划工时	60min	所属系统名称	图书管理系统
任务说明			
首先进行调查分析，实地调查所在院校使用的图书管理系统，浏览该系统的界面组成及主要功能，判断这些系统的结构模式属于哪一种以及使用了哪一种数据库管理系统。 然后利用本单元所介绍的方法对图书管理系统进行系统规划和可行性分析。 （1）分析图书管理系统的开发背景，撰写简单的图书管理系统开发立项报告。 （2）通过实地调查分析，对待开发的图书管理进行可行性分析，且撰写简单的可行性分析报告。 （3）制订图书管理系统开发计划。			

（2）任务跟踪卡

【任务 1-1】的任务跟踪卡如表 1-4 所示。

表 1-4 　　　　　　　　　　　　　　【任务 1-1】的任务跟踪卡

任务编号	开始时间	完成时间	计划工时	实际工时	当前状态
01-1					

【任务实施】

1. 图书管理系统的开发背景分析与系统开发立项报告的编写

随着我国文化建设的加强，在广大街道社区和乡镇掀起了文化建设的又一高潮，许多街道社区和乡镇都添置了电脑和图书，居民看书、读报的热情也在不断高涨。张明所在的蝴蝶社区也购买了上万本图书和上百种杂志，一个社区图书室也已初具规模，为了方便居民借、还图书，提高管理效率，有效地管理图书和杂志，社区拟开发一个管理社区图书和杂刊的图书管理系统来替代现有的手工管理方式。系统开发的立项报告如表 1-5 所示。

表 1-5 　　　　　　　　　　　　　蝴蝶图书管理系统开发立项报告

项 目 名 称	图书管理系统		开 发 单 位	蝴 蝶 社 区
系统的期望目标	（1）使社区图书和杂志管理更方便和高效，减少了人力投入的同时提高信息处理的精度和准确度，在输入无误的基础上保证数据的正确性 （2）提高了新书入库、图书借阅、归还和查询的速度，改进了社区管理服务的质量 （3）方便社区居民查询图书信息和借阅情况			
系统的主要功能	（1）图书基础数据管理 （2）图书编码和入库 （3）图书借阅与归还 （4）办理借阅者 （5）查询图书信息、借阅者信息和图书借阅信息 （6）处理超期借阅、损坏图书等异常情况 （7）图书报表、借阅者报表打印 （8）用户注册与管理			
运行环境	10 台以内的电脑组成的小型局域网，操作系统为 Windows XP			
经费预算及来源	1 万元以内，主要由社区提供			
开发进度与计划	预计 4 个月内完成系统开发，经 2 个月系统试运行后交付使用，初步计划如下： （1）系统分析及论证：1 个月 （2）系统设计及评审：1 个月 （3）程序设计与测试：2 个月 （4）软件调试与试运行：2 个月			
验收标准与方法	（1）界面设计合理与美观 （2）系统操作方便、容错性好 （3）实时测试在不同时间多台电脑上完成 100 本图书的入库、借出、归还、查询等操作，没出现错误和故障 （4）操作效率明显提高 （5）用户权限设置合理			

2. 系统开发的必要性和可行性分析

在正式开发系统之前，对开发图书管理系统的必要性和可行性进行适当的分析，并撰写可行性分析报告，可行性分析报告如表 1-6 所示。

表 1-6　　　　　　　　　　　蝴蝶图书管理系统可行性分析报告

系统的名称	图书管理系统	用 户 单 位	蝴 蝶 社 区
开发单位	明德学院	开发周期	6 个月
系统的期望目标	<详见开发立项报告>		
系统的主要功能	<详见开发立项报告>		
系统的基本结构	目前为 C/S 结构，以后如有需求可以更新为 C/S+B/S 的混合结构		
系统的主要配置	（1）硬件配置：系统运行的服务器的 CPU 型号为 Intel Core i5 2320，内存容量为 4GB，硬盘容量为 1TB （2）软件配置：操作系统为 Windows XP、前台开发环境采用 Visual C#.NET 2008，后台数据库管理系统采用 SQL Server 2008		
系统开发的进度计划	<详见开发计划表>		
开发系统的必要性分析	开发图书管理系统可以有效地管理图书资源，控制借书、还书的流程，能够为图书管理员和学习者提供充足的信息和快捷的查询手段。经调查发现社区现有的图书采用手工管理方式效率低下，查询图书、统计图书的库存数量和借出数量较困难，已经不能适应用户的需求。如果采用图书管理系统管理图书，具有借还效率高、检索迅速、查找方便、可靠性高、存储量大、保密性好、寿命长、成本低等优点。这些优点能够极大地提高图书管理的效率。因此有必要在现行手工管理图书的基础上开发图书管理系统，以适应现行图书管理工作的要求，提高工作效率		
开发系统的可行性分析	（1）技术可行性分析 经调查，社区目前有 10 台电脑，其中有一台电脑的 CPU 型号为 Intel Core i5 2320，内存容量为 4GB，硬盘容量为 1TB。社区打算使用这一台电脑来安装图书管理系统，设备符合图书管理系统运行的要求。 基于社区图书管理的现状，计划开发 C/S 模式的图书管理系统，前台开发环境采用 Visual C#.NET 2008，后台数据库管理系统采用 SQL Server 2008。Visual C#.NET 2008 是目前技术比较成熟、开发效率较高的一种开发工具，SQL Server 2008 非常适合作为中型管理信息系统的数据库管理系统，从技术角度分析开发图书管理系统非常可行。 （2）经济可行性分析 开发的图书管理系统可以为图书管理者提供准确、及时的信息，减少手工工作人员及费用，提高工作效率，这些都是使用信息管理系统所带来的间接收益，同时也促进社区信息化水平，提高社区的管理效率。 图书管理系统的硬件设备利用现有设备，由于社区的图书管理系统的功能比较简单，软件开发与维护费用在 8000 元至 10000 元，经与社区协商可以接受。从经济角度分析开发图书管理系统也是可行的。 （3）组织管理的可行性分析 社区图书室虽然创办时间不长，但借书、还书、超期罚款等制度都已健全，这些制度对于使用图书管理系统管理图书也是适合的。小王是社区图书室的兼职管理员，对电脑的操作，管理信息系统的使用都比较熟悉，图书管理由图书管理系统代替手工管理，她非常赞成，这样更有利于提高管理效率，更好为居民服务。从管理角度分析开发图书管理系统也是可行的。 （4）社会可行性分析 所开发图书管理系统在法律方面不存在侵犯版权等问题，能按照协议约束履行相关的职责。 图书管理系统操作简单、界面友好，系统操作流程是图书管理者所熟悉的，图书管理者能在较短的时间内由手工操作转换为依靠管理软件对图书、杂志进行有效管理		
结论	经过以上分析，开发社区图书管理系统不仅必要，而且是可行的		

3. 制订系统开发计划

图书管理系统的开发计划如表 1-7 所示。

表 1-7　　　　　　　　　　　　图书管理系统开发简略计划表

序　号	项目内容	时间进度	项目负责人
1	系统规划与可行性分析	2013 年 4 月	张明
2	系统分析	2013 年 4 月	张明
3	系统设计	2013 年 5 月	张明
4	程序设计与测试	2013 年 6 月	张明
5	系统调试与试运行	2013 年 7-8 月	张明
6	系统评价、正式交付使用	2013 年 9 月	张明

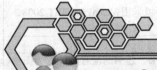

项目实战考核评价

本单元的项目实战考核评价内容如表 1-8 所示。

表 1-8　　　　　　　　　　　　单元 1 的项目实战考核评价表

	考核项目	考核内容描述	标准分	评分
考核要点	编写调查报告	项目调查报告的内容较完整，格式规范，数据可靠	1	
	编写开发立项报告	开发立项报告的内容较完整，格式规范，条理清晰	1	
	编写可行性分析报告	可行性分析报告的分析较全面，格式规范，条理清晰	2	
	编写开发计划	计划具体，进度合理，图表清晰	1	
	素养与态度	认真完成本单元的各项任务，纪律观念强，团队精神强，学习态度好，学习效果好	1	
		小计	6	
评价方式	自我评价	小组评价	教师评价	
考核得分				

同步实践

【任务 1-2】　进销存管理系统开发的规划与可行性分析

【任务描述】

（1）了解一家电器销售公司的业务范围、组织机构、供货、销售、库存管理情况，该公司是否采用了管理信息系统管理公司业务，其信息化需求如何。根据调查情况，写一份调查报告。

（2）实地调查一家电脑销售公司或家电销售公司，拟为该公司开发进销存管理系统，分析进销存管理系统的开发背景，撰写简单的进销存管理系统开发立项报告，内容包括项目名称、开发单位、系统的期望目标和主要功能、系统运行环境、经费预算及来源、开发进度与计划、验收标准与方法。

（3）分析开发进销存管理系统的必要性和可行性，撰写可行性分析报告

（4）制订进销存管理系统开发计划。

【参考资料】

阳光电器公司是一家主营家用电器的公司，该公司的主要业务涉及电器的采购和销售，销售业务主要有批发和零售两部分，有时候会出现打折促销。公司的仓库和门面在同一栋大楼。公司内设经理办公室、公司办公室、供应部、销售部、仓管部、财务部等部门，公司业务量逐年递增，现有的手工管理进货、销售、库存方式已不适应公司业务需求，急需开发一个进销存管理系统来高效管理公司业务，准确地反映进货、销售、库存等方面的各种信息，以帮助公司经理制订适宜的销售策略，实现对供应商资料、客户数据、商品信息、交易数据、各种单据等信息的迅速方便的录入、查询与管理，了解进销存各项相关信息。

1. 必要性分析

进销存是商业企业的重要管理环节，对外直接关系到为顾客服务的水平、商企的合作关系，企业的整体形象，对内影响到企业的经营成果、职员的切身利益。进销存管理系统对于提高工作效率、优化业务管理、降低经营成本都有明显的作用。更重要的是通过系统的应用，管理者能更迅速准确地对市场变化做出商业的应变策略，力求在激烈的竞争中不断创造出更多的经济效益，以立于不败之地。建立进销存管理系统，使企业管理工作规范化、制度化和程序化，提高信息处理的速度和准确性，理顺企业的信息流程和流向，及时、准确地把握企业内部、市场和其他外部信息，以提高管理决策的水平。为规范企业内部管理，提高企业业务管理水平，更好地服务于顾客，开发一个涉及进货管理、销售管理和库存管理的进销存管理系统是必要的。

2. 可行性分析

（1）技术可行性。

阳光公司的销售业务日益增长，销售方面的数据处理也越来越繁忙。每日所要登记的单据、报表非常多。为了让业务员从繁琐的数据处理中解脱出来，更好地拓展公司的业务，利用计算机信息技术解决销售数据的处理已是迫在眉睫。由于该公司的办公室、财务部等部门都使用了电脑办公，公司人员的素质较高，员工的技术水平达到了管理信息系统管理业务所要求的水平，该管理信息系统在公司现有的资源基础上可以实施。目前可视化开发技术、数据库技术、计算机网络技术非常成熟，软件开发工具、测试工具也很先进，为开发进销存管理系统提供了技术保障。

（2）经济可行性。

该管理信息系统的实施费用主要涉及设备的购买与安装维护、软件的开发与实施维护、员工

的培训等方面。这些费用对于阳光公司来说不是问题。管理信息系统实施后为公司的业务带来很大的经济效益，公司根据市场的实际需求，有效地组织采购，减少商品积压，加速资金周转，降低经营风险，有效地降低成本。使用该管理信息系统实时监控各经营环节的信息，能及时发现经营过程中的问题并快速查找原因。

（3）管理可行性。

公司的大部分员工都具有大专以上的学历层次，对管理信息系统的使用不存在问题，只需稍作培训，就可以掌握该系统的使用，让员工从日常繁琐的单据填写、报表统计中解脱出来，员工会乐意接受该系统的使用。对于经理和管理人员来说，他们再也不用等员工统计完数据后才能了解市场及销售情况，他们可以通过该系统随时查看相关信息，打印他们所需要的报表，从而更有利于他们进行决策，管理层也会乐意使用该管理信息系统。

（4）社会可行性。

实施信息化管理可以提高员工业务的处理效率和服务质量，从而赢得客户的满意，提高企业的形象与声誉，在同行中保持竞争力。

同步实践考核评价

本单元同步实践考核评价内容如表1-9所示。

表1-9 　　　　　　　　　　　　单元1的同步实践考核评价表

任务编号	01-2	任务名称	进销存管理系统开发的规划与可行性分析	
任务完成方式	【　】小组协作完成		【　】个人独立完成	
任务完成情况说明				
存在的主要问题说明				
考核评价				
自我评价		小组评价		教师评价

归纳总结

本单元使读者对管理信息系统开发的全过程、相关人员组成及其工作任务有一个较完整的认知。通过对人力资源管理系统开发的背景分析、可行性分析和开发计划的制订，旨在使读者重点掌握管理信息系统的可行性分析方法和文档编写方法，同时也介绍了管理信息系统规划的重要性、主要内容、特点、方法和实施步骤。

　　本单元还介绍了管理信息系统所涉及的基本概念和基础知识，包括管理信息系统的基本概念、主要功能、基本结构和结构模式，管理信息系统的开发方法和开发过程，管理信息系统开发的人员分工等，让学习者对管理信息系统有一个基本认识，为管理信息系统的应用和开发奠定基础。

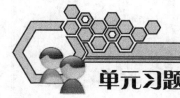

单元习题

　　（1）数据与信息有何区别和联系？

　　（2）管理信息系统中处理的数据一般可以分为哪几种基本类型？各有哪些特点？

　　（3）数据处理的目的是什么，有哪些基本任务？

　　（4）信息有哪些基本特性？

　　（5）何谓管理信息系统？管理信息系统有哪些主要功能？

　　（6）管理信息系统的结构模式主要有哪几种？各有何特点？

　　（7）管理信息系统的开发方法主要有哪几种？对各种开发方法进行比较。

　　（8）试列表阐述管理信息系统开发过程各个阶段的主要任务。

　　（9）管理信息系统开发过程一般需要哪些人员？这些人员各自的职责有哪些？

　　（10）试阐述管理信息系统规划的重要性。

　　（11）管理信息系统规划主要包括哪几个方面的内容？

　　（12）管理信息系统规划主要有哪些特点？

　　（13）现行系统的初步调查的主要内容有哪些？

　　（14）何谓"可行性分析"？可行性分析的目的是什么？

　　（15）简述可行性分析的步骤。

　　（16）系统规划阶段的技术文档主要有哪些？

单元 2
管理信息系统的系统分析

　　管理信息系统分析的主要工作是对现行系统的业务流程和新系统的信息需求进行详细的调查，然后在此基础上进行分析研究，并最终给出管理信息系统的逻辑模型，为新系统的设计奠定基础。

教学导航

教学目标	（1）了解管理信息系统分析的主要任务和基本步骤 （2）掌握管理信息系统详细调查的主要内容和基本方法 （3）掌握用户需求、组织机构和业务流程的调查与分析方法 （4）了解图书管理系统的参与者、用例的分析方法 （5）了解图书管理系统业务处理类、界面类的分析与设计方法 （6）掌握图书管理系统功能模块结构的分析与划分方法 （7）掌握图书管理系统数据库的分析与设计方法 （8）掌握数据流图的绘制方法和数据字典的定义方法 （9）掌握管理信息系统逻辑模型的建立和系统分析阶段的文档编写
教学方法	任务驱动法、分析探究法、调查分析法等
课时建议	6课时（含考核评价）

知识必备

2.1　管理信息系统分析的主要任务

管理信息系统的系统分析是在总体规划的指导下，对系统进行深入的调查研究，确定新系统逻辑模型的过程，其主要任务如下。

（1）进一步明确系统目标。

经过详细调查以后，再次研究系统总体规划阶段所确定新系统目标是否符合实际情况，必要时，经过论证可作适当修改。

（2）充分了解用户需求，形成系统需求说明书。

详细了解每个业务过程和业务活动的工作流程及信息处理流程；理解用户对管理信息系统的需求，包括对系统功能、性能等方面的需求，对硬件配置、开发周期、开发方式等方面的意向；以系统需求说明书的形式将系统需求定义下来。

（3）修正子系统的划分，确定各子系统的功能。

经过详细调查，对系统规划阶段利用 U/C 矩阵划分的子系统进行修正、完善，使其更合乎实际需求。

（4）确定系统逻辑模型，形成系统分析报告。

在详细调查的基础上，运用各类系统开发理论、开发方法、开发技术，确定系统应具有的逻辑功能，再用适当的方法表示出来，形成系统逻辑模型。新系统的逻辑模型由一系列的图表和文字组成，以系统分析报告的形式表达出来，为下一步系统设计提供依据。

2.2　管理信息系统分析的基本步骤

管理信息系统分析的基本步骤如下。

（1）详细调查现行系统。

通过详细调查，弄清现行系统的边界，组织机构、人员分工、业务流程，各种计划、单据和报表的格式、种类及处理过程等，企业资源以及约束情况，为系统设计做好原始资料的准备工作。调查研究将贯穿于系统分析的全过程。

（2）分析组织结构与业务流程。

在详细调查的基础上，用一定的图表和文字对现行系统进行描述，详细了解各级组织的职能和有关人员的工作职责、决策内容及对新系统的要求。

（3）分析系统数据流。

数据流分析就是把数据在组织或原系统内部的流动情况抽象出来，舍去具体的组织机构、信息载体、处理工作、物资和材料等，仅从数据流动过程考察实际业务的数据处理模式，主要包括对信息的流动、传递、处理与存储的分析。

（4）建立新系统的软件模型。

在系统调查和系统分析的基础上建立新系统的软件模型，用一组图表和文字进行描述，方便用户和分析人员对系统提出改进意见。

（5）编写系统分析报告。

系统分析阶段的成果是系统分析报告。它是系统分析阶段的总结和向有关领导提交的文字报告，反映这个阶段调查分析的全部情况，是下一阶段系统设计的工作依据。

2.3　管理信息系统的调查与分析

2.3.1　详细调查的主要内容

详细调查的主要内容包括以下方面。

（1）现行系统的系统界限和运行状态。

调查现行系统的业务范围、与外界的联系、经营效果等，以便确定系统界限、外部环境和接口，衡量现有的管理水平等。

（2）组织结构的调查。

在系统规划阶段所获得的组织机构图的基础上，进一步调查现行系统的组织机构、各部门的职能、人员分工和配备情况等。

（3）功能体系的调查。

功能体系调查是以部门为调查对象，深入调查部门的职责、工作内容、分工，然后提炼、细化、汇总管理功能，绘制功能体系图。

（4）业务流程的调查。

以功能体系图为线索，详细调查每一基本功能的业务实现过程，全面细致地了解整个系统各方面的业务流程，发现业务流程中的不合理环节。

（5）数据与数据流的调查。

在业务流程的基础上，对收集数据和处理数据的过程进行分析和整理，绘制原系统的数据流图。

（6）收集各种原始凭证和报表。

通过收集各种原始凭证，统计原始单据的数量，了解各种数据的格式、作用和向系统输入的方式等方面。通过收集各种输出报表，统计各种报表的行数和存储的字节数，分析其格式的合理性。

（7）统计各类数据的特征和处理特点。

通过对各类数据平均值、最大值、最大位数及其变化率等的统计，确定数据类型和合理有效的处理方式。

（8）收集与新系统对比所需的资料。

收集现行系统手工作业的各类业务工作量、作业周期、差错发生数等，为新旧系统对比时使用。

（9）了解约束条件。

调查和了解现有系统的人员、资金、设备、处理时间、处理方式等方面的限制条件和规定。

（10）了解现行系统的薄弱环节和用户要求。

系统的薄弱环节正是新系统要解决和最为关心的主要问题，通过调查以发现薄弱环节。用户要求是指系统必须满足功能要求、性能要求、时间要求、可靠性要求、安全保密要求、开发费用等方面的要求。

2.3.2　系统调查的基本方法

系统调查的常见方式有：重点询问方式、全面业务需求分析的问卷调查法、深入实际的调查方式和参加业务实践。

（1）重点询问方式。

采用关键成功因素（CSF）法，列举若干可能的问题，自顶向下尽可能全面地对用户进行提问，然后分门别类地对询问的结果进行归纳，找出其中真正关系到管理信息系统开发工作成败的关键因素。

（2）问卷调查法。

采用调查表对现行系统的各级管理人员进行全面的需求分析调查，然后分析整理，以了解和确定管理业务的处理过程。另外，收集现有的各种报表，了解与该报表有关的信息种类和内容、数据的来源和去向、报表的计算方法等资料。

（3）深入实际调查。

系统分析员在信息管理部门的有关人员的配合和支持下，深入各职能部门，与各级管理人员面对面交谈或阅读历史资料，了解情况，通过不断地反复，最后双方确认各项调查的内容，并由系统分析员向用户提交供评审的系统分析的结果。

（4）参加业务实践。

为了熟悉和观察企业或组织的业务流程和工作内容，直接参与业务实践，通过自己的亲身体验获取资料。这是一项最有效的方法，百闻不如一见。

2.3.3　用户需求的调查与分析

用户需求指用户对管理信息系统的所有要求和限制，通常包括功能、性能、可靠性、安全保密要求以及开发费用、开发周期、资源等方面的限制。通过需求分析全面理解用户的各项要求，准确表达被接受的用户需求。

用户需求分析的过程如下。

（1）调查用户需求。

通过系统调查，系统分析员了解了当前业务系统的现状和存在的问题，初步掌握了用户需求，在此基础上通过访谈、问卷调查等多种方式收集来自各级用户的各种需求。

（2）确定用户需求。

对于用户提出的需求，应进行分析和筛选，确定可行的、必须满足的需求，应尽量满足用户的要求。用户需求常包括功能需求、性能需求、可靠性需求、安全保密需求、资源使用需求、开发费用需求、开发进度需求等。

（3）表达用户需求。

经确定的用户需求称为系统需求，对系统需求应清晰、准确、完整地进行描述，这个描述性文件就是用户需求说明书，也称为需求规格说明书，它提供了用户与系统分析员对所开发管理信息系统的共同理解。

2.3.4　组织机构的调查与分析

在系统详细调查的基础上，对现行系统的组织结构和管理功能进行分析，主要有组织结构分析、组织与功能的关系分析、管理功能分析 3 个方面。

在系统规划阶段所获取的组织机构图的基础上，进一步了解现行系统的组织机构、各部门的职能，分析各部门之间资料传递关系和数据流动关系。

根据系统调查结果绘制系统的组织机构图，用图示描述组织的总体结构和组织内部各部门之间的关系。其次对组织机构进行调查分析，进一步掌握各部门的联系程度、主要业务职能、业务流程等。

1．组织机构分析的主要内容

（1）对照实际生产和经营情况，分析各组织机构的职能是否明确，是否真正发挥作用，是否存在人浮于事、机构重叠设置的现象。

（2）根据同类型、同规模组织的国际、国内先进管理经验，对机构的设置进行分析，运用管理科学的理论，分析组织机构设置的合理性，找出存在的问题。

（3）根据计算机辅助管理的要求，为企业决策者提供调整机构设置的参考意见。

组织结构图是自上而下分层次表示企业或组织的机构设置，表示各部门之间的隶属关系。

2．组织与功能的关系分析

采用"组织/功能关系表"将组织各部门的主要业务职能、承担的工作及相互之间的业务关系清楚地反映出来，有助于后续的业务流程和数据流分析。

3．功能体系分析

在功能体系调查基础上绘制功能结构图。功能结构图是以部门职能为主体的倒立树，可直观反映出系统范围内所有的职能以及每个职能的业务构成。组织机构图描述了系统边界以内的部门划分及其相互关系，而功能结构图反映了这些部门所具有的管理功能。

2.3.5　业务流程的调查与分析

对各业务部门的业务流程进行归纳和分析，了解业务人员、工作内容、实现顺序以及业务与人员、业务与业务之间关系，明确各环节所需信息的内容、来源、去向、处理方法，调查结果用业务流程图表示，为建立管理信息系统的数据模型和逻辑模型打下基础。业务流程分析的主要内容如下。

（1）绘制各业务部门的业务流程图和表格分配图。

（2）与业务人员讨论业务流程图和表格分配图是否符合实际情况。

（3）利用管理科学理论分析流程中存在的问题，例如处理内容重复、信息流或物流流程不符合逻辑等方面。

（4）与业务人员讨论，根据管理信息系统的要求，提出改进业务流程的方案。

（5）将新业务流程方案提交决策者，以便确定合理的、切合实际的业务流程。

2.3.6　数据的调查与分析

用业务流程图和表格分配图描述管理业务形象地表达了信息的流动和存储，得到现有系统的物理模型。但没有脱离物质要素，为了便于分析问题，进一步舍去物质要素，抽象出数据流，详细调查数据与数据流。

收集进行系统分析所需的数据，具体包括：各种单据（例如各种入库单、收据、凭证、清单、卡片）、账本、各种报表、各种记录；现行系统的说明文件，例如各种流程图、程序；各部门外的数据来源，例如上级文件、计算机公司的说明书、外单位的经验材料等。收集的结果可以通过数量汇总表和统计报表进行描述。

1.　整理、分析调查得到的原始资料

（1）围绕系统的目标、组织结构和业务功能，分析已收集到的信息能否提供足够的支持，能否满足正常的信息处理业务和定量化分析的需要。

（2）分清所收集的信息的来龙去脉，目前的用途，与周围环境之间的关系。

（3）分析现有报表的数据是否全面，是否满足管理的需要，是否正确地反映业务的实物流，现有的业务流程有哪些弊病，要做哪些改进等。

2.　对数据进行分类处理

将系统调查得到的数据分成输入数据类、过程数据类和输出数据类，数据分类有利于系统设计阶段的用户界面设计、输入/输出设计等。

3.　数据汇总

（1）数据分类编码。

将收集的数据资料按业务过程进行分类编码，按处理过程的顺序进行排列。

（2）数据完整性分析。

按业务过程自顶向下对数据项进行整理，从本到源，直到记录数据的原始单据或凭证，确保数据的完整性和正确性。

（3）将所有原始数据和最终数据分类整理出来。

原始数据是管理信息系统确定关系数据库基本表的主要内容，最终输出数据反映管理业务所需要的主要指标。

（4）确定数据的长度和精度。

根据系统调查中用户对数据的使用情况以及今后预计该业务的发展，确定各数据的长度和精度。

2.4 数据流分析

数据流分析是把数据在原系统内部的流动情况抽象出来，抽象地反映信息的流动、加工、存储和使用情况。数据流分析主要包括对信息的流动、处理、存储等方面的分析。

数据流分析按照自顶向下、逐层分解、逐步细化的结构化分析方式进行，通过分层的数据流图（Data Flow Diagram，DFD）实现。

2.4.1 绘制数据流图

数据流图是用规定的基本图形直观描述数据的流动及其处理、存储的图示。

1. 数据流图的特点

（1）抽象性：数据流图只是抽象地反映信息处理流程。

（2）概括性：数据流图把系统对各种业务的处理过程联系起来，便于把握系统的总体功能。

（3）分层性：数据流图由自顶向下的各层组成，便于认识问题和解决问题。

2. 数据流图的基本组成元素

数据流图的基本组成元素如表 2-1 所示。

表 2-1　　　　　　　　　　　数据流图的基本组成元素

元素名称		图　例	说　明
数据流		→（箭头）	表示数据的流向，DFD 描述的是数据流，而不是控制流。箭头旁标注所流经数据的名称。数据流可以表示各种输入输出的报表、单据，也表示数据存储与加工之间的输入数据和输出数据
加工（处理）		□ 或 ○	描述输入数据流到输出数据流之间的变换，这种变换包括两种情况：（1）数据的组成变换；（2）在原数据基础上增加新内容形成新的数据。框的上部填写该处理的标识，下部用动宾词组表示一个加工
存储文件	文件		用于存储数据或数据转换。框的左部为文件标识，右部为文件名称
	读文件		只是从文件读出数据，数据经加工处理后不写文件或修改文件
	写文件		经加工（修改或更新）后数据要流向文件，即写文件或修改，修改文件一般是先读，但本质是写。此时箭头指向存储文件
	既读又写		加工既要读文件又要写文件，用"双向箭头"表示
源/宿（外部实体）		□	表示管理信息系统外部的人员或组织，外部实体表示数据的外部来源或去向，反映了系统的开始与结束。如果源和宿是同一个人或组织，这时源和宿用同一个图形符号
附加符号		*	表示数据流之间是"与"关系（同时存在）
		+	表示"或"的关系
		⊕	表示只能从中选一个（互斥关系）

3. 数据流图的绘制方法

数据流图依据"自顶向下、从左到右、由粗到细、逐步求精"的基本原则进行绘制。

数据流程图绘制示意图如图 2-1 所示。图 2-1 表示上层数据流图中的一个加工被分解为一张下层的数据流图。例如顶层图中的处理系统分解为 0 层数据流图，0 层图包含有三个加工：1、2、3。0 层图又分解为第一层数据流图，例如 0 层图中的加工 2 被分解为含有 2.1、2.2、2.3、2.4 四个加工的流程图。

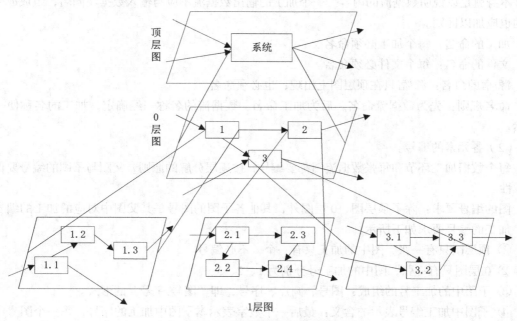

图 2-1　数据流图绘制示意图

（1）顶层图的绘制。

顶层图只有 1 张，说明系统的边界。

把整个系统看作一个整体，视系统为一个总的数据处理模块，即图中只有一个加工。顶层图只需指明与有关外部实体之间的信息交换关系，不必考虑内部的处理、存储、信息流动问题。

顶层图只包括外部的源和宿、系统处理，外界的源流向系统的数据流和系统流向外界的宿的数据流。不包含文件，文件属于软件系统内部对象。

（2）0 层图的绘制。

0 层图只有 1 张，把顶层图的加工分解成几个部分。画出顶层图中整个软件系统所包含的第 1 层子加工，有多个加工。

0 层图中包括软件系统的所有第 1 层加工、图中包括各个加工与外界的源或宿之间的数据流、各个加工之间的数据流、1 个以上加工需要读或写的文件等。但不包含外界的源或宿，只有 1 个加工使用的文件。

（3）第 2 层（1 层图）及以下各层中各个加工的子图的绘制。

一个子图对应上层的一个加工，该子图内部细分为多个子加工。子图中包括父图中对应加工的输入输出数据流、子图内部各个子加工之间的数据流以及读写文件的数据流。

4. 数据流图中各元素的标识

（1）各元素的命名。

名字应反映该元素的实际含义，意义明确、易理解、无歧义，避免空洞的名字，例如数据、信息、优化、计算、处理等词条尽量避免使用。

数据流的命名：大多数数据流必须命名，但流向文件或从文件流出的数据流不必命名，因为文件本身就足以说明数据流的内容。一个加工的输出数据流不应与输入数据流同名，组成成分相同的也应加以区别。

加工的命名：每个加工必须命名。

文件的命名：每个文件必须命名。

源/宿的命名：源/宿只在顶层图上出现，也必须命名。

命名规则：先为数据流命名，后为加工命名，数据流的名称一经确定，加工的名称便一目了然。

（2）各元素的编号。

每个数据加工环节和每张数据流图都要编号，按逐层分解的原则，父图与子图的编号要保持一致性。

图的编号要求：除了顶层图、0 层图外，其他各子图的图号是其父图中对应的加工的编号。

加工的编号要求如下所示。

① 顶层图只有一张，图中的加工只有一个，不必编号。

② 0 层图只有一张，图中的加工号分别为 1、2、3…。

③ 子图中的加工号的组成：图号、圆点、序号，即"图号.序号"的形式。

④ 子图中加工编号表示的含义：最后一个数字表示本子图中加工的序号，每一个图号中的圆点数表示该加工分层 DFD 所处的层次，右边第一个圆点之左的部分表示本子图的图号，也对应上层父图中的加工编号。

⑤ 例如某图中的某个加工号为"2.4.3"，表示图号"2.4"中第 3 个加工，位于第 2 层子图上，这个加工分解出来的子图号就是"图 2.4.3"，子图中的加工号分别为"2.4.3.1"、"2.4.3.2"…。

5. 数据流图中加工

（1）"加工"可以称为子系统或处理过程，是对数据流的一种处理。每当数据流的内容或其组成发生变化时，该处就对应一个加工，用处理框表示。

（2）一个数据流图中至少有一个"加工"，任何一个"加工"至少有一个输入数据流和一个输出数据流。具体到某个"加工"，所做的处理可能是计算、分类、合并、统计、检查等。

（3）允许一个加工有多条数据流流向另一个加工，即 1-并联-1 形式；任意两个加工之间，可以有 0 条或多条名字互不相同的数据流，如图 2-2 所示。

允许 1 个加工有 2 个相同的输出数据流流向 2 个不同的加工，即 1-并联-2 形式。

图 2-2　一个加工有多条数据流流向另一个加工

（4）确定加工的方法。

根据系统的功能确定加工，数据流的组成或值发生变化的地方应画一个加工。

6. 数据流图中的文件

数据流图中的文件是相关数据的集合，是系统中存储数据的工具。当一个"加工"产生的输出数据流不需要立刻被其他"加工"所使用，而是被多个"加工"在不同的时间使用时，可以将其组成一个文件存放在计算机存储器中。

从"加工"到文件的输出过程称为写文件，从文件到"加工"的过程称为读文件。

7. 绘制数据流图的注意事项

（1）注意父图与子图的平衡。

父图与子图：父图是抽象的描述，子图是详细的描述。

上层的一个加工对应下层的一张子图，上层加工对应的图称为父图。每张子图只对应一张父图。

一张图中，有些加工需要进一步分解，便可以画出子图，有些加工不必分解，也就没有子图，即一个加工对应的子图数为 0 或 1，如果父图中有 n 个加工，那么子图数可以为 $0 \sim n$，且这些图位于同一层。

保持父图与子图的平衡：上层数据流程图中的数据流必须在其下层数据流图中体现出来。

① 父图中某加工的输入输出数据流必须与该加工对应子图的输入输出数据流在数量、名字上相同。

② 例外情况，将"数据"分解成了数据项：父图的一个输入或输出数据流对应于子图中几个输入或输出数据流，而子图中组成这些数据流的数据项全体正好等于父图中的这一个数据流，它们仍算平衡。

例如父图中某加工的输出数据流"统计分析表"，而子图中的输出数据流变成了两个"难度分析表"和"分类统计表"，也是平衡的。

（2）注意数据流图中只画出数据流不画出控制流。

数据流图 DFD 中只画出数据流不画出控制流：数据流中有数据，一般也看不出执行的顺序；而程序流程图中的箭头表示控制流，它表示程序的执行顺序或流向，控制流中没有数据。

（3）注意保持数据守恒。

每个加工必须既有输入数据流，又有输出数据流。一个加工所有输出数据流中的数据必须能从该加工的输入数据流中直接获得，或者是通过该加工能产生的数据，例如：输入各科成绩，输出平均成绩、排名等；

一批同类数据（这些数据一起到达，一起加工）合成为 1 个数据流，例如单据（表格、卡片、清单）可作为一个数据流，单据上多个数据属于同一类。

（4）有关文件的注意事项。

对于只与一个加工有关而且是首次出现，即该加工的"内部文件"不必画出。但对于只与一个加工有关，而在上层图中曾出现过的文件，不是"内部文件"，必须画出。

整套数据流图（DFD）中，每个文件必须既有读文件的数据流，又有写文件的数据流，但在某一张子图中可能只有读没有写，或只有写没有读。

2.4.2　定义数据字典

数据字典（Data Dictionary，DD）指数据流图中所有成分定义和解释的文字集合。

数据字典的功能是对数据流图中的每个构成要素（包括数据流名、文件名、加工名以及组成数据流或文件的数据项）作出具体的定义和说明，是系统分析阶段的重要文档。

数据字典条目的类型有：数据流条目、文件条目、加工条目、数据项条目。

1.　数据流条目

（1）数据流条目主要说明数据流是由哪些数据项组成的，包括数据流编号、名称、来源、去向、组成与时间数据量、峰值等。其中数据流名、组成（包含的数据项）必不可少。

（2）表示数据流组成的符号。

a+b：表示 a 与 b。

[a|b]：表示 a 或 b，即选择括号中的某一项。

{a}：表示 a 重复出现多次，{a} n m 表示 a 最小重复出现 m 次，最多重复出现 n 次。

（a）：表示 a 可出现 0 次或 1 次，即括号中的项可选也可不选。

例如：运动员报名单=姓名+性别+年龄+{项目名} 3 1；正式报名单=运动员报名单+分组

"正式报名单"的组成成分含有前面定义的另一个数据流"运动员报名单"，因为"运动员报名单"中的所有成分都是"正式报名单"的组成成分。

数据流条目格式如表 2-2 所示，一般包括系统名称、数据流名称、别名、说明、编号、来源、去向、数据流流量、数据流组成等，必要时还应指出高峰流量。

学生信息管理系统中的补考通知单的数据流条目如表 2-2 所示。

表 2-2　　　　　　　　　　　　　　　　数据流条目示例

项 目 名 称	说明或定义
系统名称	学生信息管理系统
数据流名称	补考通知单
别名	无
说明	当学生某门课程不及格需要补考时，用补考通知单告诉学生补考时间、地点、课程名等
编号	X0001
来源	学籍管理
去向	学生
数据流组成	补考通知单 = 学号 + 姓名 + 班级 + ｛补考课程名称 + 补考时间 + 补考地点｝

2.　数据文件条目

（1）数据文件条目用于描述数据文件的内容及组织方式，一般包括系统名称、文件名称、别名、文件编号、说明、组织方式、主关键字、次关键字、记录数、记录组成等。

（2）数据文件的组成可以使用与数据流组成相同的符号。

学生信息管理系统中的成绩表文件条目如表 2-3 所示。

表 2-3　　　　　　　　　　　　　　　　数据文件条目示例

项 目 名 称	说明或定义
系统名称	学生信息管理系统
文件名称	学生成绩表
别名	成绩表
文件编号	Y0002
说明	存储学生的成绩，每个学生一条记录
组织方式	按学生学号顺序组织
主关键字	学号
记录数	15000
记录组成	记录 = 学号 + 姓名 + 课程名称 1 + 课程名称 2 + …… + 总成绩 + 备注

3. 数据项条目

（1）数据项条目是对数据流、文件和加工中所列的数据项进一步描述，主要说明数据项的类型、长度与取值范围等。

（2）数据项条目的内容一般包括系统名称、数据项名称、别名、数据类型、说明、取值范围、数据长度、取值的含义等。

学生信息管理系统中学号数据项条目如表 2-4 所示。

表 2-4　　　　　　　　　　　　　　　　　数据项条目

项 目 名 称	数据项定义
系统名称	学生信息管理系统
数据项名称	学号
别名	无
数据类型	字符型
说明	本院学生按年级连接编号
取值范围	00010101～99302099
数据长度	8

4. 基本加工条目

基本加工指数据流图中不能再分解的加工，数据字典中用相应的加工条目对基本加工进行描述。加工条目由加工名称、加工编号、激发条件、处理逻辑、输入数据流与输出数据流等组成，其中加工编号与数据流图中的加工编号相同。

例如学生信息管理系统中的加工"补考管理"条目，如表 2-5 所示。

表 2-5　　　　　　　　　　　　　　　　　基本加工条目

项 目 名 称	说明或定义
系统名称	学生信息管理系统
加工名称	补考管理
编号	Z0003

项 目 名 称	说明或定义
输入数据流	成绩单
输出数据流	补考通知单
加工逻辑	对于每一个学生的每一门课程，如果低于 60 分，填写补考通知单

加工处理逻辑的描述除了用加工条目描述以外，还可以用判定表、判定树、结构化语言等方法描述。

2.4.3 加工逻辑说明

1. 功能

对数据流图中每一个基本加工的描述，描述该加工在什么条件下做什么事。

2. 描述内容

基本加工的内容中"加工逻辑"是最基本的部分，描述该加工在什么条件下做什么事，即描述了输入数据流、输入文件、输出数据流、输出文件之间的逻辑关系。

3. 描述方法

常用的加工逻辑描述方法有 3 种：判定表、判定树和结构化语言。

（1）判定树（又称为决定树）。

判定树是用树形分叉图表示加工逻辑的一种工具。判定树可以直观、清晰地表达某一加工处理过程。

判定树的组成：左边结点为树根，与树根相连的分叉表示条件，最右侧的条件枝的端点称为树梢结点，表示决策结果。

例如：学生信息管理系统中学籍变动的判断树如图 2-6 所示。

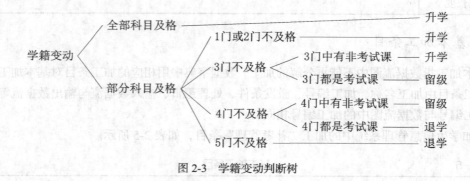

图 2-3　学籍变动判断树

（2）判定表（又称为决策表）。

判定表是用表格形式来表达加工处理逻辑的一种工具。判定表可以在复杂的情况下直观地表达具体条件、决策规则和应当采取的行动之间的逻辑关系。用判定表描述加工逻辑比较清晰，条件组合齐全，不会产生考虑不周或条件遗漏现象。

例如绘制库存控制过程的判定表，已知条件如下：

① 当库存量高于极限量，已经订货，则取消订货。

② 当库存量高于极限量，尚未订货，则什么也不做。

③ 当库存量高于订货点，小于等于极限量，已经订货，则要求订货延期。

④ 当库存量高于订货点，小于等于极限量，尚未订货，则什么也不做。

⑤ 当库存量高于最低储备量，小于等于订货点，已经订货，而且订货会迟到，则催订货。

⑥ 当库存量高于最低储备量，小于等于订货点，已经订货，订货不会迟到，则什么也不做。

⑦ 当库存量高于最低储备量，小于等于订货点，尚未订货，则订一次货。

⑧ 当库存量小于等于最低储备量，已经订货，则催订货。

⑨ 当库存量小于等于最低储备量，尚未订货，则紧急订货。

库存控制的决策表如表 2-6 所示。

表 2-6　　　　　　　　　　　　　库存控制的决策表

	决 策 规 则	1	2	3	4	5	6	7	8	9
决策条件	库存量>极限量	Y	Y	N	N					
	库存量>订货点			Y	Y	N	N	N		
	库存量>最低储备点					Y	Y	Y	N	N
	已订货了吗	Y	N	Y	N	Y	Y	N	Y	N
	订货是否会延迟					Y	N			
应采取的行动	取消订货	do								
	要求订货延期			do						
	什么也不做		do		do		do			
	催订货					do			do	
	订一次货							do		
	紧急订货									do

（3）结构化语言。

结构化语言用于描述数据加工的处理功能和处理过程的规范化语言。结构化语言介于自然语言与计算机语言之间，具有语句类型少、结构规范、表达清晰、易理解的特点。

① 结构化语言中使用的词汇。

关键字：if、then、else、end if、select case……case、otherwise、while、until、so 等。

关系运算词汇，例如：>、<、>=、<=、!=、=。

逻辑运算词汇，例如：and、or、not。

祈使语句中的动词，例如：计算、汇总、获得、核对等。

数据词典中的名词，例如：姓名、学号、成绩、学生花名册、成绩表等。

② 语句类型。

祈使语句：说明要做的事情，一般用动词加宾语构成，动词表示要执行的功能，宾语表示动作的对象，例如：计算总分，计算平均分。

条件语句：说明在满足一定条件下做的事情，类似结构化程序中的判断结构。

39

条件语句的一般形式为：if <条件> then 执行语句 A
else   执行语句 B

循环语句：说明在满足某种条件下反复要做的事情。由循环条件和重复执行语句构成。

形式 1：while <条件>成立   形式 2: 执行语句
执行语句   until <条件>不成立

③ 应用举例。

学生信息管理系统中学籍变动情况用结构化语言表示。

```
if  全部科目及格  then  升学
else
select  case  （不及格的科目数）
     case  1:
     case  2:升学
     case  3: if   3门中有非考试课程  then  升学
             else                        留级
     case  4: if  4门中有非考试课程  then  留级
             else                        退学
     otherwise:                          退学
end if
```

按上述数据字典的条目对数据流图中的所有组成部分进行定义，就可获得一套完整的数据字典资料，配合数据流图即构成系统分析报告的核心部分，再附以相应的说明，为系统设计提供重要的基本资料。

2.5 UML 概述

UML（Unified Modeling Language，译为统一建模语言）是一种面向对象的可视化建模语言，它能够让系统构造者用标准的、易于理解的方式建立起能够表达他们设计思想的系统监图，并且提供一种机制，以便于不同的人之间共享和交流设计成果。

2.5.1 UML 的功能

从普遍意义上说，UML 是一种语言，语言的基本含义是由一套按照特定规则和模式组成的符号系统，能被熟悉该符号系统的人或物使用。自然语言用于熟悉该语言各人群之间的交流，编程语言用于编程人员与计算机之间进行交流。机械制图也是一种语言，它用于工程技术人员与工人之间的交流。UML 作为一种建模语言，则用于系统开发人员之间及开发人员与用户之间的交流。主要有以下功能。

（1）为软件系统建立可视化模型。

UML 符号具有良好的语义，不会引起歧义。UML 为系统提供了图形化的可视模型，使系统的结构变得直观、易于理解；用 UML 为软件系统建立的模型不但有利于交流，还有利于软件维护。

模型是什么？模型是对现实的简化和抽象。对于一个软件系统，模型就是开发人员为系统设计的一组视图。这组视图不仅简述了用户需要的功能，还描述了怎样去实现这些功能。

（2）规约软件系统的产出。

UML 定义了在开发软件系统过程中需要做的所有重要的分析、设计和实现决策的规格说明，使建立的模型准确、无歧义并且完整。

（3）构造软件系统的产出。

UML 不是可视化的编程语言，但它的模型可以直接对应到多种编程语言。例如，可以由 UML 的模型生成 Java、C++、Visual Basic 等语言的代码，甚至还可以生成关系数据库中的表。从 UML 模型生成编程语言代码的过程称为正向工程，从编程语言代码生成 UML 模型的过程称为逆向工程。

（4）为软件系统的产出建立文档。

UML 可以为系统的体系结构及其所有细节建立文档。

2.5.2　UML 的组成

UML 由视图（View）、图（Diagram）、模型元素（Model Element）和通用机制（General Mechanism）等几个部分组成。

（1）视图（View）。

视图是表达系统的某一方面特征的 UML 建模元素的子集，视图并不是具体的图，它是由一个或多个图组成的对系统某个角度的抽象。在建立一个系统模型时，通过定义多个反映系统不同方面的视图，才能对系统做出完整、精确的描述。在机械制图中，为了表示一个零部件的外部形状或内部结构，需要主视图、俯视图和侧视图分别从零部件的前面、上面和侧面进行投影。UML 的视图也是从系统不同的角度建立模型，并且所有的模型都是反映同一个系统，UML 包括 5 种不同的视图：用例视图、逻辑视图、并发视图、组件视图和部署视图。

（2）图（Diagram）。

图是模型元素的图形表示，视图由图组成，UML 2.0 以前的版本常用的图有 9 种，把这几种基本图结合起来就可以描述系统的所有视图。9 种图分为两类，一类是静态图，包括用例图、类图、对象图、组件图和部署图；另一类是动态图，包括顺序图、通信图、状态机图和活动图。UML 2.0 又新增加了几种图，主要有包图、定时图、组合结构图和交互概览图，UML 2.0 的图共有 13 种。包图在 UML 2.0 之前已经存在，状态机图是状态图改名而来的，通信图是协作图改名而来。

（3）模型元素（Model Element）。

模型元素是构成图最基本的元素，它代表面向对象中的类、对象、接口、消息和关系等概念。UML 中的模型元素包括事物和事物之间的联系，事物之间的关系能够把事物联系在一起，组成有意义的结构模型。常见的联系包括关联关系、依赖关系、泛化关系、实现关系和聚合关系。同一个模型元素可以在几个不同的 UML 图中使用，不过同一个模型元素在任何图中都保持相同的意义和符号。

（4）通用机制（General Mechanism）。

通用机制用于为模型元素提供额外信息，例如注释、模型元素的语义等。另外，UML 还提供了扩展机制，UML 中包含 3 种主要的扩展组件：构造型、标记值和约束，使 UML 能够适应一个特殊的方法/过程、组织或用户。

2.5.3　UML 的图

每一种 UML 的视图都是由一个或多个图组成的，图就是系统架构在某个侧面的表示，所有的图一起组成了系统的完整视图。UML 2.0 以前的版本提供了 9 种不同的图，用例图描述系统的功能，类图描述系统的静态结构，对象图描述系统在某个时刻的静态结构，组件图描述实现系统元素的组织，部署图描述环境元素的配置，顺序图按时间顺序描述系统元素的交互，通信图按照时间和空间顺序描述系统元素间的交互和它们之间的关系，状态机图描述系统元素的状态条件和响应，活动图描述系统元素的活动。

将 UML 的 9 种图按其功能和特征进行归类，划分为五种类型。

（1）第一类是用例图：从用户角度描述系统功能，并指出各功能的参与者。

（2）第二类是静态图：包括类图、对象类。其中类图描述系统中类的静态结构。类图不仅定义系统中的类，表示类之间联系（例如关联、依赖和聚合等），也包括类的内部结构（类的属性和操作）。类图描述的是一种静态关系，在系统的整个生命周期中都是有效的。对象图是类图的实例，使用与类图几乎相同的标志。它们的不同点在于对象图显示类的多个对象实例，而不是实际的类，一个对象图是类图的一个实例，对象图只能在系统某一个时间段内存在。

（3）第三类是行为图：包括状态机图和活动图，用于描述系统的动态模型和组成对象之间的交互关系。其中状态机图描述类的对象所有可能的状态以及事件发生时状态的转移条件。通常，状态机图是对类图的补充。实际上并不需要为所有的类绘制状态机图，只需要为那些有多个状态且其行为受外界环境的影响并且发生改变的类绘制状态机图。活动图描述满足用例要求所要进行的活动以及活动间的约束关系，有利于识别并行活动。

（4）第四类是交互图：包括顺序图和通信图，用于描述对象间的交互关系。其中顺序图显示对象之间的动态合作关系，它强调对象之间消息发送的顺序，同时显示对象之间的交互；通信图描述对象之间的协作关系，除了显示信息交换外，还显示对象以及它们之间的关系。

（5）第五类是实现图，包括组件图和部署图。其中组件图描述组件的结构及各组件之间的依赖关系。一个组件可能是一个资源代码组件、一个二进制组件或一个可执行组件。它包含逻辑类或实现类的有关信息。组件图有助于分析和理解组件之间的相互影响程度。部署图定义系统中软硬件的物理体系结构，它可以显示实际的计算机和设备（用节点表示）以及他们之间的连接关系，也可以显示连接的类型及组件之间的依赖性。在节点内部，放置可执行组件和对象，以显示节点与可执行软件单元的对应关系。

从应用角度来看，采用面向对象技术设计系统时，应包括以下步骤。

第一步描述用户需求，建立用例图。

第二步根据需求建立系统的静态模型，以构造系统的结构，建立类图、对象图、组件图和部署图等静态模型。

第三步描述系统的行为，建立状态机图、活动图、顺序图和通信图，表示系统执行时的顺序状态或者交互关系。

2.5.4 UML 的应用

UML 的目标是以面向对象的方式来描述任何类型的系统。其中最常用的是建立软件系统的模型，但它同样可以用于描述非软件领域的系统，例如企业机构、业务过程，以及处理复杂数据的管理信息系统、具有实时要求的工业系统或工业过程等。UML 常应用在以下领域。

（1）管理信息系统。

向用户提供信息的存储、检索和提交，处理存储在数据库中大量的数据。

（2）嵌入式系统。

以软件的形式嵌入到硬件设备中从而控制硬件设备的运行，通常为手机、家电或汽车等设备上的系统。

（3）分布式系统。

分布在一组机器上运行的系统，数据很容易从一个机器传送到另一个机器上。

（4）商业系统。

描述目标、资源、规则和商业中的实际工作。

2.6　管理信息系统逻辑模型的建立

通过系统调查、对现行系统的业务流程、数据流程、处理逻辑等进行深入分析后，即可开始建立新系统的逻辑模型。借助系统逻辑模型可以确定系统设计所需的参数，确定各种约束条件，预测各个系统方案的性能、费用和效益。

在开发一个系统之前，不可能全面理解系统每一个环节的需求，随着系统复杂性的增加，先进的建模技术越来越重要。系统开发时，开发人员如何与用户进行沟通以了解系统的真实需求？开发人员之间如何沟通以确保各个部分能够无缝地协作？这就需要为系统建立模型。

2.6.1　建立管理信息系统软件模型的重要性

建立软件模型，软件开发人员可以将重点放在建立映射商业数据和功能需求模型的对象上。然后，客户、项目经理、系统分析员、技术支持专家、软件工程师、系统部署人员、软件质量保证工程师及整个团队就可以运用这些软件模型完成各种任务。

建立软件模型具有以下功能。

（1）可以简化系统的设计和维护，使之更容易理解。

（2）便于开发人员展现系统。

（3）允许开发人员指定系统的结构或行为。

（4）提供指导开发人员构造系统的模板。

（5）记录开发人员的决策。

软件开发人员建立软件模型，可以借助于一套标准化的图形图标，站在更高的抽象层次上对复杂的软件问题进行分析。软件开发人员利用软件模型，创建软件系统的不同图形视图，然后逐步添加模型细节，并最终将模型完善成实际的软件实现。

建模不是复杂系统的专利，小的软件开发也可以从建模中受益。但是，越庞大复杂的项目，建模的重要性越大。开发人员之所以在复杂的项目中建立模型，是因为没有模型的帮助，他们不可能完全地理解项目。

通过建模，人们可以每次将注意力集中在某个方面，使得问题变得容易。每个项目可以从建模中受益，甚至在自由软件领域，模型可以帮助开发小组更好地规划系统设计，更快地开发。对比项目的复杂度会发现，越简单的项目，使用规范建模的可能性越小。实际上，即便是最小的项目，开发人员也要建立模型。

2.6.2　建立管理信息系统的逻辑模型

新系统方案主要包括：新系统目标、新系统的处理流程、数据处理流程、新系统的总体功能结构、子系统的划分和功能结构。

1.　确定新系统的目标

在系统详细调查的基础上，结合系统可行性研究报告中提出的系统目标及系统建设的环境和条件重新核查系统目标。新系统的目标从功能、技术、经济三个方面进行核查。

（1）系统功能目标：指系统能解决什么问题，以什么水平实现。

（2）系统技术目标：指系统应具有的技术性能和应达到的技术水平。主要技术指标有系统运行效率、响应速度、存储能力、可靠性、灵活性、操作方便性、通用性等。

（3）系统经济目标：指系统开发的预期投资费用和系统投入运行后所取的经济效益。

2.　确定合理的业务处理流程

对业务处理流程进行优化，删去多余的处理过程，合并重复的处理过程，修改不恰当的处理过程，并且对所作的改动加以说明，指出业务流程图可由计算机完成的部分。

3.　确定合理的数据处理流程

画出新系统的数据流图，将数据分析结果、数据流图、数据字典交用户最终确认。对数据处理过程进行优化，删去多余的数据处理过程，合并重复的数据处理过程，修改不恰当的数据处理过程，并且对所作的改动加以说明。

4.　确定新系统的总体功能结构和划分子系统

运用企业系统规划法（BSP）建立 U/C 矩阵，确定总体功能结构和划分子系统。

5.　确定新系统数据资源分布

确定哪些数据存储在本系统内部设备上，哪些数据存储在网络服务器或主机上。

6.　确定系统中的管理模型

确定在某一具体管理业务中采用的管理模型和处理方法。

2.7　管理信息系统分析阶段的文档编写

通过调查现有系统的物理模型（组织结构图、功能体系图、业务流程图），抽取现有系统的逻辑模型，形成了现有系统的软件模型。

2.7.1 需求分析说明书

需求分析说明书的主要内容如下。

1. 引言

引言包括需求分析的目的、背景、术语定义、参考资料等。

2. 项目概述

项目概述包括目标、用户的特点、假定与约束等。

3. 需求规定

（1）对功能的规定。
（2）对性能的规定：精度、时间特性要求、灵活性、可靠性、安全保密要求等。
（3）输入输出要求。
（4）数据管理能力要求。
（5）故障处理要求。
（6）其他专门要求。

4. 运行环境设定

运行环境包括设备、支持软件、接口和控制等。

2.7.2 系统分析报告

系统分析报告又称系统说明书，反映了系统分析阶段调查分析的全部内容，是系统分析阶段最重要的文档，也是下一阶段系统设计与系统实现的纲领性文件。用户根据系统分析报告评审所开发的管理信息系统的开发策略和开发方案，系统设计员用它指导系统设计工作和作为系统实施的标准，作为测试阶段验收的依据。

系统分析报告的主要内容如下。

（1）管理信息系统的概述。

管理信息系统的名称、目标、功能、背景、术语。

（2）现行系统概况。

主要包括现行系统的物理模型（组织结构图、功能体系图、业务流程图、存在的问题和薄弱环节等）和现行系统的软件模型。

（3）系统需求说明。

在掌握了现行系统的真实情况基础上，针对系统存在的问题，全面了解企业或组织中各层次的用户对新系统的各种需求。

（4）新系统的逻辑方案。

主要包括新系统的目标、新系统的功能结构和子系统划分、软件模型、数据词典、数据组织形式、输入和输出的要求等。

（5）系统开发资源、开发费用与进度估计。

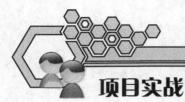

项目实战

【任务 2-1】 应用 UML 分析图书管理系统

【任务描述】

（1）任务卡。

任务卡如表 2-7 所示。

表 2-7　　　　　　　　　　　　　　　　任务卡

任务编号	02-1	任务名称	应用 UML 分析图书管理系统
计划工时	60min	所属系统名称	图书管理系统
任务说明			
（1）分析图书管理系统的功能，划分功能模块，绘制图书管理系统的用例图			
（2）分析图书管理系统的业务需求、参与者与用例			
（3）对图书管理系统的类进行分析，绘制图书管理系统的"书目类"、"借阅者类"、"借阅类"等类的类图，绘制图书管理系统"出版社管理界面类"、"图书类型管理界面类"、"书目信息管理界面类"、"借阅者信息管理界面类"、"图书借阅界面类"等界面类的类图			
（4）对图书管理系统的主要操作流程进行分析			

（2）任务跟踪卡。

任务跟踪卡如表 2-8 所示。

表 2-8　　　　　　　　　　　　　　　　任务跟踪卡

任务编号	开始时间	完成时间	计划工时	实际工时	当前状态
02-1					

【任务实施】

【任务 2-1-1】 分析图书管理系统的业务需求

进行软件开发时，无论是采用面向对象方法还是面向过程方法，首先应调查了解用户需求。管理信息系统开发的目的是满足用户需求，为了达到这个目的，系统设计人员必须充分理解用户对系统的业务需求。无论开发大型的商业软件，还是简单的应用程序，都应准确确定系统需求、明确系统的功能。功能需求描述了系统可以做什么，或者用户期望做什么。在面向对象的分析方法中，这一过程可以使用用例图来描述系统的功能。

图书管理系统是对图书馆或图书室的藏书以及借阅者进行统一管理的系统，本教材所开发的图书管理系统主要面向社区，图书借阅采用开馆自选形式，管理图书的数量一般在 1 万册以上。

通过实地考查，与社区图书管理人员深入交谈，我们发现使用图书管理系统的对象主要有管理员和借阅者，管理员根据其工作内容分为三种类型：图书管理员、图书借阅员和系统管理员，由于社区工作人员较少，有时这三种角色可以由同一人担任，但根据管理规定一般情况下由不同的工作人员担任。

1. 图书管理系统使用对象的功能划分

（1）图书借阅员主要使用图书管理系统借出图书、归还图书、续借图书、查询信息等，也可以修改密码，以合法身份登录系统。

（2）图书管理员主要管理图书类型、借阅者类型、出版社数据、藏书地点、部门数据等基础数据，编制图书条码、打印书标、图书入库、管理书目信息、维护借阅者信息、办理借书证等。

（3）系统管理员主要是管理用户、为用户分配权限、设置系统参数、备份数据、保证数据完整、保证网络畅通和清除计算机病毒等。

（4）图书借阅者可以查询书目信息、借阅信息和罚款信息。

2. 图书管理系统的业务需求描述

经实地调查，图书管理系统应满足以下业务需求。

（1）在图书管理系统中，借阅者要想借出图书，必须先在系统中注册建立一个账户，然后图书管理员为他办理借书证，借书证可以提供借阅者的姓名、部门、借书证号和身份证号。

（2）持有借书证的借阅者可以借出图书、归还图书，但这些操作都是通过图书借阅员代理与系统交互。

（3）借阅者可以自己在图书室内或其他场所查询图书信息、图书借阅信息和罚款信息。

（4）在借出图书时，借阅者进入图书室内首先找到自己要借阅的图书，然后到借书处将借书证和图书交给图书借阅员办理借阅手续。

（5）图书借阅员进行借书操作时，首先需要输入借阅者的借书证号（提供条码扫描输入、手工输入、双击选择三种方式），系统验证借书证是否有效（根据系统是否存在借书证号所对应的账户），若有效，则系统还需要检验该账户中的借阅信息，以验证借阅者借阅的图书是否超过了规定的数量，或者借阅者是否有超过规定借阅期限而未归还的图书；如果通过了系统的验证，则系统会显示借阅者的信息以提示图书借阅员输入要借阅的图书信息，然后图书借阅员输入借出图书的条码（提供三种输入方式：条码扫描输入、手工输入和双击选择），系统将增加一条借阅记录息，并更新该借阅者账户和该图书的在藏数量，完成借出图书操作。

（6）借阅者还书时只需要将所借阅的图书交给图书借阅员，由图书借阅员负责输入图书条码，然后由系统验证该图书是否为本图书室中的藏书，若是则系统删除相应的借阅信息，并更新相应的借阅者账户。在还书时也会检验该借阅者是否有超期未还的图书。

（7）借阅者续借图书提供凭书续借和凭证续借两种方式。使用"凭书续借"方式续借图书时，图书借阅员必须输入图书条码，系统根据条码查找对应的借阅者。使用"凭证续借"方式续借图书时，图书借阅员必须输入借阅者编号，系统根据编号查找该借阅者所借阅的所有图书，然后选择需续借的图书。

（8）新书入库时，首先根据 ISBN 编码，判断该类图书是否已编目，如果没有编目信息，则先输入编目信息，然后编制图书的条码，完成图书入库操作；如果购买的图书已有编目信息，则直接编制图书的条码，进行图书入库操作，增加图书总数量。

（9）第一次使用该图书管理系统时，由图书管理员输入初始基础数据，包括图书类型、借阅者类型、出版社数据、藏书地点数据、部门数据等。

（10）系统参数由系统管理员根据需要进行设置和更新。

（11）系统管理员可以添加新的用户，并根据用户类型设置其权限。

（12）对于图书超期未还、图书被损坏、图书被丢失等现象，将进行相应的罚款。如果因特殊原因，当时没有及时进行罚款，可以先将罚款数据存储在"待罚款信息"数据表中，下一次借阅图书时执行罚款操作。

通过对图书管理系统业务需求的整合、归纳，可以获得如下的功能需求。

（1）借阅者持有借书证借书。

（2）图书借阅员作为借阅者的代理完成借出图书、归还图书工作。

（3）图书管理员管理图书类型、借阅者类型、出版社、部门、馆藏地点等数据，添加、修改和删除借阅者数据、办理借书证，添加、修改的删除书目数据，编制图书条码，完成图书入库操作等。

（4）系统管理员添加、修改和删除用户，设置用户权限，设置、修改系统参数等。

（5）图书管理员、图书借阅员和借阅者本人都允许查询书目信息、借阅信息和罚款信息。

本系统不考虑"预留图书"和"图书征订"等操作。

【任务 2-1-2】 分析图书管理系统的参与者

经过实地调查、访谈，我们可以列出图书管理系统的主要业务内容。

（1）系统可供图书借阅员完成借书、还书、续借操作。

（2）系统可供图书管理员完成图书编目、入库、办理借书证等操作。

（3）系统允许系统管理员对系统进行维护、管理系统用户、设置用户权限。

（4）系统可供图书管理员、图书借阅员和借阅者本人查询图书信息、借阅信息和罚款信息。

通过以上分析，可以确定系统中有四类参与者：图书借阅员、图书管理员、系统管理员和借阅者。各参与者的描述如表 2-9 所示。

表 2-9　　　　　　　　　　　图书管理系统的参与者

参 与 者	业 务 功 能
图书借阅员	主要使用图书管理系统借出图书、归还图书、续借图书、查询信息等，也可以修改密码，以合法身份登录系统
图书管理员	主要管理图书类型、借阅者类型、出版社、藏书地点、部门等基础数据，管理书目信息、维护借阅者信息、办理借书证，编制图书条码、打印书标、图书入库等
系统管理员	主要是管理系统用户、为用户分配权限、设置系统参数、备份数据等
借阅者	可以查询书目信息、借阅信息和罚款信息

从某一个工作人员来看，一个人可以分别完成图书借阅员、图书管理员、系统管理员三种角色，只是这三种岗位职责、权限不同，所以有必要分为三种类型。

在识别出系统参与者后，从参与者角度就可以发现系统的用例，通过对用例的细化处理建立系统的用例模型。

【任务 2-1-3】 分析图书管理系统的用例

在确定图书管理系统的参与者后，我们必须确定参与者所使用的用例，用例是参与者与系统交互过程中需要系统完成的任务。识别用例最好的方法是从参与者的角度开始分析，这一过程可通过提出"要系统做什么？"这样的问题来完成。由于系统中存在四种类型的参与者，下面分别从这四种类型的参与者角度出发，列出图书管理系统的基本用例，如表 2-10 所示。

表 2-10   图书管理系统的基本用例

系统参与者	基 本 用 例
图书借阅员	借出图书、归还图书、续借图书、查询信息、修改密码
图书管理员	管理基础数据、管理书目、管理图书、管理借阅者、办理借书证
系统管理员	管理用户、管理用户权限、设置系统参数、备份数据
借阅者	查询信息

图书管理系统的用例图如图 2-4 所示。

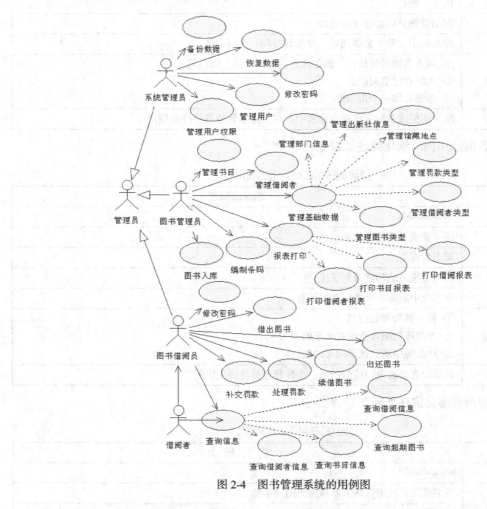

图 2-4 图书管理系统的用例图

找出系统的基本用例之后，还需要对每一个用例进行细化描述，以便完全理解创建系统时所涉及的具体任务，发现因疏忽而未意识到的用例。对用例进行细化描述需要经过与相关人员进行一次或多次细谈。

在建立用例图后，为了使每个用例更新清楚，可以以书面文档的形式对用例进行描述。描述时可以根据其事件流进行，用例的事件流是对完成用例所需要的事件的描述。事件流描述了系统应该做什么，而不是描述系统应该怎样做。

通常情况下，事件流的建立是在细化用例阶段进行。开始只对用例的基本流所需的操作步骤进行简单描述。随着分析的进行，可以添加更多的详细信息。最后，将例外情况也添加到用例的描述中。

添加借阅者信息用例的细化描述如表2-11所示。

表2-11　　　　　　　　　　　　添加借阅者信息用例的细化描述

用 例 名 称	添加借阅者
标识符	bookMis001
用例描述	图书管理员添加借阅者信息
参与者	图书管理员
前置条件	图书管理员成功登录到系统
后置条件	在系统中注册一名借阅者，并为其打印一个借书证
基本操作流程	① 输入借阅者的信息，例如姓名、证件号码、部门等 ② 系统存储借阅信息 ③ 系统打印一个借书证
可选操作流程	输入的借阅者信息已经在系统中存在，提示管理员并终止用例

删除借阅者信息用例的细化描述如表2-12所述。

表2-12　　　　　　　　　　　　删除借阅者信息用例的细化描述

用 例 名 称	删除借阅者
标识符	bookMis002
用例描述	图书管理员删除借阅者信息
参与者	图书管理员
前置条件	图书管理员成功登录到系统
后置条件	在系统中删除一个借阅者的信息
基本操作流程	① 输入借阅者的信息 ② 查找该借阅者是否有未还的图书 ③ 从系统中删除该借阅者的信息
可选操作流程	该借阅者如有未归还的图书，提醒管理员并终止用例

借出图书用例的细化描述如表2-13所示。

表2-13　　　　　　　　　　　　借出图书用例的细化描述

用 例 名 称	借 出 图 书
标识符	bookMis003
用例描述	图书借阅员代理借阅者办理借出图书手续
参与者	图书借阅员
前置条件	图书借阅员登录进入系统

用 例 名 称	借 出 图 书
后置条件	如果这个用例成功，在系统中建立并存储借阅记录
基本操作流程	① 图书借阅员输入借书证编号 ② 系统验证借书证的有效性 ③ 系统检查所借图书数量是否超过了规定的数量 ④ 系统检查是否有超期的借阅信息 ⑤ 图书借阅员输入要借出的图书信息 ⑥ 系统将借阅信息添加到数据表中 ⑦ 系统显示借阅者的借阅信息，提示图书借阅员借阅成功
可选操作流程	借书证不合法，用例终止，图书借阅员进行确认 借阅者所借阅的图书超过了规定的数量，用例终止，拒绝借阅 借阅者有超期的借阅信息，进行罚款处理

对图书管理系统的还书用例描述如表 2-14 所示。

表 2-14　　　　　　　　　　　　　　归还图书用例的细化描述

用 例 名 称	归还图书（凭书归还）
标识符	bookMis004
用例描述	图书借阅员代理借阅者办理还书手续
参与者	图书借阅员
前置条件	图书借阅员登录进入系统
后置条件	如果这个用例成功，删除相关的借阅记录，并修改"书目信息"数据表中该图书的在藏数量
基本操作流程	① 图书借阅员输入要归还的图书条码 ② 系统验证图书的有效性 ③ 系统根据该图书条码检索图书借阅信息 ④ 系统根据图书借阅信息检索借阅者信息 ⑤ 系统检索该借阅者是否有超期的借阅信息 ⑥ 删除与该图书相关的借阅记录 ⑦ 保存更新后的借阅信息 ⑧ 系统显示该借阅者还书后的借阅信息，提示还书成功
可选操作流程	该借阅者有超期的借阅信息，进行罚示处理 归还的图书不合法，即不是本馆中的藏书，用例终止，图书借阅员进行确认

图书超期处理用例的描述如表 2-15 所示。

表 2-15　　　　　　　　　　　　　　图书超期处理的细化描述

用 例 名 称	图书超期处理
标识符	bookMis0005
用例描述	检测某借阅者是否有超期的借阅信息
参与者	图书借阅员
前置条件	找到有效的借阅者
后置条件	显示借阅者所借阅的所有图书信息

用 例 名 称	图书超期处理
基本操作流程	① 根据借阅者检索借阅信息 ② 检验借阅信息的借阅日期，以验证是否超期
可选操作流程	如果存在超期未还的图书则进行罚款处理

表 2-11 至表 2-15 所示的图书管理系统部分用例的细化描述，只是系统用例细化描述的典型代表，其他用例的细化描述请学习者自行完成。用例的细化描述及它们所包含的信息不只是附属于用例图的额外信息。事实上，用例描述让用例变得完整，没有细化描述的用例意义不够完整。

随着对用例的不断细化，我们可以发现某些用例在系统中是公用的，而为了日后开发需要，我们需要分解该用例，即将该用例中的公用部分提取出来，以便其他用例使用。例如，借出图书、归还图书、浏览借阅信息等用例都使用了显示现存借阅信息用例，借出图书、归还图书、续借图书等用例都使用了检查是否有超期的借阅信息用例。另外，所有系统的参与者都必须先进行登录，然后才能使用该系统，为此还需要添加一个登录用例。

【任务 2-1-4】 分析图书管理系统的类

进一步分析系统需求，以发现类以及类之间的关系，确定它们的静态结构和动态行为，是面向对象分析的基本任务。系统的静态结构模型主要用类图和对象图描述。

在确定系统的功能需求后，下一步就是确定系统的类。由于类是构成类图的基础，所以，在构造类图之前，首先要定义类，也就是将系统要的数据抽象为类的属性，将处理数据的方法抽象为类的方法。

通过自我提问和回答以下问题，有助于在建模时准确地定义类。

（1）在要解决的问题中有没有必须存储或处理的数据，如果有，那么这些数据可能就需要抽象为类。例如，图书管理系统中必须存储或处理的数据有借阅数据、书目数据等。

（2）系统中有什么角色，这些角色可以抽象为类，例如，图书管理系统中用户、借阅者等。

（3）系统中有没有被控制的设备，如果有，那么在系统中应该有与这些设备对应的类，以便能够通过这些类控制相应的设备，例如，图书管理系统中的书标打印机等。

（4）有没有外部系统，如果有，可以将外部系统抽象为类，该类可以是本系统所包含的类，也可以是与本系统进行交互的类。

通过自我提问和回答以上列出的问题有助于建模时发现需要定义的类，但是定义类的基本依据仍然是系统的需求规格说明，应当认真分析系统的需求规格说明，进而确定需要为系统定义哪些类。通过分析用例模型和系统的需求规格说明，可以初步构造系统的类图模型。类图模型的构造是一个迭代的过程，需要反复进行，随着系统分析和设计的逐步深入，类图会越来越完善。

系统对象的识别可以从发现和选择系统需求描述中的名词开始进行。从图书管理系统的需求描述中可以发现诸如"书目"、"图书"、"借阅者"、"借阅信息"等重要名词，可以认为它们是系统的候选对象，是否需要为它们创建类可以通过检查是否存在与它们相关的属性和行为进行判断，如果存在，就应该为相应候选对象在类图中建立模型。

"借阅者"是具有自己的属性特征的，例如，具有不同借书证号的"借阅者"是不同的人，姓名分别为"张亮"和"夏天"的"借阅者"是不同的人。而且，在图书管理系统中，"借阅者"具有借书、还书等行为，所以在类图中应该有一个"借阅者"类。

"图书"和"书目"是不同的，例如，在图书室中可能有多本书名为《网页设计与制作》的图书，这里的《网页设计与制作》就属于"书目"，而多本书名为《网页设计与制作》的书就是这里所说的"图书"。"书目"是有自己的属性特征的，可以通过 ISBN 号进行区分，而且图书的书目可以被添加、修改和删除；图书也有自己的属性特征，可以通过条码唯一标志一本书，具有不同条码的图书名称可以不同，也可能相同。在图书管理系统中，"图书"可以被借出和归还，所以应该在类图中添加"书目"类和"图书"类。

借阅信息也具有自己的属性特征，例如，同一个人可以借出不同的图书，同一本图书也可以被不同的人借阅，在不同时间借阅信息不断在变化，借阅信息也可以被添加和删除，所以，应该在类图中增加一个"借阅"类代表与借阅信息有关的事务。

至此已为系统定义了四个类，分别是"借阅者类"、"书目类"、"图书类"和"借阅类"。根据用例模型和图书管理系统的需求描述，这几个类都是实体类，需要访问数据库，为了便于访问数据库，抽象出一个"数据库操作类"，该类可以对数据库执行读、写、检索等操作。所以，再在类图中添加一个"数据库操作类"。

在抽象出系统中的类之后，还要根据用例模型和系统的需求描述确定类的特性、操作以及类与类之间的关系。

用户在使用图书管理系统时需要与系统进行交互，所以，还需要为系统创建用户界面类。根据用例模型和系统的需求描述，为图书管理系统抽象出以下用户界面类：数据库连接界面、用户登录界面、系统主界面、用户管理界面、用户权限管理界面、密码修改界面、出版社数据管理界面、部门数据管理界面、藏书地点管理界面、图书类型管理界面、借阅者类型管理界面、浏览与管理书目数据界面、新增书目数据界面、修改书目数据界面、浏览与管理借阅者数据界面、新增借阅者数据界面、修改借阅者数据界面、图书借阅查询界面、图书借阅报表打印界面、书目信息报表打印界面、借阅者信息报表打印界面、条码编制与图书入库界面、条码输出界面、图书借出界面、图书归还与续借界面、图书罚款处理界面、补交罚款界面、罚款类型管理界面、补交押金界面、系统帮助界面、选择出版社界面、选择借阅者界面、选择图书界面、选择借出图书界面、选择待罚款的借阅者、提示信息对话框、错误信息对话框。这些用户界面类的主要功能如表 2-16 所示。

表 2-16　　　　　　　　　　图书管理系统操作界面类的主要功能

序号	界面类名称	主要功能说明
1	数据库连接界面	与后台数据库进行连接操作
2	用户登录界面	登录系统时输入用户名和密码，验证登录用户身份的合法性
3	系统主界面	为系统使用者提供主操作界面
4	用户管理界面	添加、删除用户，修改用户信息
5	用户权限管理界面	设置用户权限
6	密码修改界面	修改用户密码
7	出版社数据管理界面	添加、修改、删除出版社数据
8	部门数据管理界面	添加、修改、删除部门数据
9	藏书地点管理界面	添加、修改、删除藏书地点数据
10	图书类型管理界面	添加、修改、删除图书类型数据

序号	界面类名称	主要功能说明
11	借阅者类型管理界面	管理不同类型借阅者的借书数量上限、借书期限、超期日罚金、借书证有效期限等参数
12	浏览与管理书目数据界面	选择对书目信息的操作（添加、删除、修改），检索书目信息和删除书目记录
13	新增书目数据界面	新增图书编目
14	修改书目数据界面	修改书目数据
15	浏览与管理借阅者数据界面	选择对借阅者的操作（添加、删除、修改）、检索借阅者信息和删除借阅者记录
16	新增借阅者数据界面	新增借阅者数据
17	修改借阅者数据界面	修改借阅者数据
18	图书借阅查询界面	查询图书的借阅信息
19	图书借阅报表打印界面	打印图书借阅报表
20	书目信息报表打印界面	打印书目信息报表
21	借阅者信息报表打印界面	打印借阅者信息报表
22	条码编制与图书入库界面	编制图书条码，完成图书入库
23	条码输出界面	显示和打印图书条码
24	图书借出界面	执行图书借出操作
25	图书归还与续借界面	执行图书归还和续借操作
26	图书罚款处理界面	对借阅图书超期、损坏图书、丢失图书等情况进行罚款处理
27	补交罚款界面	补交欠交的罚款
28	罚款类型管理界面	设置罚款类型
29	补交押金界面	补交押金
30	系统帮助界面	提供帮助信息
31	选择出版社界面	选择出版社
32	选择借阅者界面	选择借阅者
33	选择图书界面	选择图书
34	选择借出图书界面	选择已借出的图书
35	选择待罚款的借阅者	选择待罚款的借阅者
36	提示信息对话框	用于输出提示信息
37	错误信息对话框	用于输出错误提示信息

在面向对象的系统分析中，通常将系统中的类分为三种：用户界面类、业务处理类和数据访问类。用户界面类由系统中的用户界面组成，例如用户登录界面、用户管理界面、图书借出界面等；业务处理类则负责系统中的业务逻辑处理；数据库访问类则负责保存处理结果。将这三类分别以包的形式进行包装，形成三个类包：用户界面包、业务处理包、数据访问包，它们之间的关系如图 2-5 所示。

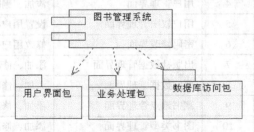

图 2-5　图书管理系统的系统组件图

【任务 2-1-5】　分析图书管理系统的三层架构

图书管理系统采用 C/S 模式的三层架构，如图 2-6 所示，这样就可以将系统设计的三层部署在相应的层次中，即用户操作界面部署在客户端，业务逻辑处理类部署在业务服务器上，数据访问类则部署在数据库服务器。

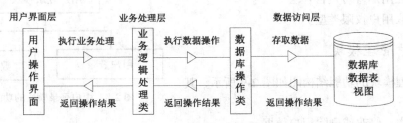

图 2-6　C/S 模式的三层架构

客户端主要部署用户界面包，图书借阅员在此端完成"借书"、"还书"、"查询借阅信息"等操作。然后由连接组件将该操作请求发送到服务器端，再由在服务器端部署的业务逻辑组件进行业务处理，并将更新后的信息保存到数据库。

服务器端主要部署的组件包括系统管理员进行系统维护的界面包和进行业务处理的业务逻辑包。

【任务 2-1-6】　分析图书管理系统的功能模块结构

为了实现图书系统管理的业务需求，便于团队合作开发系统，将图书管理系统划分为 3 种类型（通用操作、业务处理和整合部署）、12 个模块（用户登录模块、用户管理模块、基础数据管理模块、类型管理模块、业务数据管理模块、数据查询模块、报表打印模块、条码编制与图书入库模块、图书借出与归还模块、罚款管理模块、系统整合模块、系统部署与发布模块），功能结构图如图 2-7 所示。

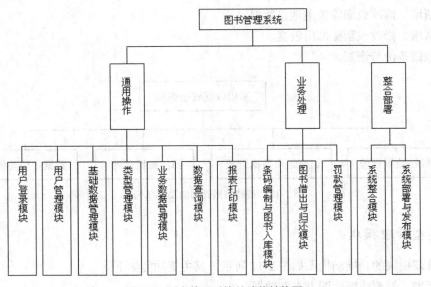

图 2-7　图书管理系统的功能结构图

1. 用户登录模块

用户登录模块的功能结构图如图 2-8 所示，其主要功能如下。

（1）验证数据库连接是否成功。

（2）验证用户身份是否合法。

（3）获取用户权限类型。

图 2-8　用户登录模块的功能结构图

2. 用户管理模块

用户管理模块的功能结构图如图 2-9 所示，其主要功能如下。

（1）新增、修改或删除用户数据。

（2）管理用户权限。

（3）修改用户密码。

图 2-9　用户管理模块的功能结构图

3. 基础数据管理模块

基础数据管理模块的功能结构图如图 2-10 所示，其主要功能如下。

（1）新增、修改或删除出版社数据。

（2）新增、修改或删除馆藏地点数据。

（3）新增、修改或删除部门数据。

（4）数据备份与恢复。

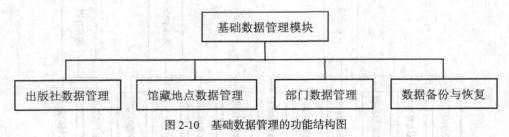

图 2-10　基础数据管理的功能结构图

4. 类型管理模块

类型管理模块的功能结构图如图 2-11 所示，其主要功能如下。

（1）新增、修改或删除图书类型数据。

（2）新增、修改或删除借阅者类型数据。

（3）新增、修改或删除罚款类型数据。

图 2-11 类型管理模块的功能结构图

5. 业务数据管理模块

业务数据管理模块的功能结构图如图 2-12 所示，其主要功能如下。

（1）新增、修改或删除书目数据。

（2）新增、修改或删除借阅者数据。

6. 数据查询模块

数据查询模块的功能结构图如图 2-13 所示，其主要功能如下。

（1）根据"书目编号"和"图书名称"查询书目信息。

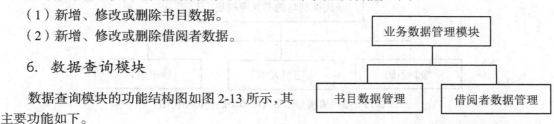

图 2-12 业务数据管理模块的功能结构图

（2）根据"借阅者编号"和"姓名"查询借阅者信息。

（3）组合查询借阅信息。

（4）查询超期未还图书信息。

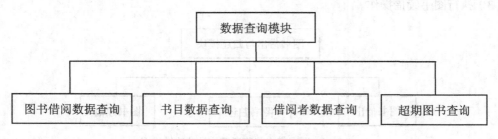

图 2-13 数据查询模块的功能结构图

7. 报表打印模块

报表打印模块的功能结构图如图 2-14 所示，其主要功能如下。

（1）打印输出书目报表。

（2）打印输出借阅者报表。

（3）打印输出借阅报表。

8. 条码编制与图书入库模块

条码编制与图书入库模块的功能结构图如图 2-15 所示，其主要功能如下。

（1）对图书编制条码。

（2）已编制条码的图书入库。

（3）输出图书条码信息。

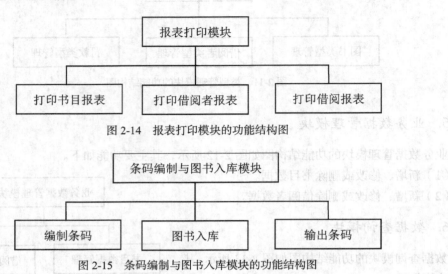

图 2-14　报表打印模块的功能结构图

图 2-15　条码编制与图书入库模块的功能结构图

9. 图书借出与归还模块

图书借出与归还模块的功能结构图如图 2-16 所示，其主要功能如下。

（1）执行图书借出操作。

（2）执行图书归还操作。

（3）执行图书续借操作。

图 2-16　图书借出与归还模块的功能结构图

10. 罚款管理模块

罚款管理模块的功能结构图如图 2-17 所示，其主要功能如下。

（1）对于图书超期未还、图书损坏和图书丢失等方面进行罚款处理。

（2）对于罚款未交清的情况执行补交罚款操作。

（3）执行补交押金操作。

11. 系统整合模块

系统整合模块的功能结构图如图 2-18 所示，其主要功能如下。

（1）将各个模块通过主窗体进行整合。

（2）对系统的操作方法提供帮助。

（3）对系统的有关情况提供说明信息。

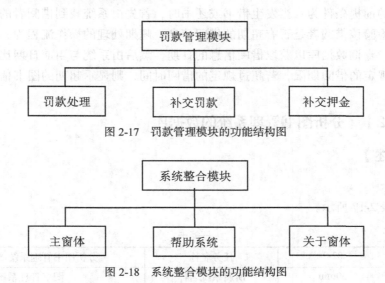

图 2-17 罚款管理模块的功能结构图

图 2-18 系统整合模块的功能结构图

【任务 2-1-7】 分析图书管理系统的主要操作流程

在图书管理系统中，每个用例都可以建立顺序图和活动图，将用例执行中各个参与的对象之间的消息传递过程表现出来，反映系统的操作流程。本节主要分析图书管理系统的几个主要的操作流程。

1. 用户登录的流程

当用户进行登录时，首先打开【用户登录】界面，然后开始输入"用户名"和"密码"；"用户名"和"密码"输入完毕，并提交到系统，然后系统开始检查判断"用户名"和"密码"是否正确。如果检查通过则成功登录，否则显示【错误提示信息】对话框；在【错误提示信息】对话框中选择需要进行何种操作，如果选择"重新输入"则返回【用户登录】界面再一次输入"用户名"和"密码"，如果选择取消则退出【用户登录】界面，此时表示登录失败。

2. 借出图书的操作流程

借出图书的操作流程为：图书借阅员选择菜单项【借出图书】，打开【图书借出】窗口，图书借阅员在该对话框中输入借阅者信息，然后由系统查询数据库，以验证该借阅者的合法性，若借阅者合法，则再由图书借阅员输入所要借阅的图书信息，并将借阅信息提交到系统，系统记录并保存该借阅信息。

3. 归还图书的操作流程

归还图书的操作流程为：图书借阅员选择菜单项【归还图书】，打开【图书归还】窗口，图书借阅员在该对话框中输入归还图书的条码，并提交到系统，然后由系统查询数据库，以验证该图书是否为本馆藏书，若图书不合法，则提示图书借阅员；若合法，则由系统查找借阅该图书的借阅者信息，然后删除相对应的借阅记录，并更新借阅者信息。

4. 超期处理的操作流程

超期处理的前提条件为：当发生借书或还书时，首先由系统找到借阅者的信息，然后调用超期处理以检验该借阅者是否有超期的借阅信息。超期处理的操作流程为：获取借阅者的所有借阅信息，查询数据库以获取借阅信息的日期，然后由系统与当前日期比较，以验证图书是否超过了规定的借阅期限，若超过规定的借阅时间，则显示超期的图书信息，以提示图书管理员。

【任务 2-2】　分析图书管理系统的数据库

【任务描述】

（1）任务卡

任务卡如表 2-17 所示。

表 2-17　　　　　　　　　　　　　　　　任务卡

任务编号	02-2	任务名称	分析图书管理系统的数据库
计划工时	30min	所属系统名称	图书管理系统
任务说明			
（1）分析图书管理系统数据库的概念结构 （2）绘制图书管理系统局部 E-R 图和整体 E-R 图			

（2）任务跟踪卡

任务跟踪卡如表 2-18 所示。

表 2-18　　　　　　　　　　　　　　任务跟踪卡

任务编号	开始时间	完成时间	计划工时	实际工时	当前状态
02-2					

【任务实施】

图书管理系统的数据库中存储着若干张数据表，查询书目信息时，通过图书管理系统的用户界面输入查询条件，图书管理系统将查询条件转换为查询语句，再传递给数据库管理系统，然后由数据库管理系统执行查询语句，查到所需的图书信息，并将查询结果返回给图书管理系统，并在屏幕上显示出来。图书借阅时，首先通过用户界面指定图书条码、借书证编号等数据，然后图书管理系统将指定的数据转换为插入语句，并将该语句传送给数据库管理系统，数据库管理系统执行插入语句并将数据存储到数据库中对应的数据表中，完成一次图书借阅操作。图书管理系统的大部分业务处理操作都需要访问数据库，对相关数据表进行操作。

本任务重点对图书管理系统数据库的概念结构进行具体的分析，各个数据表的逻辑结构和物理结构将在以后各单元进行具体的分析和设计。

分析与设计数据库概念结构的主要工作是根据系统的业务需求分析设计概念性数据模型。概念模型是一个面向问题的模型，它独立于具体的数据库管理系统，从用户的角度看待数据库，反映用户的现实环境，与将来数据库如何实现无关。概念模型设计的典型方法是 E-R 方法，即用实体 – 联系模型表示。E-R（Entity-Relationship Approach）方法使用 E-R 图来描述现实世界，E-R 图包含三个基本成分：实体、联系、属性。E-R 图直观易懂，能够比较准确地反映现实世界的信息联系，且从概念上表示一个数据库的信息组织情况。

（1）确定实体。

根据前面的业务需求分析可知，图书管理系统主要对图书、借阅者等对象进行有效管理，实现借书、还书、罚款等操作，对图书及借阅情况进行查询分析。通过需求分析后，可以确定该系统涉及的实体主要有图书、借阅者、出版社、部门、图书借阅、图书罚款等。

（2）确定属性。

列举各个实体的属性构成，例如图书书目的主要属性有书目编号、图书名称、作者、出版社、ISBN、出版日期、图书页数、价格、图书类型、总藏书数量、馆藏数量、馆藏地点和简介等。

（3）确定实体联系类型。

实体联系类型有三种，例如借书证与借阅者是一对一的关系（一本借书证只属于一个借阅者，一个借阅者只能办理一本借书证）；出版社与图书是一对多的关系（一个出版社出版多本图书，一本图书由一个出版社出版）；"书目信息"表中记载每个种类的图书信息，而"图书信息"表中记载每一本图书的信息，这两个实体之间的联系类型为一对多；"借阅信息"表记载图书借出情况，与"图书信息"表之间的联系类型为一对一；一个借阅者可以同时借阅多本图书，而一本图书在同一时间内只能被一个借阅者所借阅，因此，"借阅者信息"和"借阅信息"之间是一对多的联系；"罚款信息"表中记载因图书超期或其他原因而被罚款的情况，它和"借阅信息"是一对一的联系。

（4）绘制局部 E-R 图。

绘制每个处理模块局部的 E-R 图，图书管理系统中的借出与归还模块不同实体之间的关系如图 2-19 所示，为了便于清晰看出不同实体之间的关系，在 E-R 图中没有列出实体的属性。

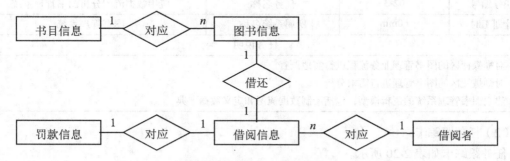

图 2-19　图书管理系统的借出与归还模块的局部 E-R 图

（5）绘制整体 E-R 图。

综合各个模块局部的 E-R 图获得总体 E-R 图，图书管理系统总体 E-R 图如图 2-20 所示，其中"书目"、"借阅"和"借阅者"是三个关键的实体。

（6）获得概念模型。

对总体 E-R 图进行优化，确定最终的总体 E-R 图，即概念模型。图书管理系统数据库的概念模型如图 2-20 所示。

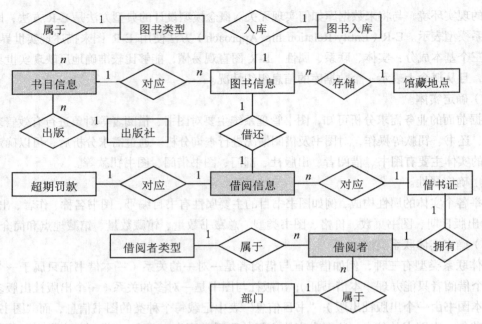

图 2-20　图书管理系统数据库的 E-R 图

【任务 2-3】　应用数据流图分析图书管理系统

【任务描述】

（1）任务卡

任务卡如表 2-19 所示。

表 2-19　　　　　　　　　　　　　　　　任务卡

任务编号	02-3	任务名称	应用数据流图分析图书管理系统
计划工时	60min	所属系统名称	图书管理系统
任务说明			
（1）对蝴蝶社区的图书管理业务流程进行实地调查			
（2）对蝴蝶社区的图书管理进行需求分析			
（3）建立图书管理系统的逻辑模型，包括绘制数据流图和定义数据字典			

（2）任务跟踪卡

任务跟踪卡如表 2-20 所示。

表 2-20　　　　　　　　　　　　　　　　任务跟踪卡

任务编号	开始时间	完成时间	计划工时	实际工时	当前状态
02-3					

【任务实施】

【任务 2-3-1】　图书管理业务流程的实地调查

对蝴蝶社区进行了详细的实地调查，该社区的图书室藏书有 1 万多册，还订阅了 100 多种杂志，但其现行图书管理工作都是采用传统的手工管理，经过对其图书管理工作中的图书信息、借阅者管理及借书管理工作的全面调查研究，其现行手工流程具体分析如下。

（1）图书登记：对上级政府部门分配、社区自行购入和社会捐赠的图书进行图书信息登记和编目。

（2）借阅者登记：图书管理员根据社区提供的本社区的居民花名册进行借阅者登记，然后填发借书证。

（3）借书管理：借阅者持借书证到图书室借书，图书管理员将借书日期填写在书籍卡片上，将卡片夹在借书证中间，存放在图书室。借阅者还书时，收回借书证或另借其他书籍。

这种传统的手工管理方式存在着许多缺点，如：效率低、保密性差，一方面导致借阅者对社区图书室藏书情况不了解，图书室究竟有哪些图书也不知道；另一方面图书管理员对图书管理工作倍感头痛，因为时间一长，将产生大量的纸质文档，这对于查找、更新和维护都带来了不少的困难，耗费劳动力大，难以避免错误的产生，如果借书证丢失，还可能会造成图书外流。

【任务 2-3-2】　图书管理的需求分析

经与社区领导和图书管理员交流，他们要求利用计算机管理图书，以便能快捷地对图书信息进行维护与查询，对借阅者的借书情况进行跟踪分析，提高图书管理的质量。对新开发的图书管理系统的具体需求如下。

1.　社区领导的需求

（1）能及时了解社区图书室的藏书情况和本社区居民的借书情况。
（2）能及时了解哪些图书比较受社区居民的欢迎。

2.　图书管理员的需求

（1）快捷地添加、修改、查询图书分类信息和图书信息。
（2）能及时掌握图书室的藏书数量及种类，各种类型图书的藏书数量，盘点图书库存迅速。
（3）快捷地添加、修改、查询借书证信息，且具有借书证挂失功能。
（4）图书的借出、归还、续借、挂失、催还手续简便，效率高。
（5）为借阅者提供快捷的查询手段，让借阅者能够及时查询图书信息，更好地为借阅者服务。

3.　性能要求

（1）功能齐全，安全稳定，可靠性高。
（2）操作简便，使用灵活，实时性强，准确率高。
（3）具有大容量存储能力和快速交换速度，自动及时进行数据备份。
（4）系统出现故障时，能尽可能提供较为明确的出错提示及解决方法指导。

【任务 2-3-3】　图书管理系统逻辑模型的建立

1.　新开发图书管理系统的功能分析

在图书管理系统中，主要有两类外部实体：图书管理员、借阅者，其中图书管理员可以细分为图书员、图书借阅员和系统管理员，这里为描述和分析的简便统称为图书管理员。图书管理系统的大部分功能是为图书管理员设置的。经调查分析，新开发的图书管理系统应具有以下功能。

（1）查询和维护借阅者基本信息，包括借阅者信息的增加、修改、删除等。

（2）管理借阅者借书证，包括借书证的办理、挂失和注销等。

（3）新书登记与编目。

新书登记主要是对上级政府部门分配、社区自行购入和社会捐赠的图书进行登记，即记载图书信息，若图书室有 5 本同样的图书，在书目信息表中只记载 1 条记录，同时藏书数量记为 5，而图书信息表中却有 5 条记录。图书编目是对登记的新书进行编码并贴上标签，便于识别。

（4）图书的流通处理，即借书、续借、还书处理。

（5）罚款处理，即对超期未归还图书、损坏图书和丢失图书进行罚款处理。

2. 绘制数据流图

绘制数据流图时，只考虑图书管理员和借阅者两个外部分实体，顶层数据流图如图 2-21 所示。

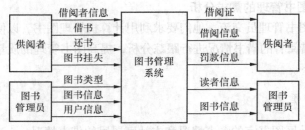

图 2-21　顶层数据流图

0 层数据流图如图 2-22 所示。0 层数据流图通过反映整个系统中不同数据的流向，来揭示系统的组成结构以及各组成部门之间的关系，这种关系主要体现在对数据的操作和处理上。

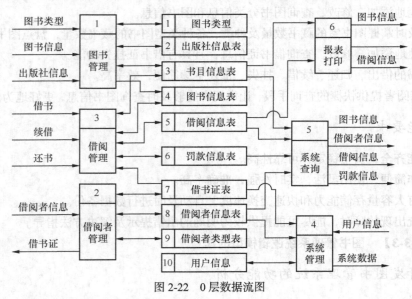

图 2-22　0 层数据流图

借阅管理的 1 层数据流图如图 2-23 所示。

借阅管理的 2 层数据流图如图 2-24 和图 2-25 所示。

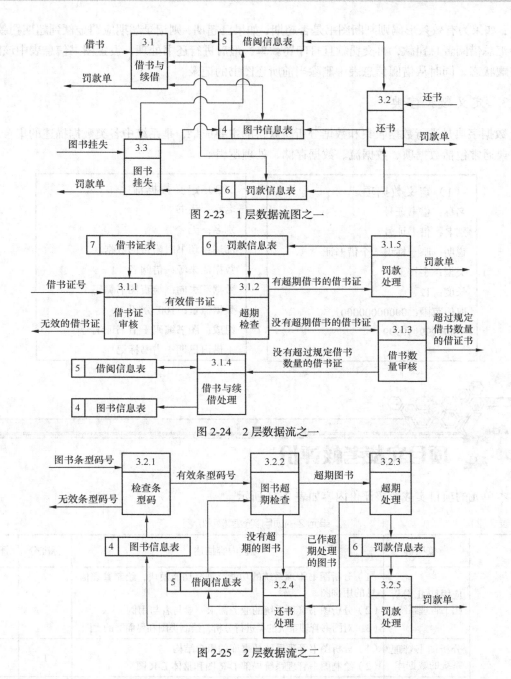

图 2-23　1 层数据流图之一

图 2-24　2 层数据流之一

图 2-25　2 层数据流之二

如图 2-24 所示的 2 层数据流图借书处理部分，首先根据输入的借书证号验证借书证的有效性，包括借书证的状态是否有效，是否已到达图书的最大借书数量。其次，检查该借书证是否存在超期图书未罚款的情况。最后，如果满足所有的借书条件，则进行借书处理；若不满足某个条件，则返回相应的提示，告诉图书管理员做相应的处理。借书处理同时操作书目信息表、图书信息表和借阅信息表，将当前所借图书的信息写入借阅信息表中，将图书信息表中该图书的状态标志设置为借出状态。

如图 2-25 所示的 2 层数据流图还书处理部分，首先检查图书条形码，判断是否为本图书室的图书；如果为有效条形码则判断图书是否超期，如果已超期，则记录超期应罚金额到超期罚款表，等待汇总借阅者总罚款，再交罚款且打印罚款单；最后进行还书处理，设置图书信息表中该图书为在藏状态，同时从借阅信息表中删除当前所还图书的记录。

3. 定义数据字典

数据字典是进行数据收集和数据分析所获得的主要成果，是系统中各类数据描述的集合。数据字典通常包括数据项、数据流、数据存储、处理逻辑。

（1）定义数据项	（2）定义数据流
名称：借书证号 别名：借书证号 说明：唯一标识一个借书证 类型：字符型 长度：12 取值范围：000000000001 ～999999999999	名称：还书 别名：无 简述：还书时附带的数据 数据流来源：借阅者 数据流去向：检查图书编码 数据流量：100 份/天 组成：图书编码＋借书证编号 ＋借出日期＋借书标记

项目实战考核评价

本单元的项目实战考核评价内容如表 2-21 所示。

表 2-21 单元 2 的项目实战考核评价表

	考核项目	考核内容描述	标准分	评分
考核要点	应用 UML 分析图书管理系统	（1）分析图书管理系统的功能，划分功能模块，绘制管理信息的用例图 （2）分析图书管理系统的业务需求、参与者与用例 （3）对图书管理系统的类进行分析，绘制类图和界面类的类图	5	
	分析图书管理系统的数据库	（1）分析图书管理系统数据库的概念结构 （2）绘制图书管理系统局部 E-R 图和整体 E-R 图	1	
	应用数据流图分析图书管理系统	（1）对蝴蝶社区的图书管理进行实地调查和需求分析 （2）建立图书管理系统的逻辑模型，包括绘制数据流图和定义数据字典	5	
	素养与态度	认真完成本单元的各项任务、纪律观念强、团队精神强、学习态度好、学习效果好	1	
		小计	12	
评价方式	自我评价		小组评价	教师评价
考核得分				

同步实践

【任务 2-4】　分析进销存管理系统

【任务描述】

对一家电脑销售公司或家电销售公司组织机构、业务流程进行详细调查，完成以下任务。

（1）详细分析该公司的进货、入库、销售、出库、转库等业务流程，且绘制业务流程图。

（2）分析新开发的进销存管理系统的功能要求和性能要求，且绘制功能结构图。

（3）建立进销存管理系统的逻辑模型，绘制数据流图建立 UML 模型，编制数据字典。

（4）编写需求分析说明书和系统分析报告。

【参考资料】

1．系统调查

对阳光电器公司的各项业务管理工作进行全面、细致的调查研究，在该公司的进货部门、仓库、卖场通过询问、观察、座谈以及直接参与进销存的过程，了解和熟悉以下情况。

（1）商品入库的过程：当采购的商品到货后，负责采购的人员首先填写入库单，然后与仓库管理人员对商品的质量及数量进行核查，检查商品的质量及外表是否合格，核对这些待入库的商品实物数量是否与入库单上的数量相符，核查合格后方可入库，并更新商品入库流水账。

对于新进货商品，在库存台账中建立该商品的账目，在该商品的账目中填写该商品的商品编号、商品名称、购入单价、销售单价等。

对于不合格的商品或不合格的入库单则拒绝入库，交由采购人员处理。

（2）商品出库管理过程：仓库管理人员根据商品出库单，经核查后付货，同时登记商品出库流水账。

（3）每天下班之前统计分析人员要根据商品入库流水账和商品出库流水账，累计汇总出各种商品当日的采购入库量、仓库出库量、卖场销售量、库存结余量等数据，并将这些数据填入库存台账。

（4）每月的月末根据库存台账做出商品库存的进销存月报表。

经初步分析原有的手工操作方式主要存在以下主要问题。

（1）手工模式下的信息收集不够及时、准确和完整，重复性信息多，工作劳动强度高，效率低，错误多，可靠性较低，处理速度慢，不适应公司发展的需要。

（2）在具体工作中，存在着大量数据的保存、汇总、查询等工作，手工模式速度慢而且不利于数据的分析，已不适应现代公司管理模式。

（3）各业务部门联系不密切，信息不能共享，相互沟通渠道不畅通。

（4）不能实现灵活的查询，不能及时提供库存现状信息和库存报警信息。

2. 新开发的进销存管理系统的功能需求分析

根据对公司的调查分析，提出以下主要的功能要求。

（1）采购系统及销售系统录入的入库单、出库单能自动传到仓储系统进行修改、审核、查询等，也可以直接在仓储系统录入采购、销售的出入库单据。

（2）在出入库单据中显示商品的即时库存，审核后的出入库单据即时修改库存余额，以满足即时管理的需要。

（3）能够按商品类别了解出入库及结余情况。

（4）能够按出入库单的类别分别统计其出入库的情况。

（5）能动态地查看商品在各仓库的入、出、存情况。

（6）所有库存报表都提供数据、金额，并通过权限控制其显示的格式。

（7）对公司的进销存各个环节进行细致的管理，准确地记录经营的每个环节及财务支出状况。

3. 新开发的进销存管理系统的性能要求分析

（1）系统具有易操作性。

所开发的系统应做到操作简单，尽量使系统的操作不受用户业务人员及其文化水平的限制。

（2）系统具有通用性、灵活性。

由于商业企业的管理模式变化不定，为了适应不断变化的市场需求，所开发的系统应具有通用性和灵活性，使其尽量少的改动或不改动即能满足新用户的要求，也能使原先的用户在内部管理模式调整的情况下仍能充分发挥原系统的作用。

（3）系统具有可维护性。

由于系统涉及的信息比较广，数据库中的数据增长较快，系统可利用的空间及性能也随之下降，为了使系统更好地运转，用户自己可对系统数据及一些简单的功能进行独立的维护及调整。

（4）系统具有开放性。

本系统能够在开放的硬件体系结构中运行，并且能与其他系统顺利连接，不会因外部系统的不同而要做大量的修改工作。

4. 进销存管理系统逻辑模型的建立

经过以上调查分析，明确了所开发系统的功能需求和性能要求，发现了存在的问题，明白了业务功能，为系统逻辑模型的建立提供了依据。

系统分析的主要成果是建立系统的逻辑模型，本系统的逻辑模型主要是以系统的数据流图和数据词典作为主要描述工具。

（1）绘制数据流图。

数据流图是在绘制业务流程图的基础上，从系统的科学性、管理的合理性、实际运行的可行性角度出发，从逻辑上精确地描述系统应具有的数据加工功能、数据输入、输出、存储及数据来源和去向。

① 绘制顶层图。

分析阳光公司进、销、存的总体情况，划分系统边界，识别系统的数据来源和去向，确定外部项，绘制出数据流图的顶层图。如图 2-26 所示。

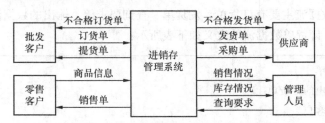

图 2-26 进销存管理信息系统的顶层图

② 绘制 0 层图。

顶层数据流图从总体上反映了阳光公司的信息联系，按照自顶向下、逐层分解的方法对顶层图进一步细化，划分出几个主要的功能模块，并明确各功能之间的联系，绘制出数据流图的 0 层图，如图 2-27 所示。

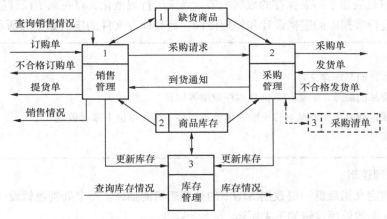

图 2-27 进销存管理信息系统的 0 层图

 　　0 层图中的"采购清单"不必画出，但由于没有绘制 1 层图及以下各层图，在 0 层图中用虚线形式画出，以示区别。

（2）定义数据字典。

① 定义数据项。

库存量、商品编号两个数据项的定义如下表所示。

数据项编号：005 数据项的名称：库存量 别名：实际库存量 概述：某种商品的库存数量 类型：数值型 长度：4 位整数 取值范围：0-9999	数据项编号：002 数据项的名称：商品编号 别名：商品编号 概述：唯一标识某种物资 类型：字符型 长度：12 个字节

② 定义数据流。

本系统的输入数据流主要有订货单、发货单、查询要求等，输出的数据流主要有提货单、采购单、屏幕显示等。订货单数据流的定义如下表所示：

数据流名称：订货单
简述：订购客户发出的订货单
数据流来源：订购客户
数据流流向：销售处理功能
数据流组成：日期＋订购编号＋商品编号＋商品名称＋规格＋数量＋客户名＋地址
流通量：50 份/天
高峰流通量：180 份/天

③ 定义存储。

数据存储只是表达了需要保存的数据内容，尚未进行规范化，将在系统设计阶段根据选定的数据管理系统进行数据库的逻辑设计和物理设计。商品库存文件的定义如下表所示。

数据存储编号：
数据存储名称：商品库存文件
简述：记录商品的编号、名称、单价与库存数量等信息
数据存储组成：商品号＋商品名称＋购入单价＋规格＋销售单价＋库存数量
关键字：商品号

④ 定义处理逻辑。

处理逻辑的定义指最低一层数据流图中的处理逻辑的描述。每个处理逻辑设计一张处理逻辑定义表。商品入库的处理逻辑如下表所示。

处理名：商品入库处理
输　入：商品发货单
描　述：送交商品发货单→读取商品发货单中的商品编号→核对发货单→打开商品库存文件→按商品查找商品编号→如果存在：库存数量＝库存数量＋入库数量→否则：在流水账中添加一条新记录→将商品发货单上的商品编号、入库数量等写入商品库存文件，同时更新采购清单→显示"入库完成"→返回
输　出：如果发货单数据检验不合格，拒绝登记，并给出出错的原因和可能的改正方法；如果登记过程完成，除将数据写入商品库存文件中，还要在屏幕上给出登记操作完成的提示。

同步实践考核评价

本单元的同步实践考核评价内容如表 2-22 所示。

表 2-22　　　　　　　　　　　　　单元 2 的同步实践考核评价表

任务编号	02-4	任务名称		分析进销存管理系统
任务完成方式	【　】小组协作完成		【　】个人独立完成	
任务完成情况说明				
存在的主要问题说明				
考核评价				
自我评价		小组评价		教师评价

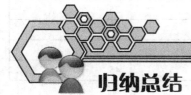

归纳总结

　　本单元介绍了管理信息系统的系统分析方法，包括系统分析的主要任务、基本步骤、详细调查的主要内容和基本方法、用户需求的调查与分析、组织机构的调查与分析、业务流程的调查与分析、数据的调查与分析、系统模型的建立、系统分析阶段的文档编写等方面的内容。

　　本单元主要介绍了应用 UML 分析图书管理系统的方法和应用数据流图分析图书管理系统的方法，前者主要包括图书管理系统的功能分析、业务需求分析、参与者分析、用例分析、类分析、创建图书管理系统的用例图、类图、组件图等；后者主要包括数据流图的绘制和数据字典的定义等。另外还对图书管理系统的数据库进行了分析，包括分析与设计图书管理系统数据库的概念结构、逻辑结构和物理结构。

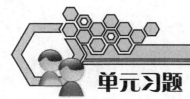

单元习题

　　（1）简述管理信息系统分析阶段的主要任务。系统分析的主要步骤有哪些？

　　（2）管理信息系统分析阶段的详细调查包括哪些项目和内容？

　　（3）管理信息系统调查有哪些方法？各有哪些特点？

　　（4）管理信息系统业务流程分析的主要内容有哪些？

　　（5）试绘制银行存款、取款的业务流程简图。

提示

　　储户将填好的存折和现金交银行工作人员，工作人员作如下处理。

　　① 审核存折和现金，发现有问题时询问储户或退回给储户；合格的存折和现金进行存款处理。

　　② 处理存款时要修改账目和存折，打印存款单，再将存款单和存折交给储户。

　　③ 将现金存入"现金库"。

（6）何谓数据流分析，数据流图有哪些特点？

（7）试绘制银行存款、取款的数据流图。

（8）什么是数据词典？数据词典条目有哪些？

（9）用判断树描述缴纳个人所得税情况。个人所得税的税率标准如表2-23所示。

表2-23 个人所得税的税率标准

级 数	全月应纳税所得额	税率（%）
1	不超过1 500元	3
2	超过1 500元至4 500元的部分	10
3	超过4 500元至9 000元的部分	20
4	超过9 000元至35 000元的部分	25
5	超过35 000元至55 000元的部分	30
6	超过55 000元至80 000元的部分	35
7	超过80 000元的部分	45

（10）什么是用户需求？试说明用户需求分析的过程。

（11）试简述新系统逻辑模型建立的过程。

（12）管理信息系统分析阶段的文档有哪些？

管理信息系统设计阶段的主要任务是根据已经批准的逻辑模型设计管理信息系统的物理实施方案。管理信息系统分析阶段主要解决管理信息系统要"做什么"的问题，系统设计阶段则要解决系统"如何做"的问题，最终设计出切实可行、符合实际情况和用户要求的管理信息系统。系统设计主要包括系统总体设计和系统详细设计。

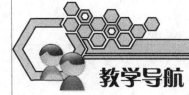

教学导航

教学目标	（1）了解管理信息系统设计的主要内容和基本原则 （2）一般掌握管理信息系统的模块结构设计 （3）一般掌握管理信息系统的配置方案设计 （4）掌握管理信息系统的输入设计和输出设计 （5）熟悉管理信息系统的数据库设计 （6）熟悉管理信息系统的界面设计 （7）掌握管理信息系统设计阶段的文档编写
教学方法	任务驱动法、分析探究法、归纳总结法等
课时建议	4课时（含考核评价）

知识必备

3.1 管理信息系统设计的主要任务与基本原则

管理信息系统系统设计的主要任务如表 3-1 所示。

表 3-1　　　　　　　　　　　　管理信息系统设计的主要任务

序号	设计项目		主 要 任 务
1	系统 概要 设计	系统总体设计	确定系统的总体结构，建立系统的总体模型，把整个系统划分为若干个子系统
2		功能模块设计	设计系统的功能，按层次划分功能模块，绘制功能模块结构图，说明每个模块的功能及其调用关系、数据传递
3		系统物理配置方案设计	选择系统设备 确定系统设备的配置
4	系统 详细 设计	数据库设计	设计逻辑数据模型 设计物理数据模型
5		编码（Code）设计	设计编码结构 确定使用范围和期限 编制编码表
6		用户界面设计	设计用户界面的风格 编写联机帮助信息 设计错误信息提示与处理
7		输入设计	确定数据源 设计数据输入格式、内容和精度 选择数据输入方式和输入设备
8		输出设计	确定输出内容、格式和精度 决定输出设备和输出介质
9		安全性设计	设定各类用户的权限 数据备份与恢复
10		文档编写	编写系统设计报告 编写用户操作手册
11		其他设计	系统断电应急措施 系统防火、防雷击等防护措施 与外部信息网络的连接

系统设计应遵循以下基本原则。

（1）简单性原则。

在达到预定目标、具备所需要的功能前提下，系统应尽量简单。在设计过程中，必须考虑到尽量使数据处理过程简化,使用者操作方便,维护修改容易。使输入的数据尽可能地减少,输入数据形式容易理解和掌握,系统结构清晰、合理,尽量避免一切不必要的复杂化。

(2)先进性原则。

应采用当前先进的、成熟的、符合国际标准的主流计算机、网络、数据库及软件开发技术进行系统建设,确保所开发的系统具有良好的互操作性、可移植性,以适应计算机技术的不断发展。

(3)适应性原则。

所开发的管理信息系统对外界环境变化的适应性要强,系统容易修改和更新。系统的软硬件平台和环境支持应选用开放的系统,便于不同机型、网络及软件平台的互联,满足用户的开发和使用要求。

(4)整体性原则。

系统作为一个统一的整体,功能要尽量保持完整,用户界面要统一,设计规范要标准,程序结构要规范,描述语言要一致。

(5)安全可靠性原则。

系统的硬件和软件在运行过程中具有抵抗异常情况的干扰,保证系统正常运行的能力。在设计网络和软件时,应首先考虑选用稳定可靠、经过实践检验的新产品和新技术,使系统具有必要的容错能力,配置充分的后备设备,保证其抗毁坏能力和快速恢复能力。

对操作系统、网络和数据库等环节采取严格的安全措施,为不同的用户设置不同级别的权限,保证系统不受计算机病毒和黑客的破坏。

(6)经济性原则。

所开发的管理信息系统给用户带来的经济效益必须大于系统开发的支出。在满足系统需求的条件下,尽可能减少系统的费用支出,降低系统设计的成本。

(7)可扩充性原则。

设计的网络及软件系统应便于安装、配置、使用和维护,在满足现有业务需求的基础上,要充分考虑系统今后的扩充和升级的需要。

3.2 管理信息系统的结构模式

随着计算机技术、网络技术的发展,管理信息系统的结构模式也在不断改进,主要有四种结构模式:单机模式、客户机/服务器模式(Client/Server,即 C/S 模式)、浏览器/服务器模式(Browser/Server,即 B/S 模式)和多层混合模式。

1. 单机模式

单机模式是管理信息系统设计中一种早期的结构模式,一般适用于系统规模较小、数据流量不大的情况下。单机系统中,客户端应用程序和数据库服务器一般在同一台计算机上,并且数据库一般采用本地数据(例如 Microsoft Access、Visual FoxPro)。客户端应用程序一般通过本地化的数据引擎来访问相应的数据库,例如 VB 中的 Jet 引擎。单机模式的管理信息系统具有比较容易实现、构建系统所需的费用较少、开发周期较短等优点。但单机系统不利于多用户共享系统数据,不支持多用户的并发控制,数据处理不能满足较大系统的要求。对于企业信息化来说,在局部实现计算机数据处理并不能发挥很大的优势，而需要把各分散地点的计算机通过网络连接起来，进行批处理或分布式处理。

2．C/S 结构模式

C/S 结构模式的计算机分为两个部分：客户机和服务器。应用程序也分为服务端程序和客户机端程序。服务器程序负责管理和维护数据资源，并接受客户机的服务请求（例如数据查询或更新等），向客户机提供所需的数据或服务。对于用户的请求，如果客户机能够满足就直接给出结果；反之则交给服务器处理。该结构模式可以合理均衡事务的处理，充分保证数据的完整性和一致性。

客户端应用软件一般包括用户界面、本地数据库等。它面向用户，接受用户的应用请求，并通过一定的协议或接口与服务器进行通信，将服务器提供的数据等资源经过处理后提供给用户。当用户通过客户机向服务器发出数据访问请求时，客户机将请求传送给服务器，服务器对该请求进行分析、执行，最后将结果返回给客户端，显示给用户。客户端的请求可采用 SQL 语句或直接调用服务器上的存储过程来实现，服务器将运行的结果发送给客户机。

目前仍有大量的管理信息系统采用 C/S 结构模式。这种模式一般也分为三层结构：表示层、业务逻辑和数据访问层。其中表示层主要应用 Windows 窗口作为用户界面；业务逻辑层主要实现业务功能；数据访问层通过数据库引擎（例如 ODBC 引擎、OLE DB 引擎）实现，对于 Windows 应用程序一般使用 ADO 或者 ADO.NET 实现数据访问后台数据库。后台的数据库管理系统通常采用 SQL Server、Oracle、Access 等。C/S 模式的结构模型如图 3-1 所示。

图 3-1　C/S 结构模式示意图

C/S 结构模式能够在网络环境完成数据资源的共享，提供了开放的接口，在客户端屏蔽掉了后端的复杂性，使得客户端的开发、使用更加容易和简单，适合管理信息系统的一般应用，但 C/S 结构模式也存在许多不足，主要体现以下几点。

（1）C/S 结构模式只能适用于中、小规模的局域网，对于大规模的局域网或广域网不能很好地胜任。

（2）开发成本高，C/S 结构对客户端软硬件要求较高，尤其是软件的不断升级换代，对硬件要求不断提高，增加了整个系统的成本。

（3）当系统的用户数量增加时，服务器的负载急剧增加，使系统性能明显下降。

（4）移植困难，不同开发工具开发的应用程序一般兼容性差，不能移植到其他平台上运行。

（5）系统管理和维护工作较困难，不同客户机安装了不同的子系统软件，用户界面风格不一，使用繁杂。

3．B/S 结构模式

随着 Internet 不断普及，以 Web 技术为基础的 B/S 模式正日益显现其先进性，很多基于大型数据库的管理信息系统都采用了这种全新的结构模式。

（1）B/S 结构模式的工作原理。

B/S 结构由浏览器、Web 服务器、数据库服务器三个层次组成。这种模式，客户端使用一个通用的浏览器，代替了形形色色的各种应用程序软件，用户的所有操作都是通过浏览器进行的。该结构的核心是 Web 服务器，它负责接受本地或远程的 HTTP 查询请求，然后根据查询条件到数据库服务器中提取相关数据，再将查询结果翻译成 HTML，传回提出查询请求的浏览器。同样，浏览器也会将更改、删除、新增数据记录的请求传到 Web 服务器，由 Web 服务器完成相关工作。

B/S 模式主要由表现层、业务逻辑层和数据访问层组成。表现层通过浏览器浏览，业务逻辑层实现业务逻辑功能，数据访问层使用 Web 服务器实现数据访问功能。B/S 模式的结构模型如图 3-2 所示。

图 3-2 B/S 结构模式示意图

其中表现层为客户端应用程序的访问，通常为 HTML 页面（静态网页）和 ASPX 页面（动态网页）；数据访问层为数据层提供数据服务，为表现层提供封装数据，在应用 ASP.NET 开发的 Web 页面中通常为 ADO.NET。后台的数据库管理系统通常采用 SQL Server、Oracle、MySql、Access 等。

（2）B/S 结构模式的优点。

① 使用简单。用户使用单一的浏览器，操作方便，易学易用。

② 维护方便。应用程序都放在 Web 服务器端，软件的开发、升级与维护只在服务器端进行，减轻了开发与维护的工作量。

③ 对客户端硬件要求低。客户端只需安装一种浏览器软件（例如微软公司的 IE 浏览器）。

④ 能充分利用现有资源。B/S 结构采用标准的 TCP/IP、HTTP 协议，可以与现有 Intranet 网很好地结合。

⑤ 可扩展性好。B/S 结构可直接通过 Internet 访问服务器。

⑥ 信息资源共享程度高。Intranet 网中的用户可方便地访问系统外资源，Intranet 外的用户也可访问 Intranet 网内的资源

4．B/S 与 C/S 的混合结构模式

将 B/S 与 C/S 两种结构结合起来，发挥各自的优势，形成一种混合结构，如图 3-3 所示。对于面向大量用户的模块采用三层 B/S 结构，用户端计算机上运行浏览器软件，数据集中存放在性能较高的数据服务器中，中间建立一个 Web 服务器作为数据服务器与客户机浏览器交互的连接通道。对于在安全性要求高、交互性强、处理数据量大、数据查询灵活的模块采用 C/S 结构。这种混合结构，安全可靠、灵活方便。

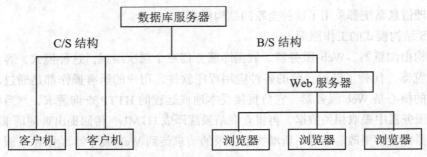

图 3-3　B/S 与 C/S 的混合结构模式示意图

3.3　管理信息系统的功能模块设计

管理信息系统的模块结构设计其主要任务是以整体的观点，按照自顶向下、逐步求精的原则，借助于一套标准的设计准则和图表工具，将系统划分为若干个子系统或模块。

3.3.1　管理信息系统功能模块设计概述

1．模块和模块化概述

模块化是指将系统的总任务（系统功能）分解为若干小任务，小任务再分解为更小的任务，依次类推，直到分解的任务具体、明确、单一为止，这些任务汇集起来便组成一个系统。分解过程中的小任务称为模块，分解的结果用模块结构图表示。

在程序设计中模块是指能够完成特定功能的若干程序语句的组合，在高级语言中常被称为子程序、过程或函数。在系统开发中，模块指能完成特定任务相对独立的功能单元。

2．模块独立性

模块独立性是指每个模块只完成一个相对独立的特定子功能，并且和其他模块之间的关系很简单。独立性强的模块功能简单，接口简单，容易开发和测试。

模块独立的作用主要体现在以下几个方面。

（1）一个子系统一般由若干个模块组成，模块独立可以减少模块间的相互影响，当修改一个模块时，只影响本模块的结构和功能，不影响其他模块或整个系统的结构和功能。这样有利于多人分工开发不同的模块，共同完成一个系统的开发，从而缩短软件产品的开发周期，提高软件产品的生产率，保证软件产品的质量。

（2）修改一个模块时，由于涉及范围较小，减少了一个模块修改影响其他模块正确性的风险。

（3）对一个模块进行维护时，不必担心其他模块内部程序运行是否受到影响，增加了系统可维护性和适应性。

3.3.2　子系统与功能模块的划分

系统总体设计的一个主要任务是划分管理信息系统的子系统，将整个管理信息系统划分为若干个子系统，每个子系统划分为若干个功能模块，每个功能模块又划分为若干个子功能模块。各个子功能模块规模较小，功能相对独立。

子系统与功能模块的划分在管理信息系统总体结构设计中十分重要，模块划分是否合理将直接影响系统设计的质量、开发时间以及系统实施的方便性。划分模块至今没有严格的标准，优秀的设计方案也不是唯一的，通常的划分方法和原则如下。

1. 子系统的划分方法

（1）子系统与当前的业务部门对应，每一个独立的业务管理部门，划分为一个子系统。这种划分方法比较容易实现，但适应性很差，当机构或业务调整时，导致子系统的划分要重新调整。

（2）按功能划分子系统，将功能上相对独立、规模适中、数据使用完整的部分作为一个子系统，例如学生管理系统中的学籍管理子系统、成绩管理子系统。

（3）采用企业系统规划法（BSP），利用 U/C 矩阵划分子系统。

2. 划分功能模块的原则

（1）功能模块或子系统有其相对独立性，即功能模块或子系统内部联系紧密（高内聚），而功能模块或子系统之间依赖性尽量小（低耦合）。

（2）模块的作用范围应在控制范围之内。

一个模块的作用范围是指该模块中包含的判定处理所影响到的所有模块及该判定所在模块的集合。在某一模块中有一个判断语句，只要其他模块中含有一些依赖于这个判定的操作，那么这些模块就被影响到了，判断语句所在的模块连同被影响到模块的总和就是该模块的作用范围。

一个模块的控制范围是指调用模块本身及它可以调用的所有下层模块的集合。下层模块包括直接下属模块和间接下属模块。

如图 3-4 所示，假设模块 3 中有一判断语句，模块 6、7、8 依据该判断语句执行了某些操作，那么模块 3 的作用范围为模块 3、6、7、8，模块 3 的控制范围为模块 3、6、7、8、9、10 六个模块。此时模块 3 的作用范围小于其控制范围。如果模块 3 做出的判断影响到模块 4，而模块 4 又不在模块 3 的控制范围内，此时模块 3 的作用范围大于其控制范围，降低了模块的独立性。

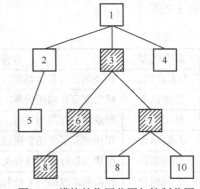

图 3-4   模块的作用范围与控制范围

由以上分析可知，模块的作用范围应不大于其控制范围，模块的作用范围应是其控制范围的子集，理想情况是模块的作用范围限制在判断模块本身及其直属下级模块。

（3）模块的扇出数尽量小，扇入数尽量大。

"扇出数"是指一个模块调用其下级模块的个数，如图 3-5 的左图所示，模块 A 扇出数为 2。模块的扇出数小则表示模块的复杂度低。

"扇入数"是指直接调用本模块的上级模块的个数，如图 3-5 的右图所示，模块 A 的扇入数为 3。扇入数反映了系统的通用性，扇入数越大，说明共享本模块的上级模块数越多，表示模块的通用性高，便于维护，但同时模块独立性会减弱。

（4）模块为单入口、单出口，每个模块只归其上级模块调用。

所谓单入口指执行模块功能的起始位置只有一个，所谓单出口指模块功能执行结束后的退出位置也只有一个。模块单入口、单出口可以避免模块间由于接口过多而造成的系统复杂和模块间的内容耦合。

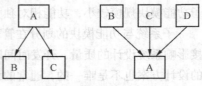

图 3-5　模块的扇出和扇入

（5）模块的大小适中。

模块的大小应适中，一般包含 50～100 个语句。如果模块划分得过大，将会造成程序阅读、测试、维护困难；如果模块划分过小，就会增加模块个数，增加模块接口的复杂性，增加模块接口的调试工作，增加花费在调用和返回上的时间开销，降低系统运行效率。

（6）模块的功能可以预测，即相同的输入数据能产生相同的输出。

（7）建立公用模块，以减少冗余，消除不必要的重复劳动。

（8）模块具有信息隐蔽性。

3.3.3　功能模块之间的联系

耦合衡量不同模块间相互联系的紧密程度，内聚衡量一个模块内部各个元素之间联系的紧密程度。

1. 模块耦合（Coupling of module）

模块耦合性越低，表明模块间相互联系越少，模块的独立性越强。模块耦合有七种类型，如表 3-2 所示。

表 3-2　　　　　　　　　　　　　　模块耦合的类型

耦合类型	各种耦合的主要区别	耦合程度	独立性程度
非直接耦合	模块间没有直接联系，既无调用关系，又没有数据传递	低	高
数据耦合	模块间存在调用关系，用参数表传递数据		
标记耦合	模块间存在调用关系，用模块接口传递数据结构		
控制耦合	模块间除了传递数据信息外，还传递控制信息		
外部耦合	模块与软件外环境有关		
公共耦合	模块间通过同一个公共数据区域相互传递数据		
内容耦合	一个模块与另一个模块的内部属性直接发生联系，可访问内部数据，有多个入口	高	低

非直接耦合的耦合度最低，模块的独立性最强。在进行模块设计时，要尽可能降低模块的耦合度，多用非直接耦合、数据耦合、标记耦合，少用控制耦合、外部耦合，尽量不用公共耦合和内容耦合，从而提高模块的独立性。

2. 模块内聚（Cohesion of module）

模块内聚性越高，表明模块内部各组成部分相互联系越紧密，模块的独立性越强。模块内聚有七种类型，如表 3-3 所示。

表 3-3　　　　　　　　　　　　　　　　模块内聚的类型

内聚类型	各种内聚的主要区别	内聚程度	独立性程度
偶然内聚	模块内各个任务间的关系松散	低	低
逻辑内聚	模块内各个任务彼此无关但处理过程和内容相似		
瞬时内聚	模块内各个任务必须在同一时间间隔内执行		
过程内聚	模块内各个任务彼此无关但要以特定次序执行		
通信内聚	模块内部的各个元素处在一个数据结构区域		
顺序内聚	模块的各组成元素相关，某个元素的输出是另一个的输入		
功能内聚	模块完成单一功能，各部分不可缺少	高	高

　　功能内聚独立性最强，是最理想的聚合方式。在进行模块设计时，要尽可能提高模块的聚合性，多用功能内聚、顺序内聚、通信内聚，少用过程内聚、瞬时内聚，尽量不用逻辑内聚和偶然内聚，以提高模块的独立性。

3.4　管理信息系统的输入设计

　　管理信息系统的主要作用是为各级管理人员及时提供所必需的管理信息，要得到及时、准确、有效的信息，首先要为系统输入必需的原始数据，同时正确的输入将保证系统输出的可靠性。

1. 管理信息系统输入设计的基本内容

　　（1）输入数据源的设计。
　　包括确定输入数据的提供场所、收集记录部门、收集方法、输入数据的产生周期、收集周期、最大数据量、平均发生量等方面。
　　（2）确定输入数据的内容。
　　包括确定输入数据项名称、数据类型、精度、位数和数值范围等。
　　（3）确定输入数据的格式。
　　在满足系统所需数据内容的前提下，应尽量做到格式美观、风格一致、操作简便、符合习惯，显示画面最好与原始单据格式一致。
　　（4）输入数据的正确性校验。
　　对输入的数据进行必要的校验，以减少输入差错。
　　（5）确定输入设备。
　　根据所输入的数据特点及应用要求，再结合设备本身的特性来确定输入设备。

2. 管理信息系统输入设计的原则

　　（1）源点输入原则。
　　管理信息系统中，较理想的数据输入方式是从产生数据的地方由数据记录人员输入，尽量减少数据的转抄、传递等中间环节。数据多一处中间环节，就多一次产生错误的可能性。例如学生成绩的管理，如果由任课教师自己输入系统，教师对自己书写的分数心中有数，出错的可能性较小。但如果由他人输入，出错的可能性较大。

（2）一次性输入原则。

管理信息系统中，各种输入的原始数据内容要考虑各部门的管理要求，尽量做到数据一次输入，多次享用，提高效率。即使某项数据本身管理部门不需要，但其他管理部门需要，该数据项也应从源点处录入，以避免输入数据不完善，不能满足其他管理部门的要求又要重新输入。

（3）简单性原则。

输入的准备、输入过程应尽量容易，以减少错误的发生。

（4）最小量原则。

在保证满足处理要求的前提下使输入量最小，输入时只需要输入基本信息，其他的统计数据由系统完成。输入量越小，出错机会越少，花费时间越少，数据一致性越好。凡是数据库中已有的数据，应尽量调用，以免重复输入。

（5）正确性原则。

采用有效的验证手段，减少输入错误。

3. 管理信息系统的输入类型

（1）外部输入。

基本的原始数据输入方式，例如会计凭证、订货单、合同等数据的输入。

（2）交互式输入。

输入的数据采用人机对话方式进行。

（3）内部输入。

管理信息系统内部运算后产生的数据，例如产值、利润、平均值等数据。

（4）网络输入。

系统内部和外部的计算机通过网络交换或共享数据。

4. 管理信息系统的输入设备

用来收集和输入数据常用的设备有键盘、扫描仪、刷卡机、触摸屏、条形码阅读器、光笔、语音输入、数码相机等。选择输入设备时要根据数据量的大小和输入频率，输入数据的类型和格式要求，输入的速度和准确性以及设备的费用等方面进行全面考虑。

5. 管理信息系统的原始单据设计

输入设计的重要内容之一是原始单据的设计。开发新的管理信息系统时，要对原始单据进行审查或重新设计。设计原始单据时应考虑以下原则。

（1）符合标准、项目齐全。

不同的行业或不同部门的单据都有自身的标准，单据的设计应遵守一般标准。例如会计部门的记账凭证、销售部门的销售单、仓管部门的入库单都应符合各自的标准。

（2）版面简洁、便于填写。

单据的设计要保证填写量小，版面布局合理，含义明确，无歧义现象。

（3）尺寸规范、便于归档。

单据尺寸要符合有关标准，预留装订位置，便于归档，长期保存。

6. 管理信息系统数据常见的输入错误

（1）录入错误。

① 数据输入不一致：两位操作员所输入的数据不一致。

② 非法字符：数字字段中出现汉字字符，数学标记符号中出现非数学标记的字符，物品编号不符合构造规则。

③ 日期数据中含有不符合年、月、日要求的数字，例如 00/13/31，00/02/30。

④ 数据类型不符：输入的数据类型与数据库文件要求不符，例如性别、职称用数字表示，为数字型，而不能输入汉字。

⑤ 代号或编号超出规定范围。

（2）输入的数据与具体的数据文件要求或限制条件不符。

① 非法编号或代码：物品或单位的编号由于笔误造成的虽然符合编号规则，但实际上却没有对应的物品编号或单位编号，在相应文件（例如库存文件或销售文件）中找不到。说明编号或代码录入有误，应责成有关人员更正后，再输入。

② 非法的数量或金额：例如数量*单价≠金额，出库数量或销售数量大于库存文件中的现有库存量。

（3）重复输入或重复操作：输入失误造成重复输入同一个发货单据收款单据。

7. 管理信息系统输入数据的校验方法

为了保证输入数据的正确性，数据的输入和处理过程要进行数据的合法性和一致性的检查，在输入数据时必须采取一定的校验措施，输入数据的常见校验方法如表 3-4 所示。

表 3-4　　　　　　　　　　　　输入数据的常见校验方法

校 验 方 法	方 法 说 明
重复校验	对于同一数据，输入两次，若两次输入的数据不一致，则认为数据输入有误
视觉校验	对输入的数据，在屏幕上校验之后再做处理
数据类型校验	对输入数据的类型进行确认，是否符合预先规定的数据类型
格式校验	校验数据项位数和位置是否符合预先规定，例如，邮政编码为 6 位
界限校验	检查输入数据是否在规定的范围内，例如成绩在 0 至 100 分之间
逻辑校验	检查数据项的值是否合乎逻辑，例如，月份不超过 12
记录计数校验	将输入前记录条数与输入后的记录条数进行对比，检查记录有无遗漏或重复。例如输入一个班的学生成绩，记录条数应与该班实际人数一致
分批汇总校验	对重要数据进行分批汇总校验，常用于财务报表或统计报表。例如在统计报表中，添加小计字段，若计算机计算的小计值与原始报表中的小计值一致，则认为输入正确
平衡校验	检查相反项目是否平衡。例如会计中的借、贷是否平衡
代码自身校验	利用校验码本身特性校验

3.5　管理信息系统的输出设计

输出信息是管理信息系统的最终成果，输出首先要保证正确性，其次输出格式要符合用户要求。由于输出的形式及内容直接与使用者有关，所以一般先设计输出，后设计输入。输出设计主要考虑系统输出什么信息，在哪里输出，格式怎样。

1．输出设计的内容

（1）输出信息使用要求设计：包括使用者、使用目的、使用周期、安全性要求等方面。

（2）输出信息内容设计：包括输出信息的形式（文字、图形、表格），数据结构和数据类型、位数、精度、输出速度、频率以及取值范围，数据完整性、一致性、安全性要求等方面。

（3）输出格式设计：输出格式要满足用户的要求和习惯，达到格式清晰、美观、易于阅读和理解的要求。报表是常用的一种输出形式，报表一般由三部分组成：表头、表体和表尾。

（4）输出介质和输出设备的选择：选择合适的输出介质和输出设备。

2．数据输出的方式

管理信息系统输出结果的主要使用者是用户。常见的输出类型如下。

（1）打印输出：系统输出的信息以表格、图像、报告等形式打印输出，供使用者长期保存。

（2）屏幕显示：通过显示器显示各种查询结果，提供给各级管理人员。

（3）文件输出：系统内部各子系统之间交换信息或共享数据，数据备份和数据上报，用文件形式存储在硬盘、光盘、优盘等存储设备中。

3．数据输出的格式要求

输出设计应考虑输出内容的统一性，同一内容的输出对显示器、打印机、文本文件和数据库文件应具有一致的格式。显示器提供查询或预览服务，打印机提供报表服务。

3.6　管理信息系统的配置方案设计

3.6.1　管理信息系统配置方案设计的基本原则

管理信息系统配置方案设计的基本原则包括以下方面。

（1）根据系统调查和系统分析结果、实际业务需要、业务性质综合考虑选择、配置系统设备。

（2）根据企业或组织中各部门地理分布情况设置系统结构。

（3）根据系统调查和系统分析所估算出的数据容量确定存储设备。

（4）根据系统通信量、通信频率确定网络结构、网络类型、通信方式等。

（5）根据系统的规模和特点配备系统软件，选择软件工具。

（6）根据系统实际情况确定系统配置的各种指标，例如处理速度、传输速度、存储容量、性能等。

3.6.2　管理信息系统硬件设备的选择

计算机系统的基础是硬件，硬件系统由输入设备、主机、外存储器和输出设备组成。应根据系统需要和资源约束，选择硬件设备。

硬件设备选型的原则为：（1）实用性好，技术上成熟可靠，近期内保持一定的先进性，表现为可扩充、可升级，可维护性好，稳定性好，具有良好的兼容性。（2）选择性能价格比高、技术力量较强、售后服务周到、信誉好的厂家产品。

选型的方法可采用招标法、信息调查法、方案征集法、基准程序测试法等。

选购管理信息系统计算机硬件设备时主要考虑以下技术指标。

（1）运行速度。

计算机的运行速度可以用时钟频率表示，时钟频率越高表示运行速度越快。

（2）主存储器容量。

主存配置的容量越大，运行的速度越快。

（3）外存储器容量。

外存储器的容量大小直接影响到整个系统存取数据的能力和信息存储量。

（4）吞吐量和处理量。

单位时间内计算机的处理能力。例如单位时间内数据的输入输出量。

（5）系统的对外通信能力。

设备是否支持网格操作。例如支持局域网络操作的硬件配置和支持 Internet 网络操作的硬件配置。

根据管理信息系统、操作系统、数据库管理系统等软件系统的综合要求，从用户和系统要求的实际出发，确定 CPU 的型号和频率、主板的型号、硬盘的容量和转速、内存的容量和型号等。一般选用速度快、容量大、操作灵活方便，技术上成熟可靠的高档微型计算机为主。计算机硬件设备的选择一般应准备几种方案供选用，对每种方案在性能、费用等方面进行比较，形成选择方案报告。

3.6.3　管理信息系统的网络设计

管理信息系统的网络设计是指利用网络技术将管理信息系统的各个子系统合理布置和连接。网络由服务器、交换机、路由器、线路等设备组成，其中服务器是全网的核心，一定选好服务器。

管理信息系统的网络设计一般考虑以下问题。

（1）设计网络结构。

网络结构是指网络的物理连接方式，例如局域网的拓扑结构：可以选择星型结构、总线结构、树型结构、环型结构等。确定网络的物理结构后要确定子系统及设备的分布和位置。通常先按部门职能将系统从逻辑上分为各个分系统或子系统，然后按需要配备主服务器、主交换机、分系统交换机、路由器等设备，并考虑各设备之间的连接结构。

（2）选择与配置网络硬件。

网络硬件与网络的规模、网络的类型有关，对于局域网主要考虑的硬件包括：服务器、工作站、网卡、传输介质等。对于与互联网连接构成的内部网或校园网主要考虑的硬件包括：各种服务器、路由器、网关、用户终端连接设备。

（3）选择通信协议。

根据功能的需要在管理信息系统的不同部分选配合适的网络协议。

（4）选择网络操作系统。

网络操作系统是管理网络资源和提供网络服务的系统软件，主要的网络操作系统有 Windows 系列操作系统、UNIX 操作系统和 Linux 操作系统。

（5）通信方面的要求。

主要包括传输范围、频带的选择、使用范围、通信方式等。如果系统需要接入因特网还要考虑接入方式。

3.6.4　管理信息系统系统平台的选择

系统软件是应用程序运行的环境，其中操作系统是软件平台的核心，操作系统所具备的功能和性能在一定程度上决定系统的整体水平，在管理信息系统运行过程中改变操作系统，会付出很大代价，选择时应慎重考虑，一旦选定不要轻易改变操作系统。

目前常用的操作系统有 Microsoft 系列操作系统和 UNIX 操作系统等。

（1）Microsoft 系列操作系统。

主要包括 Windows XP、Windows 2003、Windows 7、Windows 2008 等。

Microsoft 系列操作系统是由美国 Microsoft 公司开发的图形化操作系统，具有友好的多窗口图形用户界面，可以建立安全可靠的数据库系统，具有各种安全防护和容错功能，保证信息的有效性和安全性。

（2）UNIX 操作系统。

UNIX 操作系统由美国贝尔实验室于 1969 年研制，是一个多用户、多任务的分布式网络操作系统，适用于各种机型的主流操作系统，它具有丰富的应用支持软件，良好的网络管理功能，能够提供真正的多任务和多线程服务，具有优异的内存管理、任务管理性能以及 I/O 性能，具有很高的安全性和保密性，是所有操作系统的首选。

（3）Linux 操作系统。

Linux 是一种开放型的操作系统，它是 UNIX 操作系统的一个分支，采用 UNIX 技术，但其源代码公开。既具有高可靠性和稳定性，又具备操作简单、功能强大的特点，是当前应用较为广泛的网络操作系统之一。

3.6.5　开发工具与程序设计语言的选用

中国有句古话：工欲善其事，必先利其器，也就是说，工具的好坏直接影响到系统开发质量和效率。目前程序设计语言和其他开发工具可以有多种选择，例如：C#、Visual Basic.NET、C++、Java 等都是优秀的软件开发工具。除了开发语言，还要考虑在办公自动化方面所需的软件，包括文字处理、图形处理、表格处理软件等，例如 Word、WPS、Visio、Excel 等。

选择适合于管理信息系统的程序开发工具，主要考虑几个原则。

（1）系统的需要。

选择能满足管理信息系统的功能和性能需要的开发工具。如果开发 C/S 和多层模式的应用程序，可以使用 Visual C#.NET、Visual Basic.NET、VC++、Java、VB、Delphi、PowerBuilder 等开发工具；如果开发 B/S 模式的应用程序，可以使用 ASP.NET、ASP、JSP、PHP 等开发工具。

（2）用户的要求。

如果所开发的系统由用户负责维护，通常使用用户熟悉的语言编写程序。

（3）开发人员对开发工具和设计语言的熟悉程度。

应选择开发人员所熟悉的开发工具和设计语言，如果在设计中才去熟悉工具的使用，很难保证在规定时间内开发出较好的管理信息系统。

（4）开发工具提供丰富的支持工具和手段，便于系统的实现和调试。

（5）软件可移植性好。

3.7 管理信息系统的数据库设计

在管理信息系统中，数据存储主要通过数据库实现，数据库决定了数据存储的组织形式，以及数据处理的速度和效率。因此，数据库设计是整个系统设计的重要组成部分。

3.7.1 数据库设计的需求分析

进行数据库设计的需求分析时，首先调查用户的需求，包括用户的数据要求、加工要求和对数据安全性和完整性的要求，通过对数据流程及处理功能的分析，得到管理信息系统的数据需求及其关系，明确以下几个方面的问题。

（1）数据类型及其表示。

（2）数据间的联系。

（3）数据加工的要求。

（4）数据量。

（5）数据冗余。

（6）数据的完整性、安全性和有效性。

其次在系统详细调查的基础上，确定各个用户对数据的使用要求，主要内容如下。

（1）分析用户对信息的需求。

分析用户希望从数据库中获得哪些有用的信息，从而可以推导出数据库中应该存储哪些有用的信息，并由此得到数据类型、数据长度、数据量等。

（2）分析用户对数据加工的要求。

分析用户对数据需要完成哪些加工处理，有哪些查询要求和响应时间要求，以及对数据库保密性、安全性、完整性等方面的要求。

（3）分析系统的约束条件和选用的数据库管理系统的技术指标体系。

分析现有系统的规模、结构、资源和地理分布等限制或约束条件。了解所选用的数据库管理系统的技术指标，例如选用了 SQL Server 2008，必须了解 SQL Server 2008 的最多字段数、最大记录数、最大记录长度、文件大小和系统所允许的数据库容量等。

3.7.2 数据库的概念结构设计

概念结构设计的主要工作是根据用户需求设计概念性数据模型。概念模型是一个面向问题的模型，它独立于具体的数据库管理系统，从用户的角度看待数据库，反映用户的现实环境，与将来数据库如何实现无关。概念模型设计的典型方法是 E-R 方法（Entity-Relationship Approach），即用实体 – 联系模型表示。

E-R 方法使用 E-R 图来描述现实世界，E-R 图包含三个基本成分：实体、联系、属性。E-R 图直观易懂，能够比较准确地反映现实世界的信息联系，且从概念上表示一个数据库的信息组织情况。

3.7.3　数据库的逻辑结构设计

逻辑结构设计的任务是设计数据库的结构，把概念模型转换成所选用的 DBMS 支持的数据模型。在由概念结构向逻辑结构的转换中，必须考虑到数据的逻辑结构是否包括了处理所要求的所有关键字段，所有数据项和数据项之间的相互关系，数据项与实体之间的相互关系，实体与实体之间的相互关系，以及各个数据项的使用频率等问题，以便确定各个数据项在逻辑结构中的地位。

数据库逻辑结构的设计主要是将 E-R 图转换为关系模式，设计关系模式时应符合规范化要求，例如每一个关系模式只有一个主题，每一个属性不可分解，不包含可推导或可计算的数值型字段，例如金额、年龄等字段属于可计算的数值型字段。

（1）实体转换为关系。

将 E-R 图中的每一个实体转换为一个关系，实体名为关系名，实体的属性为关系的属性。

（2）联系转换为关系。

一对一的联系和一对多的联系不需要转换为关系。多对多的联系转换为关系的方法是将两个实体的主关键字抽取出来建立一个新关系，新关系中根据需要加入一些属性，新关系的主关键字为两个实体的关键字的组合。

（3）关系的规范化处理。

通过对关系进行规范化处理，对关系模式进行优化设计，尽量减少数据冗余，消除函数依赖和传递依赖，获得更好的关系模式，以满足第三范式。

3.7.4　数据库的物理结构设计

数据库的物理结构设计是在逻辑结构设计的基础上，进一步设计数据模型的一些物理细节，为数据模型在设备上确定合适的存储结构和存取方法，其出发点是如何提高数据库系统的效率。

1．数据库管理系统的类型及选用

数据库管理系统（DBMS）是管理信息系统中一个重要的管理平台，主要作用是对数据库进行管理并为用户提供数据服务，因此选择合适的 DBMS 是十分重要的。目前市场上数据库产品较多，占市场份额较大的关系数据库管理系统主要有 Microsoft SQL Server、Oracle、Sybase、Informix、Ingress、FoxPro、Access 等，各个数据库产品在功能、性能、价格等方面有些差异，在选择数据库时主要考虑其操作界面、数据的完整性和一致性、功能参数等，以 SQL Server、Oracle 为最佳首选对象。常见关系数据库管理系统的特点和应用如下所示。

（1）Microsoft SQL Server。

Microsoft SQL Server 是 Microsoft 公司的产品，它是多处理器、多线程的网络数据库管理系统。它对硬件适应能力强，用户界面友好、性能可靠、使用方便，常应用于数据量相对较少的场合。

Microsoft SQL Server 是基于客户机/服务器（C/S）模式的数据库管理系统，在 C/S 模式中 SQL 处于服务器端，主要用于存储、管理数据，在客户端可以使用 C#、VB.NET、ASP、ASP.NET 等可视化工具来开发。

Microsoft SQL Server 能在各种硬件平台下实现其优越的性能，具有加强的对称式服务器结构，使系统可以并行地执行内部的数据库功能，从而提高了在多处理器上运行的性能和适应能力。并行数据扫描、并行数据装载、并行索引不仅提高了系统的性能，而且高速并行备份功能使得系统可以支持超大型数据库。

（2）Oracle。

Oracle 在数据管理、数据完整性检查、数据库查询性能及数据安全方面的功能强大，并且在保密机制、备份与恢复、空间管理、开放式连接及开发工具方面提供了较好的手段。例如，在数据安全机制方面，Oracle 使用表或记录加锁的方法来禁止同时写数据，使用扩大共享内存的方法来减少读写磁盘的次数，防止数据访问冲突，使用快照的方法进行备份，快照脱离原表，使得对于某些远程查询操作的数据可以在本地机上执行，从而减少了网络传输量。

Oracle 是多线索、多进程体系结构，它支持客户机/服务器模式的数据处理，通过两段提交机制来保证分布式事务的一致性，同时支持集中式多用户的应用环境，并达到企业范围内的数据共享。Oracle 针对不同的使用界面提供了不同的开发工具，均以填表的方式来说明用户的要求，不用编程就可自动生成各种复杂的表格、图形、菜单，并实现信息管理系统开发的各个阶段。

（3）Microsoft Access。

Access 也是 Microsoft 公司的产品，它采用 Windows 程序设计概念，具有简单易用、功能强大、面向对象的可视化设计等特点。用户用它提供的各种图形化查询工具、屏幕和报表生成器，可以建立复杂的查询，生成复杂的报表。Access 不仅可以用于小型数据库管理，而且能与工作站、数据库服务器或者主机上的各种数据库连接。

（4）Sybase。

Sybase 数据库管理系统由服务器、客户开发工具和支持两者通信连接的开放性接口三部分软件组成。Sybase 服务器通过导航服务器来适应对称多处理器和大规模并行处理计算两种多处理器结构，能自动地将特大型数据库优化分布到多个并行的服务器上。提供在联机控制下的备份、恢复、修改数据库设计、完整性约束、过程诊断和性能调整等管理和维护手段，还提供软件的硬盘镜像功能。

Sybase 具有一套面向对象的应用开发工具，用于从应用的设计、开发、调试到运行和监控管理。可以通过选择菜单或图标来完成数据库管理工作，例如：数据的定义、录入、修改、查询等。通过应用工具开发数据库的各种类型表格，生成高质量的报表和查询，支持对象嵌入与连接。并且在报表对象中提供了对电子邮件的支持，内置的数据库引擎不需要与后台相连就能够进行系统的应用开发。

2. 选择数据库管理系统（DBMS）的基本原则

（1）适应管理信息系统所使用的开发方式。所选用的 DBMS 应使用方便、适应性较强。

（2）提供数据安全管理机制。数据库管理系统中应防止非法的使用造成的数据泄漏、更改和破坏。

（3）提供并发控制机制。在多用户数据库环境中，多个用户可并行地存取数据，如果不对并发操作进行控制，会存取不正确的数据，或破坏数据的一致性。

（4）提供事务处理完整性机制。DBMS 应提供一种完整性检查机制，防止数据库存取不符合语义的数据，防止错误信息的输入和输出。

（5）提供数据备份和恢复机制。数据库正常工作时，能及时进行备份，当系统发生故障时，或被破坏时，应能尽快恢复数据。

（6）选择 DBMS 时应考虑所选择的操作系统。例如选择 UNIX 或 Linux 操作系统则数据库以 Oracle 居多，SQL Server 只能在 Windows 平台中工作。

3. 数据库物理结构设计的主要内容

数据库的物理结构设计是在逻辑结构设计的基础上，进一步设计数据模型的一些物理细节，为数据模型在设备上确定合适的存储结构和存取方法。其出发点是如何提高数据库系统的效率。物理结构设计的主要内容如下。

（1）确定数据的存储结构。

根据数据库中数据的使用情况，从数据库管理系统提供的各种存储结构中选取适合应用环境的结构加以实现。确定存储结构的主要因素是用户的数据要求和处理要求、存取数据的时间、空间利用率和对存储结构的维护代价等方面。

（2）选择和调整存取路径。

数据库必须支持多个用户的不同应用要求，因此应对同一数据提供多条存取路径。

（3）确定数据的存放介质和存储位置

根据数据的具体应用情况确定数据的存储位置、存储设备、备份方式以及区域划分。对数据库按不同的情况划分为若干个组，把存取频率和存取速度要求高的数据存入在高速存储器上，把存取频率低和存取速度要求较低的数据，存放在低速存储器上。

（4）确定存储分配的参数。

许多 DBMS 提供了一些存储分配参数，例如：缓冲区的大小和个数、溢出空间的大小和分布、数据块的尺寸等，这些参数的设置将影响数据存取的时间和存储分配的策略，设计人员应全面考虑。

（5）确定数据的恢复方案。

对数据恢复问题应予以考虑，例如采取双硬盘、多处理器并行工作、数据备份等有效措施，一旦发生故障，系统可以继续运行，数据可以及时恢复。

3.8 管理信息系统的界面设计

管理信息系统的程序设计一般包括两部分：一部分是用户界面的设计，另一部分才是业务逻辑的实现。用户界面是管理信息系统与用户之间的接口，用户通过用户界面与应用程序交互，用户界面是应用程序的一个重要组成部分。用户界面决定了使用应用程序的方便程度，用户界面设计应坚持友好、简便、实用、易于操作的原则。

一般用户界面被理解为当用户打开一个应用程序时出现在计算机显示器上的界面，实际上用户界面也包括系统的输入和输出部分，用户界面主要包括系统主界面、输入界面、输出界面。

3.8.1 友好用户界面的基本要求

用户界面应充分发挥可视化程序设计的优势，采用图形化操作方式，满足用户的使用要求，尽量做到简单、方便、一致，为用户提供友好的操作环境；用户界面设计保持风格一致，系统与各子系统的命令或菜单采用相同或相似的形式；数据输入界面的设计应以方便输入为准；查询用户、数据录入员及部门管理员只能在工作站登录，无权直接对数据库进行任何操作，由系统管理员完成各种对数据库的直接操作；在各个层次和各种操作界面上，尽可能提供在线帮助功能和一定的错误恢复功能。

图书管理系统系统的界面由一系列窗口构成，一般分为登录窗口、主窗口、多个子窗口、对话框、报表等。子窗口的设计要和系统功能联系，以不同的系统功能来构建相应的窗口。这里只介绍友好用户界面的基本要求，具体的界面设计详见以后各个单元。

（1）直观的设计。

设计用户界面时应该使用户能够直观地理解如何使用用户界面，直观的设计能够帮助用户快速地熟悉界面。例如，按钮和选择项尽量安排在同样的位置，便于用户熟练操作。另外输入画面尽量接近实际，例如，会计凭证录入画面应与实际的凭证一样，用户在终端上录入凭证，仿佛用笔在纸上填写，增强人机亲和力。

（2）及时的帮助。

用户界面应有帮助功能，提供给用户以必要的帮助信息。当程序执行中出现错误操作或可能会出现错误时，应给出醒目的提示，告诉用户应该怎样避免错误的产生和怎样降低可能造成的损失，告知使用者产生错误的可能原因及解决方法。

（3）有益的提示。

当用户完成某种操作后，应及时给予提示，让用户始终了解界面的状态、界面元素的状态和系统操作的状态。例如输入数据时，可在屏幕底部给出数据的说明，让用户知道应输入什么样的数据。

关键操作要有提示或警告。对于某些要害操作，应事先预防错误，无论操作者是否有误操作，系统应进一步确认，进行强制发问或警告。

（4）方便的导航。

不同的用户喜欢采用不同的方式来访问界面上的控件，界面上的控件应该设计成可以通过鼠标、Tab 键、方向控制键以及其他的快捷键方便地访问。

（5）快捷的输入。

多数 MIS 软件的数据输入量较大，对于一些相对固定的数据，不应让用户频频输入，而应让用户用鼠标轻松选择，用户界面的输入尽量采用下拉列表方式选择输入，以避免出错。例如"性别"是相对固定的数据，其值只有"男"和"女"两项，应采用列表框选择输入。

（6）得体的外观。

设计界面时根据用户与界面交互的频率和时间长短等因素决定界面的外观。窗口中各部件合理布置，图形、颜色应搭配和谐，以减少单调性。

（7）合理的布置。

根据需要显示的信息数量和来自用户输入的数量决定如何规划界面，应该尽可能把所有相关信息的输入控件放置在同一个屏幕中，这能使用户通过单个屏幕来和应用程序交互。当需要显示的信息太多或者所显示的信息逻辑上不相关时，可以使用选项卡或子窗口。

（8）有效的检验。

当用户在界面输入数据时，应有效地防止用户输入无效数据，将用户的输入限制在有效的数据范围之内。在窗体的填写接近结束时运行验证代码，当遇到输入错误时，将用户引导到出现错误的域，并显示一条消息以帮助用户修改错误。

（9）一致的风格。

用户界面设计力求保持风格一致，系统与各子系统的命令或菜单采用相同或相似的形式。界面的词汇、图示、选取方式的含义与效果应前后一致，统一的界面使用户始终用同一种方式思考与操作。应避免每换一个屏幕就要换一套操作方法。

（10）迅速的响应。

为处理用户和界面的交互，需要为界面的各种组件编写事件处理程序，这些程序执行时不能让用户花很长时间等待应用程序做出响应。对于处理时间较长的任务，需要用户等待时，应让用户了解进展情况，给出"正在进行处理，请稍候"的提示或给出合适的进度指示。不能让用户不知道计算机在做什么、什么时候能做完，让用户产生计算机没有响应或已死机的错觉。

3.8.2　管理信息系统的界面设计

1．用户界面的组成元素

图形用户界面（GUI）设计的基本元素包括窗口、菜单、工具栏、状态栏、控件等，另外还应该包括表示隐喻和用户概念的元素。

（1）窗口。

窗口是容纳所有其他元素的环境，窗口提供了用户查看数据并与数据交互的基本界面。应用程序拥有一个主窗口，通常用户在主窗口中与对象交互，并查看和编辑数据。另外可以设置辅助窗口，以便用户设置属性和选项或提供信息和反馈。设计阶段窗口（windows）通常称为窗体（form）。

（2）菜单。

菜单是管理信息系统功能选择操作的常用方式。特别是对于图形用户界面，菜单集中了系统的各项功能，具有直观、易操作的优点。常用菜单形式有下拉式、弹出式。

菜单设计时应和子系统的划分结合起来，尽量将一组相关的菜单放在一起。同一层菜单中，功能应尽可能多，菜单设计的层次尽可能少。

一般功能选择性操作最好让用户一次就进入系统，避免"让用户选择后再确定"的形式。对于两个邻近功能的选择，使用高亮度或强烈的对比色，使它们醒目。

（3）工具栏。

工具栏使用图标表示任务，可以为工具栏中的控件设定快速访问命令或选项。

（4）状态栏。

状态栏通常位于窗口的底部，用于显示正在查看的对象的当前状态和其他只读、不可交互的信息。

（5）对话框。

负责用户和系统间的信息交换，收集用于运行特定的指令或任务的信息。

（6）控件。

利用控件显示并编辑各种数据，运行各种指令。

2. 用户界面设计的主要内容

用户界面的设计主要包括以下内容。

（1）设计初始用户界面。

设计用户界面的第一步是创建可以让用户审查的初始设计。初始设计首先用铅笔和纸绘制草图，显示主要功能、结构和导航，快速、简单地探索可供选择的设计。然后经与用户讨论取得一致意见之后，用诸如 Microsoft Visio 这样的工具详细设计屏幕布局和界面元素。

（2）创建导航图和流程图。

用户界面的导航图和流程图显示当用户界面事件触发时将调用什么窗体。

（3）设计提示信息和帮助信息。

为了方便用户操作，系统应能提供相应的操作提示信息（包括视觉提示、听觉提示、触觉提示等形式）和帮助信息。在用户界面上，可用标签显示提示信息，或者以文字形式将提示信息显示在状态栏上或消息框中。还可以将系统操作说明输入帮助文件，建立联机帮助。

（4）设计输入的有效性验证。

在程序中设定输入数据的类型和有效长度，由程序本身在程序处理前来验证输入数据的有效性。在用户输入完数据后，让用户再确认一次。若输入的数据量比较大时，采用多终端重复输入数据，不同终端输入的数据进行比较，相同的为有效数据，不同的为无效的数据。另加输入数据验证时机的设计也很重要，是在每次用户把焦点从一个输入区移到另一个时进行验证，还是一直等到用户提交这些输入时再进行验证要考虑好。

（5）设计用户身份验证界面。

为了保证系统的安全，设置用户身份界面，通过设置用户名、密码及使用权限来控制对数据的访问。

（6）设计错误处理。

在系统运行过程中，当用户操作错误时，系统要向用户发出提示和警告性的信息。当系统执行用户操作指令遇到两种以上的可能时，系统提请用户进一步地予以说明。

3.9　管理信息系统设计阶段的文档编写

管理信息系统设计阶段的最后一项工作是编写系统设计报告，系统设计报告既是系统设计阶段的工作成果，也是下一阶段系统实施的重要依据。系统设计报告的主要项目与内容如表 3-5 所示。

表 3-5　　　　　　　　　　管理信息系统设计报告的主要项目与内容

报告的主要项目	主　要　内　容
概述	系统的名称、设计目标、主要功能 项目开发者、用户，系统与其他系统的联系
系统总体结构	总体结构、子系统结构 各子系统或模块的名称、功能等 模块结构图

续表

报告的主要项目	主　要　内　容
系统配置	系统物理结构、分布 硬件配置：主机、外设、终端等 软件配置：操作系统、数据库管理系统、计算机语言、软件工具 网络配置：网络组成、网络协议
编码设计方案	编码设计原则、设计方案 编码的种类、名称、功能、校验方法
数据库设计方案	数据库设计的目标、功能要求、性能规定 逻辑设计方案、物理设计方案 各类数据表的数据项名称、类型、长度等
输入输出和界面设计	输入输出的项目、主要功能、要求 输入输出设备的配置情况，界面设计规范、效果要求 输入数据的格式设计、校验方法 输出内容及格式
系统实施及其他	实施方案、进度计划、经费预算等 接口及通信环境设计 数据准备、培训计划、系统安全保密性设计

管理信息系统设计报告编写完成后需要组织系统开发人员并邀请有关专家和管理人员参加评审工作。系统设计报告经过评审获得通过，最后经有关领导批准才能生效，系统开发便进入下一阶段：系统实施阶段。

数据库设计说明书的主要内容如下。

（1）引言。

引言主要包括编写目的、背景、定义、参考资料等方面。

（2）外部设计。

外部设计主要包括说明标识符和状态、使用数据库的程序和约定、支撑软件等方面。

（3）结构设计。

结构设计主要包括概念结构设计、逻辑结构设计、物理结构设计等方面。

（4）运用设计。

运用设计主要包括数据字典设计、安全保密设计等方面。

项目实战

【任务 3-1】　图书管理系统的总体设计

【任务描述】

（1）任务卡

【任务 3-1】的任务卡如表 3-6 所示。

表3-6 【任务3-1】的任务卡

任务编号	03-1	任务名称	图书管理系统的总体设计
计划工时	30min	所属系统名称	图书管理系统
任务说明			
（1）设计图书管理系统的功能，划分功能模块，绘制功能结构图 （2）对图书管理系统的输入输出进行设计 （3）选择图书管理系统的开发平台和开发工具			

（2）任务跟踪卡

【任务3-1】的任务跟踪卡如表3-7所示。

表3-7 【任务3-1】的任务跟踪卡

任务编号	开始时间	完成时间	计划工时	实际工时	当前状态
03-1					

【任务实施】

1．图书管理系统的总体结构设计与划分功能模块

本图书管理系统主要包括以下功能模块。

（1）图书管理模块。

① 图书分类管理功能：为了便于图书的存放和查找，需要对图书进行分类。可以实现添加、修改、删除、查询图书分类信息。

② 图书基本信息管理功能：包括登记新书，修改、查询、删除图书基本信息。

③ 图书编目功能：对登记的新书进行编码后入图书信息表，图书信息表中记载了图书室每一本图书的信息。

④ 图书库存管理功能：包括图书入库管理、图书库存盘点、查询图书库存记录。

（2）借阅者管理模块。

① 借阅者类别管理功能：为不同类别的借阅者设置不同的限借数量、限借期限、有效期限。

② 借阅者信息管理功能：包括添加、修改、查询、注销借阅者信息。

③ 借书证管理功能：包括添加、修改、查询借书证信息，查询指定借书证的借书信息，借书证挂失功能。

（3）借书管理模块。

借书管理模块包括借书、还书、续借、图书挂失、催还，超期罚款、查询等管理功能。

（4）系统管理模块。

系统管理模块包括添加、修改、删除、查询系统用户名和口令，数据备份和数据恢复等。

2．绘制功能结构图

图书管理系统的功能结构图如图3-6所示。

3．开发与运行环境的选用

操作系统对于管理信息系统的安全、高效运行起着重要的作用，由于 Windows Server 2008

是跨时代的产品，在其安全性、灵活性、移动性、可靠性得到进一步的提高。Windows Server 2008 的安装过程更加友好，基本是在一个图形用户界面的环境下完成的，并且处理大部分初始化工作。强大统一的服务器管理控制台，呈现了一个清晰的服务器配置界面，用户可以根据自己的需要和爱好修改和编辑其中的设置。虚拟化功能是 Windows Server 2008 的一个重大创新功能，虚拟化能"创建"许多的虚拟服务器，最大限度地发挥 Windows Server 2008 的作用。Windows Server 2008 的防火墙针对 Windows Server 2000/Windows Server 2003 有着极大的改进，Windows Server 2008 防火墙让系统的安全性大幅度得以提升。因此，本图书管理系统采用 Microsoft Windows 2008 Server 作为操作系统。

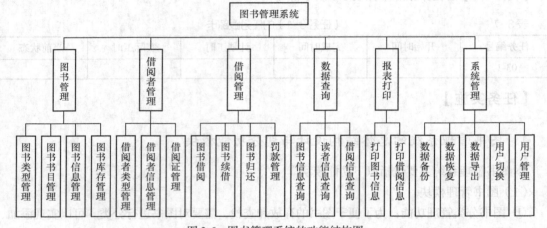

图 3-6　图书管理系统的功能结构图

本图书管理系统准备采用客户机/服务器（C/S）结构模式。C/S 结构的最大优势在于广泛采用了网络技术，将系统中的各部分任务分配给分布在网络上的担任不同角色的计算机。把较复杂的计算和管理任务交给服务器完成，而把一些频繁与用户打交道的任务交给客户机完成。通过这种结构完全实现了网络上信息资源的共享。

开发基于 C/S 结构的管理信息系统所用到的开发工具包括前台开发工具和后台数据库管理系统。本系统的前端开发工具采用 Microsoft Visual Studio 2008，编程语言采用 C#。

4．输入输出设计

输入输出设计的基本要求如下。

（1）输入数据简单方便，并提供实时帮助。

（2）输入数据可以复查，但确定输入后不可随意修改，应经过批准后才能修改。

（3）输出的数据格式符合标准，输出操作简单、快捷。

（4）输出数据应提供文本和电子报表两种形式。

【任务 3-2】　图书管理系统的数据库设计

【任务描述】

（1）任务卡

【任务 3-2】的任务卡如表 3-8 所示。

表 3-8 【任务 3-2】的任务卡

任务编号	03-2	任务名称	图书管理系统的数据库设计
计划工时	60min	所属系统名称	图书管理系统
任务说明			
（1）图书管理系统数据库的逻辑结构设计 （2）图书管理系统数据库的物理结构设计 （3）创建数据库和数据表 （4）创建数据库关系图和视图			

（2）任务跟踪卡

【任务 3-2】的任务跟踪卡如表 3-9 所示。

表 3-9 【任务 3-2】的任务跟踪卡

任务编号	开始时间	完成时间	计划工时	实际工时	当前状态
03-2					

【任务实施】

1. 图书管理系统数据库的逻辑结构设计

将概念模型转化为关系模式，图书管理系统的 E-R 图经过转化后的关系模式如表 3-10 所示。

表 3-10 图书管理系统中的关系模式

序号	图书管理系统的关系模式
1	图书类型（图书类型编号,图书类型代码,图书类型名称,图书类型说明,类型层次编号,类型父项编号）
2	书目信息（书目编号,图书名称,作者,出版社,ISBN,出版日期,图书页数,价格,图书类型,总藏书数量,现存数量,馆藏地点,简介,待入库数量）
3	图书信息（图书条码,书目编号,图书状态,入库日期）
4	出版社（出版社编号,ISBN,出版社名称,出版社简称,出版社地址）
5	借阅信息（借阅编号,借阅者姓名,图书名称,借阅日期,应还日期,续借次数,借阅数量,操作员）
6	借阅者类型（类型编号,借阅者类型,最大借书数量,最长借书期限,超期日罚金,借书证有效期）
7	借阅者信息（借阅者编号,姓名,性别,出生日期,借阅者类型,借书证状态,办证日期,有效期截止日期,证件号码,联系电话,部门,押金剩余）
8	用户信息（用户编号,用户名,密码,用户类型,启用日期,是否停用）
9	用户类型（用户类型编号,用户类型名称）
10	用户权限（用户类型 ID,用户类型名称,用户权限选项）
11	用户权限选项（权限选项编号,权限选项名称）
12	部门（部门编号,部门名称,部门负责人,联系人,联系电话）
13	馆藏地点（馆藏地点编号,书库编号,书架编号,层次,图书类型说明）

2. 图书管理系统数据库的物理结构设计

选用 SQL Server 2008 作为数据库管理系统，相应的数据库、数据表的设计应符合 SQL Server

2008 的要求。字段的确定根据关系的属性同时结合实际需求，字段名称一般采用英文表示，字段类型的选取还需要参考数据字典。将表 3-10 所示的关系模式设计成相应的数据表，如表 3-11 所示，为便于对照，字段名暂用汉字表示，具体设计表结构中可换成英文。

表 3-11　　　　　　　　　　　　　图书管理系统中的数据表

序号	数据表名称	字 段 名 称
1	图书类型	图书类型编号、图书类型代码、图书类型名称、图书类型说明、类型层次编号、类型父项编号
2	书目信息	书目编号、图书名称、作者、出版社、ISBN、出版日期、图书页数、价格、图书类型、总藏书数量、现存数量、馆藏地点、简介、待入库数量
3	图书信息	图书条码、书目编号、图书状态、入库日期
4	出版社	出版社编号、ISBN、出版社名称、出版社简称、出版社地址
5	图书借阅	借阅编号、借阅者编号、图书条码、借出日期、应还日期、续借次数、图书借阅员
6	借阅者类型	类型编号、借阅者类型、最大借书数量、最长借书期限、超期日罚金、借书证有效期
7	借阅者信息	借阅者编号、姓名、性别、出生日期、借阅者类型、借书证状态、办证日期、有效期截止日期、证件号码、联系电话、部门、押金剩余
8	用户信息	用户编号、用户名、密码、用户类型、启用日期、是否停用
9	用户类型	用户类型编号、用户类型名称
10	用户权限	用户类型 ID、用户类型名称、用户权限选项
11	用户权限选项	权限选项编号、权限选项名称
12	部门	部门编号、部门名称、部门负责人、联系人、联系电话
13	馆藏地点	馆藏地点编号、书库编号、书架编号、层次、图书类型说明

下面进行数据表设计时，注意主键不允许为空，若一个字段可以取 NULL，则表示该字段可以不输入数据。但对于允许不输入数据的字段来说，最好给它设定一个默认值，即在不输入值时，系统为该字段提供一个预先设定的默认值，以免由于使用 NULL 值带来的不便。

（1）出版社数据表的结构设计。

出版社数据表的结构设计如表 3-12 所示。

表 3-12　　　　　　　　　　　　　出版社数据表的结构信息

序　号	字 段 名 称	数 据 类 型	长　度	是否为主键	是否允许为空
1	出版社编号	int			否
2	ISBN	varchar	30	是	否
3	出版社名称	varchar	50		是
4	出版社简称	varchar	10		是
5	出版社地址	varchar	50		是

（2）书目信息数据表的结构设计。

书目信息数据表的结构设计如表 3-13 所示。

表 3-13　　　　　　　　　　　　　书目信息数据表的结构信息

序　号	字 段 名 称	数 据 类 型	长　度	是否为主键	是否允许为空
1	书目编号	varchar	20	是	否
2	图书名称	varchar	100		是

续表

序　号	字 段 名 称	数 据 类 型	长　度	是否为主键	是否允许为空
3	作者	varchar	50		是
4	出版社	varchar	30		是
5	ISBN	varchar	30		是
6	出版日期	varchar	10		是
7	图书页数	int			是
8	价格	float			是
9	图书类型	varchar	20		是
10	总藏书数量	int			是
11	现存数量	int			是
12	馆藏地点	varchar	10		是
13	简介	text			是
14	待入库数量	int			是

（3）借阅信息数据表的结构设计。

借阅信息数据表的结构设计如表 3-14 所示。

表 3-14　　　　　　　　　　借阅信息数据表的结构信息

序　号	字 段 名 称	数 据 类 型	长　度	是否为主键	是否允许为空
1	借阅编号	int		是	否
2	借阅者编号	varchar	20		是
3	图书条码	char	8		是
4	借出日期	smalldatetime			是
5	应还日期	smalldatetime			是
6	续借次数	int			是
7	图书借阅员	Varchar	20		是

（4）图书类型数据表的结构设计。

图书类型数据表的结构设计如表 3-15 所示。

表 3-15　　　　　　　　　　图书类型数据表的结构信息

序　号	字 段 名 称	数 据 类 型	长　度	是否为主键	是否允许为空
1	图书类型编号	int			否
2	图书类型代码	varchar	20	是	否
3	图书类型名称	varchar	50		是
4	图书类型说明	text			是
5	类型层次编号	varchar	15		是
	类型父项编号	varchar	15		是

（5）借阅者信息数据表的结构设计。

借阅者信息数据表的结构设计如表 3-16 所示。

表 3-16　　　　　　　　　　　借阅者信息数据表的结构信息

序　号	字 段 名 称	数 据 类 型	长　度	是否为主键	是否允许为空
1	借阅者编号	varchar	20	是	否
2	姓名	varchar	20		是
3	性别	varchar	2		是
4	出生日期	smalldatetime			是
5	借阅者类型	int			是
6	借书证状态	varchar	10		是
7	办证日期	smalldatetime			是
8	有效期截止日期	smalldatetime			是
9	证件号码	varchar	30		是
10	联系电话	varchar	15		是
11	部门	char	3		是
12	押金剩余	float			是

（6）借阅者类型数据表的结构设计。

借阅者类型数据表的结构设计如表 3-17 所示。

表 3-17　　　　　　　　　　　借阅者类型数据表的结构信息

序　号	字 段 名 称	数 据 类 型	长　度	是否为主键	是否允许为空
1	类型编号	int		是	否
2	借阅者类型	varchar	20		是
3	最大借书数量	int			是
4	最长借书期限	int			是
5	超期日罚金	float			是
6	借书证有效期	int			是

（7）用户信息数据表的结构设计。

用户信息数据表的结构设计如表 3-18 所示。

表 3-18　　　　　　　　　　　用户信息数据表的结构信息

序　号	字 段 名 称	数 据 类 型	长　度	是否为主键	是否允许为空
1	用户编号	int		是	否
2	用户名	varchar	50		是
3	密码	varchar	50		是
4	用户类型	varchar	50		是
5	启用日期	smalldatetime			是
6	是否停用	bit			是

说明

　　由于教材篇幅的限制，没有列出图书管理系统数据库 bookData 中所有数据表的结构信息，各个数据表的字段参见后面的关系图。

3. 创建图书管理系统数据库

（1）创建数据库和数据表。

打开 SQL Server 2008 管理器，新建一个数据库，将其命名为"bookData"。在该数据库根据前面的物理结构设计创建数据表，且输入必要的记录数据。

（2）创建数据库关系图。

在 SQL Server 2008 管理器环境中创建的数据库关系图如图 3-7 所示。

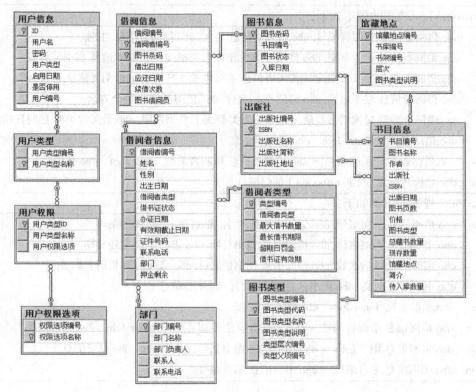

图 3-7　数据库 bookData 的关系图

（3）创建视图。

视图主要包括书目视图、图书视图、借阅者视图和借阅视图，视图名称分别为"bibliothecaView"、"bookView"、"borrowerView" 和"loanView"。

bibliothecaView 视图的脚本如下：

```
Select   dbo.书目信息.书目编号, dbo.书目信息.图书名称, dbo.书目信息.作者,
         dbo.出版社.出版社名称, dbo.书目信息.Isbn, dbo.书目信息.出版日期,
         dbo.书目信息.图书页数, dbo.书目信息.价格, dbo.图书类型.图书类型名称,
         dbo.书目信息.总藏书数量, dbo.书目信息.现存数量, dbo.书目信息.馆藏地点,
         dbo.书目信息.简介
From     dbo.图书类型   Inner Join   dbo.书目信息
   On   dbo.图书类型.图书类型代码 = dbo.书目信息.图书类型 Inner Join   dbo.出版社
   On   dbo.书目信息.出版社 = dbo.出版社.ISBN
```

bookView 视图的脚本如下：

Select　dbo.图书信息.图书条码, dbo.图书信息.书目编号, dbo.书目信息.图书名称,

　　　　dbo.书目信息.作者, dbo.书目信息.总藏书数量, dbo.书目信息.现存数量,

　　　　dbo.书目信息.价格, dbo.书目信息.Isbn, dbo.出版社.出版社名称, dbo.图书信息.图书状态

From　　dbo.图书信息 Inner Join　dbo.书目信息

　On　　dbo.图书信息.书目编号 = dbo.书目信息.书目编号 Inner Join dbo.出版社

　On　　dbo.书目信息.出版社 = dbo.出版社.Isbn

borrowerView 视图的脚本如下：

Select　dbo.借阅者信息.借阅者编号, dbo.借阅者信息.姓名, dbo.借阅者信息.性别,

　　　　dbo.借阅者信息.出生日期, dbo.借阅者类型.借阅者类型, dbo.借阅者信息.借书证状态,

　　　　dbo.借阅者信息.办证日期, dbo.借阅者信息.有效期截止日期, dbo.借阅者信息.证件号码,

　　　　dbo.借阅者信息.联系电话, dbo.部门.部门名称, dbo.借阅者信息.押金剩余,

　　　　dbo.借阅者类型.最大借书数量, dbo.借阅者类型.最长借书期限, dbo.借阅者类型.超期日罚金

From　　dbo.借阅者类型 Inner Join　dbo.借阅者信息

　On　　dbo.借阅者类型.类型编号 = dbo.借阅者信息.借阅者类型 Inner Join　dbo.部门

　On　　dbo.借阅者信息.部门 = dbo.部门.部门编号

loanView 视图的脚本如下：

Select　dbo.借阅信息.借阅编号, dbo.借阅者信息.姓名, dbo.借阅信息.图书条码,

　　　　dbo.书目信息.图书名称, dbo.借阅信息.借出日期, dbo.借阅信息.应还日期,

　　　　dbo.借阅信息.续借次数, dbo.借阅信息.图书借阅员, dbo.借阅信息.借阅者编号,

　　　　dbo.书目信息.价格, dbo.图书信息.书目编号, dbo.书目信息.作者

From　　dbo.借阅信息 Inner Join　dbo.借阅者信息

　On　　dbo.借阅信息.借阅者编号 = dbo.借阅者信息.借阅者编号 Inner Join　dbo.图书信息

　On　　dbo.借阅信息.图书条码 = dbo.图书信息.图书条码 Inner Join　dbo.书目信息

　On　　dbo.图书信息.书目编号 = dbo.书目信息.书目编号

项目实战考核评价

本单元的项目实战考核评价内容如表 3-19 所示。

表 3-19　　　　　　　　　　　单元 3 的项目实战考核评价表

	考 核 项 目	考核内容描述	标准分	评分
考核要点	图书管理系统的总体设计	（1）设计图书管理系统的功能，划分功能模块，绘制功能结构图 （2）对图书管理系统的输入输出进行设计 （3）选择图书管理系统的开发平台和开发工具	5	

续表

考核要点	考核项目	考核内容描述	标准分	评分
	图书管理系统的数据库设计	（1）图书管理系统数据库的逻辑结构设计 （2）图书管理系统数据库的物理结构设计 （3）创建数据库和数据表 （4）创建数据库关系图和视图	4	
	素养与态度	认真完成本单元的各项任务、纪律观念强、团队精神强、学习态度好、学习效果好	1	
		小计	10	
评价方式	自我评价	小组评价	教师评价	
考核得分				

同步实践

【任务3-3】　进销存管理系统的总体设计和数据库设计

【任务描述】

（1）对进销存管理系统的功能模块进行设计。

（2）对进销存管理系统的输入和输出进行设计。

（3）编写系统设计报告。

（4）创建进销存管理系统的数据库 JXCData。

（5）在该数据库创建以下数据表：部门、员工、仓库、供应商、客户、商品信息、商品类型和用户，且输入所收集的数据。

【参考资料】

1. 进销存管理系统的功能设计

根据需求分析和总体设计结果，细化系统的功能。根据阳光公司的具体情况，系统主要功能如下。

（1）进货管理：包括入库登记、入库退货、入库报表。

（2）销售管理：包括销售登记、销售退货、销售报表。

（3）库存管理：包括库存查询、库存盘点、库存修改、库存报表。

（4）调货管理：包括调货登记、调货查询。

（5）合同管理：合同管理功能包括两部分，即合同概况管理和合同明细管理，合同概况管理主要是对企业与供应商之间的合作约定进行管理，涉及的内容有合同的签约地点、时间、合同期限、结算方式等，对具体的商品信息不做管理。合同明细管理则除了概况信息外，还要对合同的总金额及每一种商品的价格、数量、金额进行管理。两者的业务处理过程均为登录、审核、变更三种方式。

（6）价格管理：包括价格信息的维护、商品的削价处理等。

（7）财务管理：包括收款单、收款查询、付款单、付款查询等。

（8）账目管理：包括当月结账、销售查询统计、入库查询统计、销售退货查询、入库退货查询、财务报表、查询月报表等。

（9）综合信息查询：包括基本信息查询、进货信息查询、库存信息查询、销售信息查询等。基本信息查询包括查询供应商信息、商品信息、员工信息、公司部门信息等。

进货查询、库存查询、进销存查询可以按部门、销售小组、数量、金额进行查询。

销售查询包括部门日销售查询、销售小组日销售汇总查询、销售小组销售时段查询、商品日销售查询、销售详细数据查询、收款员汇总查询、收款员收款明细查询、营业员销售查询等。

（10）基础信息管理。将系统中的公共信息数据集中管理及维护，以保证公共数据的唯一性，所涉及的数据是其他业务功能运行的基础数据。包括公司信息、公司部门信息、员工信息、客户信息、供应商信息、仓库信息、商品信息等。

（11）系统管理。系统管理包括操作员管理、权限设置、数据备份、数据恢复等。

主要对系统的初始运行环境进行设置及系统使用过程中对各种运行参数的调整，对系统各功能的使用权限进行设置及调整，对系统运行时的系统资源占用状况进行监测，对系统中数据进行多方面的管理，包括日常备份及转储与恢复。

（12）报表输出。报表输出包括各种基本信息表的输出、销售信息报表的输出、进货信息报表的输出和库存信息报表的输出等。

2. 进销存管理系统的输入输出设计

（1）输入。

输入主要设计订货单、提货单、采购单、发货单等单据。

（2）输出。

输出主要包括以下几方面。

① 日进货量连续1个月的变化曲线。

② 销售量日报：包括日期、商品代码、商品名称、日销售量、日销售金额、月累计销售量、完成月计划销售量比例等。

③ 销售量分析表：包括商品代码、商品名称、日销售量、累计销售量、去年同期累计量，同期增长百分比、日销售金额、累计销售金额、去年同期累积金额、同期增长百分比等。

④ 销售商品分类汇总表：包括商品类别、当月销售量、累计销售量、与去年同期增长百分比等。

⑤ 日销量连续1个月的变化曲线。

⑥ 库存量日报：包括产品名称、当日库存量等。

⑦ 库存量连续1个月的变化曲线。

3. 进销存管理系统的数据库设计

"部门"数据表的结构信息样例如表3-20所示，"员工"数据表的结构信息样例如表3-21所示，"仓库"数据表的结构信息样例如表3-22所示。

表 3-20　　"部门"数据表的结构信息

字 段 名 称	数 据 类 型	字 段 大 小
部门编号	varchar	3
部门名称	varchar	30
联系电话	varchar	15
负责人	varchar	20

表 3-21　　"员工"数据表的结构信息

字 段 名 称	数 据 类 型	字 段 大 小
职员编号	varchar	14
姓名	varchar	10
性别	varchar	2
职务	varchar	20
联系电话	varchar	14
地址	varchar	80
身份证号	varchar	18
照片	image	
部门编号	varchar	3

表 3-22　　"仓库"数据表的结构信息

字 段 名 称	数 据 类 型	字 段 大 小
仓库编号	varchar	14
仓库名称	varchar	30
仓库类别	varchar	16
备注	text	

"供应商"数据表的结构信息样例如表 3-23 所示,"客户"数据表的结构信息样例如表 3-24 所示。

表 3-23　　"供应商"表的结构信息

字 段 名 称	数 据 类 型	字 段 大 小
供应商编号	varchar	10
供应商名称	varchar	80
公司地址	varchar	80
联系人	varchar	30
联系电话	varchar	20
开户银行	varchar	40
银行帐号	varchar	20
税号	varchar	20

表 3-24　　"客户"数据表的结构信息

字 段 名 称	数 据 类 型	字 段 大 小
客户编号	varchar	10
客户名称	varchar	80
地址	varchar	80
联系人	varchar	30
联系电话	varchar	20
开户银行	varchar	40
银行帐号	varchar	20
税号	varchar	20

"商品信息"数据表中的结构信息样例如表 3-25 所示,"商品类型"数据表中的结构信息样例如表 3-26 所示,"用户"数据表中的结构信息样例如表 3-27 所示。

表 3-25　　"商品信息"数据表中的结构信息

字 段 名 称	数 据 类 型	字 段 大 小
商品编号	varchar	14
条形码	varchar	14
商品名称	varchar	80
规格	varchar	40
单位	varchar	6
产地	varchar	50
商品类型	varchar	20
进货价	货币	—
销售价	货币	—
最低售价	货币	—
供应商编号	varchar	10

表 3-26　　"商品类型"数据表中的结构信息

字 段 名 称	数 据 类 型	字段大小
商品类型编号	varchar	2
商品类型名称	varchar	30
描述	text	—

表 3-27　　"用户"数据表中的结构信息

字 段 名 称	数 据 类 型	字 段 大 小
用户编号	varchar	6
姓名	varchar	10
性别	varchar	2
密码	varchar	10
部门编号	varchar	3

同步实践考核评价

本单元的同步实践考核评价内容如表 3-28 所示。

表 3-28   单元 3 的同步实践考核评价表

任务编号	03-3		任务名称		进销存管理系统的总体设计和数据库设计
任务完成方式	【　】小组协作完成		【　】个人独立完成		
任务完成情况说明					
存在的主要问题说明					
考核评价					
自我评价		小组评价		教师评价	

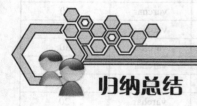

归纳总结

本单元主要完成了图书管理系统的功能设计、数据库设计、输入输出设计和用户界面设计，绘制了功能结构图，选择了开发平台和开发工具。对管理信息系统设计阶段的主要任务和基本原则、功能模块设计方法、数据库设计方法、输入输出设计方法、界面设计方法、系统设计阶段的文档编写有了较全面的认识。

单元习题

（1）管理信息系统设计的主要任务有哪些？

（2）管理信息系统设计的基本原则是什么？

（3）什么是模块？什么是模块独立性？什么是功能结构图？

（4）模块独立性的作用主要体现在哪些方面？

（5）划分功能模块应遵循哪些原则？

（6）何谓模块的扇出数？何谓模块的扇入数？

（7）何谓模块耦合？模块耦合有哪些类型？哪一种类型的耦合度最低？

（8）何谓模块内聚？模块内聚有哪些类型？哪一种类型的内聚度最高？

（9）选购管理信息系统硬件设备时主要考虑哪些技术指标？

（10）选择管理信息系统的程序开发工具时主要考虑哪些原则？

（11）输出设计的基本内容有哪些？常见的输出类型有哪些？

（12）输入设计的基本内容有哪些？有哪些输入类型？

（13）输入设计的基本原则有哪些？

（14）设计原始单据时应考虑哪些原则？

（15）数据库设计一般分为哪几个阶段？

（16）数据库的物理结构设计所包括的主要内容有哪些？

（17）选择数据库管理系统（DBMS）的基本原则有哪些？

（18）友好用户界面有哪些基本要求？用户界面一般包括哪些基本元素？

（19）用户界面的设计主要包括哪些内容？

（20）系统设计的文档资料通常有哪几类？

单元4

用户登录与管理模块的实施与测试

　　程序设计是根据系统设计说明书中对各个功能模块的功能描述，程序员运用某种程序语言或可视化开发工具编写程序，实现各项功能的活动。程序的编写尽量利用最新的技术、软件和方法。

　　用户登录与管理模块是管理信息系统的公用模块，只有合法用户才能成功登录系统，不同类型的用户拥有不同的权限，用户必须拥有相应的权限才可以进行相应的操作。只有系统管理员才拥有添加新用户、修改用户数据和删除用户的权限，同时还可以设置用户的权限。本单元主要探讨用户登录与用户管理模块的实施与测试方法。

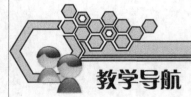

教学导航

教学目标	（1）了解程序设计步骤及其要求 （2）了解程序设计的一般方法和程序模块处理过程设计的方法 （3）了解用户登录模块业务需求建模的方法 （4）掌握"用户信息"数据表的设计与创建方法 （5）掌握应用程序解决方案中创建多个项目的方法 （6）掌握数据库操作类的分析设计方法 （7）掌握"用户登录"业务处理类的分析设计方法 （8）掌握"用户登录"窗体的界面设计与功能实现方法 （9）掌握"用户登录"程序的测试方法 （10）掌握"用户管理"业务处理类的分析设计方法 （11）掌握"用户管理"窗体的界面设计和功能实现方法 （12）掌握"用户管理"程序的测试方法
教学方法	任务驱动法、探究训练法、分析讨论法等
课时建议	6课时（含考核评价）

知识必备

4.1　管理信息系统实施阶段的工作内容

系统设计阶段经过总体设计和详细设计，得出新系统的物理模型，解决了新系统"怎么做"的问题，形成了系统设计报告，系统设计报告中详细规定了系统模块结构、模块的功能、模块的输入输出以及数据库的物理结构。系统实施阶段作为其后续阶段，继承了上一阶段的工作成果，系统实施的依据就是系统设计报告，系统实施阶段的任务是将系统设计报告中所确定的物理模型转换为可实际运行的管理信息系统。本阶段的主要工作人员是程序设计员。系统实施阶段的主要工作内容如表 4-1 所示。

表 4-1　　　　　　　　　　　　　系统实施阶段的主要工作内容

序号	工作项目	主　要　任　务
1	硬件准备	完成系统中所需硬件的招标、购置、安装、调试和试运行等。硬件主要包括计算机及外部设备、网络通信设备、机房设备等
2	软件准备	完成系统中所需软件的采购、安装和调试。软件主要包括操作系统、数据库管理系统、可视化软件开发工具、工具软件等
3	数据准备	完成系统所需数据的收集、整理、录入，建立数据库。数据准备时应遵循三个原则：真实性、准确性、完整性
4	程序编写	按照程序设计说明书的规定，使用选定的程序设计语言和可视化软件开发工具编写各个模块的源程序
5	系统调试	对程序和系统中错误进行检查并及时予以排除
6	人员培训	培训系统操作、维护、运行管理人员，使他们了解开发的系统，熟悉系统的操作方法，从技术、心理、习惯上适应新系统。培训内容主要包括管理信息系统知识的普及，系统操作方法、故障排除的学习，操作训练等
7	文档资料	系统开发过程所形成的文档资料的整理、存档与移交
8	系统切换	将通过测试的新系统替换旧系统以投入使用

4.2　程序设计的步骤及其要求

管理信息系统开发的程序设计阶段，软件组组长主持总体程序设计工作，其他程序员担任模块程序设计工作。

1.　总体程序设计的步骤和软件组组长的主要任务

（1）了解计算机硬件性能。
了解计算机的运行速度、存储容量、外部设备和通信能力等重要性能指标。

（2）熟悉软件环境。

熟悉操作系统、软件开发工具和程序设计语言、数据库管理系统等软件环境。

（3）深入理解系统的设计要求。

熟悉系统设计报告中的总体设计和详细设计文档，准确把握模块的组成，模块之间的联系，模块的输入、处理过程和输出。

（4）完成总控程序设计，包括保密性、可靠性设计。

（5）编写程序模块设计任务书，将任务分配给程序员。程序模块任务书包括项目名称、模块名称、模块编号、输入、输出要求、处理内容、参数表、调用关系、使用语言、要求完成日期等。

（6）准备模拟测试数据。

（7）测试、验收模块程序。

（8）软件总调。

2. 模块程序设计的步骤和程序员的主要任务

（1）了解计算机硬件性能。

了解计算机的运行速度、存储容量、外部设备和通信能力等重要性能指标。

（2）熟悉软件环境。

熟悉操作系统、软件开发工具和程序设计语言、数据库管理系统等软件环境。

（3）接受总体设计组的任务，理解系统的设计要求，包括模块的输入、处理、输出等要求。明确所编写的程序在系统中所处的位置及与之相关的环境条件。

（4）细化程序处理过程，确定算法，绘制程序框图。

（5）编写模块的源程序。

（6）调试模块程序，用模拟数据试运行。

（7）测试程序，发现错误及时进行修改。

（8）编写程序说明书。程序说明书包括算法，程序框图，占用磁盘的容量，源程序清单，程序说明，完工时间以及模块调试记录等。

3. 对程序设计组各成员的要求

（1）按统一的原则使用标识符。

（2）按统一的要求编写文档。

（3）按统一的格式操作公用文件或数据库。

（4）保持程序风格的一致。

（5）按总体设计的要求传递参数，不要随意修改参数的内容与含义。

（6）不使用可能干扰其他模块的命令或函数，不随意定义或使用全局变量。

4.3 程序设计的一般方法

目前程序设计的方法主要有面向过程的结构化方法和面向对象的可视化方法。这些方法充分利用现有的软件工具，不但可以减轻开发的工作量，而且还使得系统开发的过程规范、易维护和修改。

1. 面向过程的结构化程序设计方法

（1）采用自顶向下、逐步求精的设计方法。

（2）采用结构化、模块化方法编写程序。

（3）模块内部的各部分自顶向下地进行结构划分，各个程序模块按功能进行组合。

（4）各程序模块尽量使用三种基本结构，不用或少用 GOTO 语句。

（5）每个程序模块只有一个入口和一个出口。

2. 面向对象的可视化程序设计方法

面向对象的可视化程序设计方法尽量利用已有的软件开发工具完成编程工作，为各种管理信息系统的开发提供了强有力的技术支持和实用手段。利用这些可视化的软件生成工具，可以大量减少手工编程的工作量，避免各种编程错误的出现，极大地提高了系统的开发效率和程序质量。

可视化编程技术的主要思想是用图形工具和可重用部件来交互地编制程序。它把现有的或新建的模块代码封装于标准接口软件包中。可视化编程技术中的软件包可能由某种语言的一个语句、功能模块或程序组成，由此获得的是高度的平台独立性和可移植性。在可视化编程环境中，用户还可以自己构造可视控制部件，或引用其他环境构造的符合软件接口规范的可视控制部件，增加了编程的效率和灵活性。

可视化编程采用对象本身的属性与方法来解决问题，在解决问题的过程中，可以直接在对象中设计事件处理程序，很方便地让用户实现自由无固定顺序的操作。可视化编程的用户界面中包含各种类型的可视化控件，例如文本框、命令按钮、列表框等。编程人员在可视化环境中，利用鼠标便可建立、复制、移动、缩放或删除各种控件，每个可视化控件包含多个事件，利用可视化编程工具提供的语言为控件的事件程序编程，当某个控件的事件被触发，则相对应的事件驱动程序被执行，完成各种操作。

4.4　程序模块处理过程的设计

系统设计阶段的总体设计将系统分解成许多模块，并确定了每个模块的功能、模块之间的调用关系、参数传递。模块处理过程设计又称算法设计，是确定模块结构图中的每个功能模块的内部执行过程，包括：局部的数据组织、控制流、每一步的具体加工要求及实现细节。通过处理过程设计为编写程序制订一个周密的计划。但对于一些功能简单的模块，可以直接编写程序。

模块处理过程设计并不是具体的编写程序，而是细化成很容易从中产生程序的一种描述，这种对处理过程的详细描述是程序员编写代码的依据。模块处理过程设计的关键是用一种合适的表达方法描述每一个模块的具体执行过程。这种表示方法应该清晰、准确、易懂，并由此能直接导出编程语言表示的程序。常用的方法有传统流程图、N-S 图和伪代码等。

1. 传统流程图

传统流程图又称为程序框图，用一些图框直观地描述模块处理步骤、结构和处理内容。具有直观、形象、容易理解的特点，但表示控制的箭头过于灵活，且只描述执行过程而不能描述有关数据。常用的流程图符号如图 4-1 所示。

起止框   输入输出框   判断框   处理框   流程线

图 4-1 传统流程图的基本图例

三种基本控制结构（顺序结构、选择结构、循环结构）的传统流程图如图 4-2 所示，图中"A"、"B"表示"处理"，"p"表示条件。

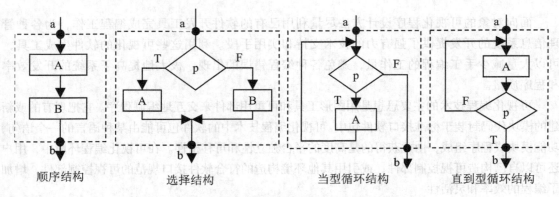

顺序结构   选择结构   当型循环结构   直到型循环结构

图 4-2 三种基本控制结构的传统流程图

2. N−S 图

N-S 图又称盒图，是直观描述模块处理过程的自上而下的积木式图示。比传统流程图紧凑易画，取消了流程线，限制了随意的控制转移，保证了程序的良好结构。N-S 流程图中的上下顺序就是执行的顺序，即图中位置在上面的先执行，位置在下面后执行。

三种基本控制结构的 N-S 图如图 4-3 所示，图中"A"、"B"表示"处理"，"p"表示条件。

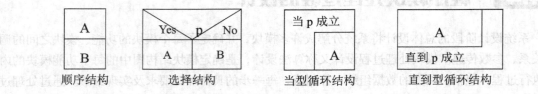

顺序结构   选择结构   当型循环结构   直到型循环结构

图 4-3 三种基本控制结构的 N-S 图

3. 伪代码

伪代码也称为程序描述语言（Program Description Language，简称 PDL），是用来描述模块处理过程的比较灵活的语言。PDL 通常分为内、外两层，外层用于描述模块的控制结构，语法是确定的，只能由顺序、选择、循环三种基本控制结构组成，描述控制结构采用类似一般编程语言的保留字。内层用于描述执行的功能，语法不确定，采用自然语言来描述具体操作。伪代码不用图形符号，书写方便，格式紧凑，比较好懂，便于向计算机语言算法（即程序）过渡。但用伪代码写算法不如流程图直观，可能会出现逻辑上的错误。

用伪代码描述的三种基本控制结构如下。

（1）顺序结构：用自然语言描述。

（2）选择结构：if<条件>→处理 A→end if 或 if<条件>→处理 A→else→处理 B→end if。

（3）循环结构：while<条件>→循环体→end while 或 repeat 循环体→until<条件>。

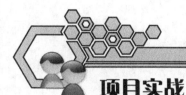

项目实战

【任务 4-1】　图书管理系统的用户登录程序设计与测试

【任务描述】

（1）任务卡

【任务 4-1】的任务卡如表 4-2 所示。

表 4-2　　　　　　　　　　　　　　【任务 4-1】的任务卡

任务编号	04-1	任务名称	图书管理系统的用户登录程序设计与测试
计划工时	90min	所属模块	用户登录模块
窗体名称	frmUserLogin	业务处理层的类名称	bookUserClass
数据表名称	用户信息	数据操作层的类名称	bookDBClass
任务说明			
（1）创建图书管理系统的数据库，创建"用户"数据表 （2）创建应用程序解决方案 bookMis 和应用程序项目、业务处理项目和数据访问项目，分别命名为"bookUI"、"bookApp"和"bookDB" （3）将数据库操作类 bookDBClass 添加到项目"bookDB"中，将业务处理类"bookUserClass"添加到项目"bookApp"中 （4）设计图书管理系统的"用户登录"界面，编写程序代码实现用户登录功能，且进行必要的测试			
模块主要功能简述			
（1）系统运行时，首先显示【用户登录】窗口，用户在该窗口中输入"用户名"和"密码" （2）系统验证用户所输入的用户名和密码是否合法，如果合法则显示"登录成功"的提示信息，如果所输入的用户名或密码有误则显示"登录失败"的原因 （3）用户也可以终止登录。			

（2）任务跟踪卡

【任务 4-1】的任务跟踪卡如表 4-3 所示。

表 4-3　　　　　　　　　　　　　　【任务 4-1】的任务跟踪卡

任务编号	开始时间	完成时间	计划工时	实际工时	当前状态
04-1					

【任务实施】

1．"用户登录"模块的建模

（1）绘制"用户登录"模块的用例图。

"用户登录"模块的用例图如图 4-4 所示。

（2）绘制"数据库操作类"的类图。

"数据库操作类"的类图如图 4-5 所示。

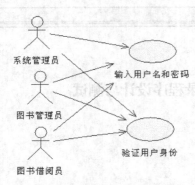

图 4-4 "用户登录模块"的用例图 　　图 4-5 "数据库操作类"的类图

（3）绘制"用户登录类"的类图。

"用户登录类"的类图如图 4-6 所示。

（4）绘制"用户登录界面类"的类图。

"用户登录界面类"的类图如图 4-7 所示。

图 4-6 "用户登录类"的类图 　　图 4-7 "用户登录界面类"的类图

（5）绘制"用户登录"的顺序图。

"用户登录"操作的顺序图如图 4-8 所示。

（6）绘制"用户登录"的活动图。

"用户登录"的活动图如图 4-9 所示。

2．建立数据库和数据表

首先打开 SQL Server 2008 的管理器，新建一个数据库，将其命名为"bookData"。

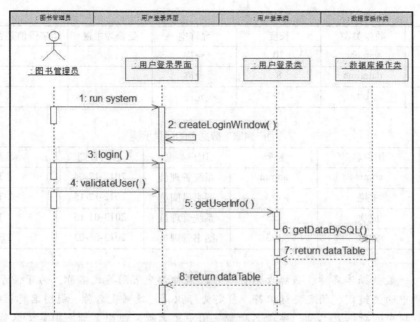

图 4-8　用户登录的顺序图

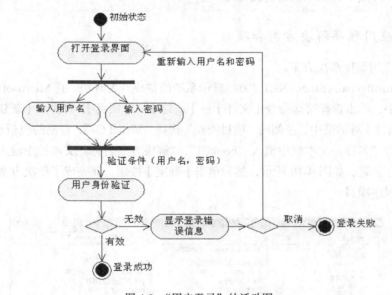

图 4-9　"用户登录"的活动图

然后在该数据库"bookData"中创建一个数据表"用户信息",该数据表的结构信息如表 4-4 所示,该数据表的记录示例如表 4-5 所示。

表 4-4　　　　　　　　　　　　"用户信息"数据表的结构信息

列名	数据类型	长度	允许空	是否为主键	字段值是否自动递增
用户编号	int	4	不允许	是	是
用户名	varchar	20	不允许		
密码	varchar	20	允许		

续表

列名	数据类型	长度	允许空	是否为主键	字段值是否自动递增
用户类型	varchar	20	允许		
启用日期	datetime	8	允许		
是否停用	bit	1	允许		

表 4-5　　　　　　　　　　　"用户信息" 数据表的记录示例

用户编号	用户名	密码	用户类型	启用日期	是否停用
1	admin	admin	系统管理员	2012-12-04	True
2	王艳	123	图书借阅员	2012-12-15	True
3	成欢	123	系统管理员	2013-01-15	True
4	刘婷	123	图书管理员	2013-08-03	False

一般数据库名称、数据表名称和字段名称都应采用英文名称，为了便于区别程序代码中的关键词、预定义标识符、自定义标识符、数据表名称、视图名称、字段名称，本教材中的数据表名称、字段名称都采用中文名称，视图名称采用英文名称。而在实际软件开发中建议都采用英文名称。

3. 创建应用程序解决方案和项目

（1）创建应用程序解决方案。

启动 Microsoft Visual Studio.NET 2008，显示系统的集成开发环境。在【Microsoft Visual Studio】集成开发环境中，单击选择菜单命令【文件】→【新建】→【项目】，将弹出【新建项目】的对话框。在【新建项目】对话框中，左侧的"项目类型"选择"Visual C#"，右侧的模板选择"Windows 窗体应用程序"，"名称"文本框中输入"bookUI"，"解决方案名称"文本框中输入"bookMis"，设置合适的保存位置，如图 4-10 所示，然后单击【确定】按钮，就完成了解决方案的创建，同时创建 1 个应用程序项目。

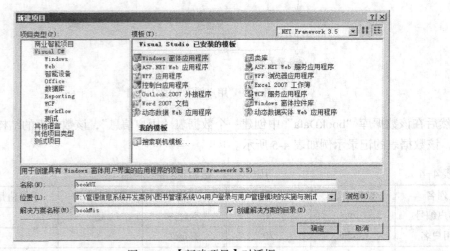

图 4-10　【新建项目】对话框

（2）创建业务处理项目。

由于图书管理系统需要频繁访问数据库，将常用的数据库访问和操作以类库形式进行封装，这样，需要进行数据库访问和操作时，只需要调用相应的类库就可以了，既提高了开发效率，又可以减少错误。

在【解决方案资源管理器】中右键单击【解决方案 "bookMis"（1 个项目）】，在弹出的快捷菜单中单击菜单命令【添加】→【新建项目】，如图 4-11 所示。在【添加新项目】对话框中，左侧的"项目类型"选择【Visual C#】，右侧的"模板"选择【类库】，在【名称】文本框中输入"bookApp"，如图 4-12 所示。然后单击【确定】按钮，就完成了新项目的创建。

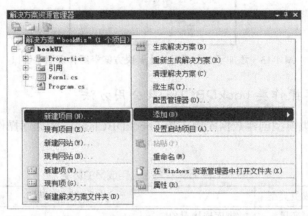

图 4-11　在【解决方案资源管理器】中新建项目的快捷菜单

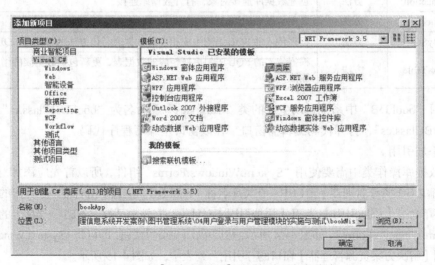

图 4-12　在【添加新项目】对话框中添加新类库

（3）创建数据库访问项目。

按照创建业务处理项目的操作方法，创建 1 个数据库访问项目，将其命名为"bookDB"。

添加了 3 个项目的解决方案资源管理器如图 4-13 所示，各个项目中保留了系统自动添加的类文件"Class1.cs"或窗体"Form1.cs"。这样分层创建多个项目，我们将数据库访问类、业务处理类和界面应用程序项目分别放置在不同的文件夹中，而解决方案文件则放在这些文件夹之外，这样有利于文件的管理，便于维护。

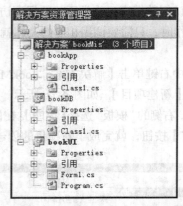

图 4-13　添加了 3 个项目的【解决方案资源管理器】窗口

4. 创建数据库操作类 bookDBClass 及公用方法

根据数据库操作类模型创建数据库操作类（bookDBClass），数据库操作类各个公用成员的功能如表 4-6 所示。

表 4-6　　　　　　　　　　　　bookDBClass 类各个公用成员的功能

成员名称	成员类型	功　能　说　明
conn	变量	数据库连接对象
openConnection	方法	创建数据库连接对象，打开数据库连接
closeConnection	方法	关闭数据库连接
getDataBySQL	方法	根据传入的 SQL 语句生成相应的数据表，该方法的参数是 SQL 语句
updateDataTable	方法	根据传入的 SQL 语句更新相应的数据表，更新包括数据表的增加、修改和删除

将项目"bookDB"中系统自动生成的类"Class1.cs"重命名为"bookDBClass.cs"。双击类文件"bookDBClass.cs"，打开代码编辑器窗口，在该窗口中编写程序代码。

（1）添加引用。

由于数据库操作类中需要使用"System.Windows.Forms"组件，所以首先应添加对应的引用。

在【解决方案资源管理器】窗口中，在类库名称"bookDB"位置单击右键，在弹出的快捷菜单中单击选择菜单命令【添加引用】，打开【添加引用】对话框，在该对话框".NET"选项卡的组件列表中选择"System.Windows.Forms"，如图 4-14 所示，然后单击【确定】按钮，即可将"System.Windows.Forms"组件添加到【解决方案资源管理器】窗口的"引用"列表中，如图 4-15 所示。

以同样的方法在类库"bookApp"中添加引用"System.Windows.Forms"。

（2）引入命名空间。

由于数据库操作类中需要使用多个数据库访问类和 MessageBox 类，所以首先应引入对应的命名空间，代码如下所示。

```
using System.Windows.Forms ;
using System.Data ;
using System. Data.SqlClient ;
```

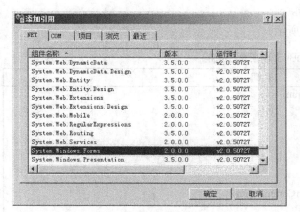

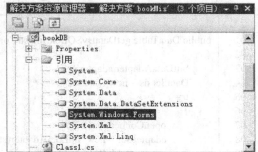

图 4-14　在【添加引用】对话框中　　　　　　　　图 4-15　在类库"bookDB"中添加

选择组件"System.Windows.Forms"　　　　　　　引用"System.Windows.Forms"

（3）声明数据库连接对象。

数据库连接对象 conn 在类 bookDBClass 的多个方法中需要使用，所以将其定义为窗体级局部变量，代码如下所示。

```
SqlConnection conn ;
```

（4）编写方法 openConnection 的程序代码。

方法 openConnection 的程序代码如表 4-7 所示。

表 4-7　　　　　　　　　　　　　方法 openConnection 的程序代码

行号	代码
01	private void openConnection()
02	{
03	//数据库连接字符串
04	string strConn = "Server=(local) ; Database=bookData ; " +
05	"Integrated Security=SSPI ; Persist Security Info=False " ;
06	conn = new SqlConnection(strConn);
07	if (conn.State == ConnectionState.Closed)
08	{
09	conn.Open();
10	}
11	}

（5）编写方法 closeConnection 的程序代码。

方法 closeConnection 的程序代码如表 4-8 所示。

表 4-8　　　　　　　　　　　　　方法 closeConnection 的程序代码

行号	代码
01	private void closeConnection()
02	{
03	if (conn.State == ConnectionState.Open)
04	{
05	conn.Close();
06	}
07	}

（6）编写方法 getDataBySQL 的程序代码。

方法 getDataBySQL 的程序代码如表 4-9 所示。

表 4-9　　　　　　　　　　　　　　方法 getDataBySQL 的程序代码

行号	代码
01	public DataTable getDataBySQL(string strComm)
02	{
03	SqlDataAdapter adapterSql;
04	DataSet ds = new DataSet();
05	try
06	{
07	openConnection();
08	adapterSql = new SqlDataAdapter(strComm, conn);
09	adapterSql.Fill(ds, "table01");
10	closeConnection();
11	//返回生成的数据表
12	return ds.Tables[0];
13	}
14	catch (Exception ex)
15	{
16	//异常报告
17	MessageBox.Show("创建数据表发生异常！异常原因："
18	+ ex.Message, "错误提示信息",
19	MessageBoxButtons.OK, MessageBoxIcon.Error);
20	}
21	return null;
22	}

（7）编写方法 updateDataTable 的程序代码。

方法 updateDataTable 的程序代码如表 4-10 所示。

表 4-10　　　　　　　　　　　　　　方法 updateDataTable 的程序代码

行号	代码
01	public bool updateDataTable(string strComm)
02	{
03	try
04	{
05	SqlCommand comm;
06	openConnection();
07	comm = new SqlCommand(strComm, conn);
08	comm.ExecuteNonQuery();
09	closeConnection();
10	//更新成功
11	return true;
12	}
13	catch (Exception ex)
14	{
15	//更新失败，返回失败原因
16	MessageBox.Show("更新数据失败！"+ex.Message, "提示信息",
17	MessageBoxButtons.OK, MessageBoxIcon.Warning);
18	return false;
19	}
20	}

5. 创建业务处理类 bookUserClass

（1）业务处理类 bookUserClass 成员的说明。

根据业务处理类的模型创建业务处理类 bookUserClass，业务处理类 bookUserClass 各个成员及其功能如表 4-11 所示。

表 4-11　　　　　　　　　　　　bookUserClass 类各个成员及其功能

成 员 名 称	成 员 类 型	功 能 说 明
objBookDB	变量	bookDB 类库中 bookDBClass 类的对象
getUserName	方法	获取数据表"用户信息"中所有的用户名称
getUserInfo	方法	根据检索条件获取相应的用户数据。该方法有两种重载形式，第一种形式包含 2 个参数，用于获取指定"用户名"和"密码"的用户数据；第二种形式包含 1 个参数，用于获取指定"用户名"的用户数据
getUserInfoAll	方法	获取数据表"用户信息"中所有的用户数据
getUserInfoByListNum	方法	根据指定的用户编号获取数据表"用户信息"中的用户数据
userAdd	方法	新增用户
userInfoEdit	方法	修改用户数据
userDataDelete	方法	删除用户
editPassword	方法	更改用户密码

（2）添加引用。

在业务处理类 bookUserClass 中需要使用 bookDB 类库中 bookDBClass 类中所定义的方法，必须将类库 bookDB 添加到类库 bookApp 的引用中。

在【解决方案资源管理器】中，在类库名称"bookApp"位置单击右键，在弹出的快捷菜单中单击选择菜单命令【添加引用】，打开【添加引用】对话框，在该对话框中单击选择【项目】选项卡，这时前面所创建的类库已经自动显示在项目列表中。选择类库"bookDB"，如图 4-16 所示，然后单击【确定】按钮即可。这样在 bookApp 类库中的各个类中就可以直接使用 bookDB 类库中的资源了。

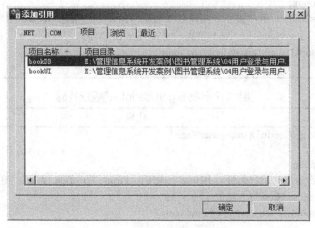

图 4-16　【添加引用】对话框

（3）添加类。

在 bookApp 类库中添加一个类 "bookUserClass.cs"。

（4）业务处理类 bookUserClass 成员的代码编写。

双击类文件 "bookUserClass.cs"，打开代码编辑器窗口，在该窗口中编写程序代码。

① 引入命名空间。

首先应引入所需的命名空间，代码如下所示。

```
using System.Data;
using System.Windows.Forms;
```

② 声明 bookDB 类库中 bookDBClass 类的对象。

对象 objBookDB 在 bookUserClass 类的多个方法中需要使用，所以将其定义为窗体级局部变量，代码如下所示。

```
bookDB.bookDBClass objBookDB = new bookDB.bookDBClass();
```

③ 编写方法 getUserName 的程序代码。

方法 getUserName 的程序代码如表 4-12 所示。

表 4-12　　　　　方法 getUserName 的程序代码

行号	代码
01	public DataTable getUserName()
02	{
03	string strComm;
04	strComm = "Select 用户名 From 用户信息 ";
05	return objBookDB.getDataBySQL(strComm);
06	}

④ 编写方法 getUserInfo 的程序代码。

方法 getUserInfo 有两种重载形式，其程序代码分别如表 4-13 和表 4-14 所示。

表 4-13　　　　　包含 2 个参数的 getUserInfo 的程序代码

行号	代码
01	public DataTable getUserInfo(string userName, string password)
02	{
03	string strComm;
04	strComm = "Select 用户编号 ，用户名 ，密码 From 用户信息 Where 用户名='"
05	+ userName + "' And 密码='" + password + "'";
06	return objBookDB.getDataBySQL(strComm);
07	}

表 4-14　　　　　包含 1 个参数的 getUserInfo 的程序代码

行号	代码
01	public DataTable getUserInfo(string userName)
02	{
03	string strComm;
04	strComm = "Select 用户编号 ，用户名 ，密码 From 用户信息 Where 用户名='"
05	+ userName + "'";
06	return objBookDB.getDataBySQL(strComm);
07	}

6. 设计【用户登录】界面

（1）添加 Windows 窗体。

在【解决方案资源管理器】中右键单击项目【bookUI】，在弹出的快捷菜单中单击选择菜单命令【添加】→【添加 Windows 窗体】，打开【添加新项】对话框，右侧的模板选择【Windows窗体】，在名称文本框中输入窗体的名称"frmUserLogin.cs"，如图 4-17 所示，然后单击【添加】按钮，这样便新建一个 Windows 窗体，并自动打开窗体设计器。

（2）设计窗体外观。

在窗体中添加 1 个 PictureBox 控件、2 个 Label 控件、1 个 ComboBox 控件、1 个 TextBox 控件和 2 个 Button 控件，调整各个控件的大小与位置，窗体的外观如图 4-18 所示。

图 4-17　添加 Windows 窗体的对话框　　　　图 4-18　【用户登录】窗体的外观设计

（3）设置窗体与控件的属性。

【用户登录】窗体及控件的主要属性设置如表 4-15 所示。

表 4-15　　　　　　　　　　【用户登录】窗体及控件的主要属性设置

窗体或控件类型	窗体或控件名称	属性名称	属性设置值
Form	frmUserLogin	AcceptButton	btnLogin
		CancelButton	btnCancel
		Icon	已有的 Ico 文件
		Text	用户登录
PictureBox	PictureBox1	Image	已有的图片
Label	lblUserName	AutoSize	True
		Text	用户名
		TextAlign	MiddleCenter
	lblPassword	AutoSize	True
		Text	密　码
		TextAlign	MiddleCenter
ComboBox	cboUserName	FormattingEnabled	True
TextBox	txtPassword	PasswordChar	*
		Text	（空）

窗体或控件类型	窗体或控件名称	属 性 名 称	属性设置值
Button	btnLogin	Text	登录（&L）
		Image	已有的图片
		ImageAlign	MiddleRight
	btnCancel	Text	取消（&C）
		Image	已有的图片
		ImageAlign	MiddleRight

7. 编写【用户登录】窗体的程序代码

（1）添加引用。

在用户登录应用程序中需要使用 bookApp 类库的 bookUserClass 类中所定义的方法，必须将类库 bookApp 添加到类库 bookUI 的引用中，将类库 bookApp 添加到类库 bookUI 的引用中。

（2）声明窗体级变量。

声明 bookApp 类库中 bookUserClass 类的对象 objUser，代码如下所示。

bookApp.bookUserClass objUser = new bookApp.bookUserClass();

（3）编写窗体的 Load 事件过程的程序代码。

窗体 frmUserLogin 的 Load 事件过程的程序代码如表 4-16 所示。

表 4-16　　　　　　窗体 frmUserLogin 的 Load 事件过程的程序代码

行号	代码
01	private void frmUserLogin_Load(object sender, EventArgs e)
02	{
03	DataTable dt;
04	dt = objUser.getUserName();
05	cboUserName.DataSource = dt;
06	cboUserName.DisplayMember = "用户信息.用户名";
07	cboUserName.ValueMember = "用户名";
08	cboUserName.SelectedIndex = -1;
09	}

（4）编写【登录】按钮的 Click 事件过程的程序代码。

【登录】按钮 Click 的事件过程对应的程序代码如表 4-17 所示。

表 4-17　　　　　　【登录】按钮的 Click 事件过程的程序代码

行号	代码
01	private void btnLogin_Click(object sender, EventArgs e)
02	{
03	if (cboUserName.Text.Trim().Length == 0)
04	{
05	MessageBox.Show("用户名不能为空，请输入用户名！", "提示信息");
06	cboUserName.Focus();
07	return;
08	}

行号	代码
09	DataTable dt = new DataTable();
10	dt = objUser.getUserInfo(cboUserName.Text.Trim(), txtPassword.Text.Trim());
11	if (dt.Rows.Count != 0)
12	{
13	if (MessageBox.Show("合法用户，登录成功！", "提示信息",
14	MessageBoxButtons.OKCancel,
15	MessageBoxIcon.Information) == DialogResult.OK)
16	{
17	frmMain.currentUserName = cboUserName.Text.Trim();
18	this.DialogResult = DialogResult.OK;
19	}
20	else
21	{
22	this.DialogResult = DialogResult.Cancel;
23	}
24	}
25	else
26	{
27	dt = objUser.getUserInfo(cboUserName.Text.Trim());
28	if (dt.Rows.Count == 0)
29	{
30	MessageBox.Show("用户名有误，请重新输入用户名！", "提示信息");
31	cboUserName.Focus();
32	cboUserName.SelectedIndex = -1;
33	return;
34	}
35	else
36	{
37	MessageBox.Show("密码有误，请重新输入密码！", "提示信息");
38	txtPassword.Focus();
39	txtPassword.Clear();
40	return;
41	}
42	}

（5）编写【取消】按钮的 Click 事件过程的程序代码。

【取消】按钮的 Click 事件过程的程序代码如表 4-18 所示。

表 4-18　　　　　　　　　　　　　【取消】按钮的 Click 事件过程的程序代码

行号	代码
01	private void btnCancel_Click(object sender, EventArgs e)
02	{
03	if (MessageBox.Show("你真的不登录系统吗?", "退出系统提示信息",
04	MessageBoxButtons.YesNo, MessageBoxIcon.Information) == DialogResult.Yes)
05	{
06	Application.Exit();
07	}
08	}

8. 测试【用户登录】模块

（1）设置启动项目和启动对象。

① 设置解决方案的启动项目。

由于解决方案 bookMis 中包括 3 个项目，必须设置其中一个为启动项目。在【解决方案资源管理器】中右键单击【解决方案"bookMis"】，在弹出的快捷菜单中单击选择菜单命令【设置启动项目】，打开【解决方案"bookMis"属性页】，单击选择单选按钮【单启动项目】，然后在启动项目列表中选择项目"bookUI"，如图 4-19 所示。然后单击【确定】按钮，这样就设置项目"bookUI"为启动项目，在【解决方案资源管理器】中启动项目名称显示为粗体。

也可以在【解决方案资源管理器】中右键单击准备设置为启动项目的项目名称"bookUI"，在弹出的快捷菜单中单击选择菜单命令【设为启动项目】即可。

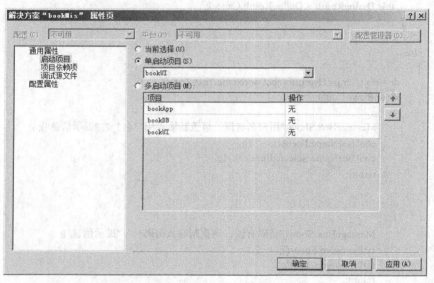

图 4-19 设置解决方案"bookMis"的启动项目

② 设置启动对象。

解决方案的启动项目设置完成后，接下来设置启动项目中的启动对象。在【解决方案资源管理器】中右键单击项目【bookUI】，在弹出的快捷菜单中单击选择菜单命令【属性】，打开【bookUI】的属性页，在"应用程序"的"启动对象"列表中选择"bookUI.Program"，如图 4-20 所示。然后在工具栏中单击【保存选定项】按钮█即可。

打开文件 Program.cs，在 main 方法中修改启动窗体，代码如下所示。

Application.Run(new frmUserLogin());

（2）界面测试。

① 测试内容：用户界面的视觉效果和易用性；控件状态、位置及内容确认。

② 确认方法：目测，如图 4-21 所示。

③ 测试结论：合格。

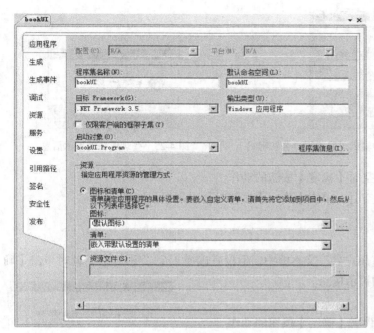

图 4-20 设置项目中的启动对象　　　　图 4-21 【用户登录】窗体运行的初始状态

（3）功能测试。

功能测试的目的是测试该窗体的功能要求是否能够实现，同时测试用户登录模块的容错能力。准备的测试用例如表 4-19 所示。

表 4-19　　　　　　　　　　　　【用户登录】模块的测试用例

序　号	测 试 数 据		预 期 结 果
	用户名	密码	
1	admin	123456	显示"合法用户，登录成功"的提示信息
2	（空）	（不限）	显示"用户名不能为空，请输入用户名"的提示信息
3	adminX	（不限）	显示"用户名有误，请重新输入用户名"的提示信息
4	admin	123	显示"密码有误，请重新输入密码"的提示信息

第一步：测试输入正确的用户名和密码时【确定】按钮的动作。

① 测试内容：输入的用户名和密码都正确时，单击【确定】按钮时，能显示"合法用户，登录成功"的提示信息。

② 确认方法：目测。

③ 测试过程如下。

在如图 4-21 所示的窗体中，选择用户名"admin"，输入密码"123456"，结果如图 4-22 所示，然后单击【确定】按钮，出现如图 4-23 所示提示信息。

④ 测试结论：合格。

如表 4-5 所示，"用户信息"数据表中的确存在用户名为"admin"、密码为"123456"的记录数据。

图 4-22　测试【用户登录】窗口中输入正确的用户名和密码　　图 4-23　登录成功的提示信息

　　第二步：测试"用户名"为空时【确定】按钮的动作。

　　① 测试内容："用户名"为空时，单击【确定】按钮时会出现提示信息。

　　② 确认方法：目测。

　　③ 测试过程如下。

　　如图 4-21 所示，光标停在"用户名"文本框中，但没有选择 1 个"用户名"，此时单击【确定】按钮，出现如图 4-24 所示的提示信息。

　　④ 测试结论：合格。

　　第三步：测试"用户名"有误时【确定】按钮的动作。

　　① 测试内容：在"用户名"文本框中输入"adminX"时，单击【确定】按钮时会出现提示信息。

　　② 确认方法：目测。

图 4-24　"用户名不能为空"的提示信息

　　③ 测试过程如下。

　　在"用户名"文本框中输入"adminX"，如图 4-16 所示。从表 4-5 可以看出，目前"用户信息"数据表中不存在"adminX"的用户名，也就是所输入的"用户名"有误，此时，单击【确定】按钮时会出现如图 4-26 所示的提示信息。

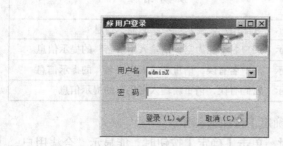

图 4-25　测试输入"用户信息"表中不存在的用户名的情况　　图 4-26　"用户名有误"的提示信息

　　（4）测试结论：合格。

　　第四步：测试"密码"为空或输入错误时【确定】按钮的动作。

　　① 测试内容：当"密码"为空或输入错误时，单击【确定】按钮会出现提示信息。

　　② 确认方法：目测。

　　③ 测试过程如下。

　　在"用户名"文本框中输入正确的用户名"admin"，在"密码"文本框中输入错误的密码"123"，如图 4-27 所示，然后单击【确定】按钮会出现如图 4-28 所示的提示信息。

在"用户名"文本框中输入正确的用户名"admin"，光标停在"密码"文本框中，但没有输入任何密码，然后单击【确定】按钮也会出现如图 4-28 所示的提示信息。

图 4-27　测试【用户登录】窗口中输入　　　　图 4-28　"密码有误"的提示信息

正确的用户名，但对应的密码有误的情况

④ 测试结论：合格。

第五步：测试【取消】按钮的有效性。

① 测试内容：单击【取消】按钮会出现提示信息。

在【用户登录】窗口中单击【取消】按钮，出现如图 4-29 所示的"退出系统提示信息"。

② 确认方法：目测。

③ 测试结论：合格。

图 4-29　退出系统的提示信息

【任务 4-2】图书管理系统的用户管理程序设计与测试

【任务描述】

1. 任务卡

【任务 4-2】的任务卡如表 4-20 所示。

表 4-20　　　　　　　　　　　　　　【任务 4-2】的任务卡

任务编号	04-2	任务名称	图书管理系统的用户管理程序设计与测试
计划工时	90min	模块名称	用户管理
窗体名称	frmUserManage	业务处理层的类名称	bookUserClass
数据表名称	用户信息	数据操作层的类名称	bookDBClass
任务说明			
设计图书管理系统的"用户管理"界面，编写程序代码实现用户管理功能，且进行必要的测试			
模块主要功能简述			
（1）显示"用户信息"数据表中的记录数据 （2）添加新的"用户" （3）修改已有的用户数据 （4）删除已有的"用户"			

2. 任务跟踪卡

【任务 4-2】的任务跟踪卡如表 4-21 所示。

表 4-21　　　　　　　　　　　　【任务 4-2】的任务跟踪卡

任务编号	开始时间	完成时间	计划工时	实际工时	当前状态
04-2					

【任务实施】

1. "用户管理"模块建模

（1）绘制"用户管理"模块的用例图。

"用户管理模块"的用例图如图 4-30 所示。

（2）绘制"数据库操作类"的类图。

"数据库操作类"的类图如图 4-31 所示。

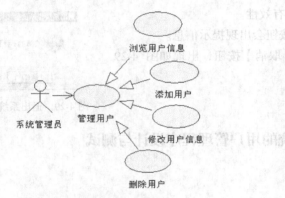

图 4-30　"用户管理"模块的用例图　　　　　图 4-31　"数据库操作类"的类图

（3）绘制"用户类"的类图。

"用户类"的类图如图 4-32 所示。

（4）绘制"用户管理界面类"的类图。

"用户管理界面类"的类图如图 4-33 所示。

图 4-32　"用户类"的类图　　　　　图 4-33　"用户管理界面类"的类图

（5）绘制"浏览用户信息"操作的顺序图。

"浏览用户信息"操作的顺序图如图 4-34 所示。

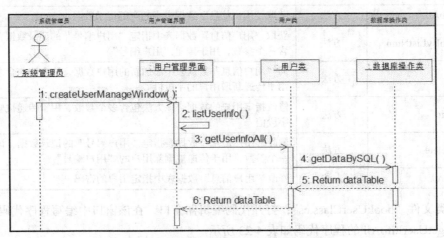

图 4-34　"浏览用户信息"操作的顺序图

（6）绘制"添加新用户"操作的顺序图。

"添加新用户"操作的顺序图如图 4-35 所示。

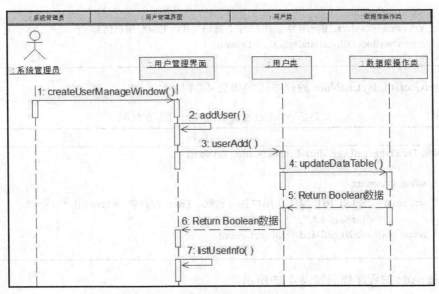

图 4-35　"添加新用户"操作的顺序图

"修改用户信息"操作和"删除用户"操作的顺序图与"添加新用户"操作的顺序图类似，请参照"添加新用户"操作的顺序图绘制"修改用户信息"操作和"删除用户"操作的顺序图。

2．在业务处理类 bookUserClass 中增加新方法与编写方法代码

业务处理类 bookUserClass 中新增加的方法如表 4-22 所示。

表 4-22   bookUserClass 类新增的方法及其功能

成 员 名 称	成员类型	功 能 说 明
getUserInfoAll	方法	获取"用户信息"数据表中的全部记录数据
getUserInfoByListNum	方法	获取"用户信息"数据表中指定"用户编号"的记录数据，该方法包含一个参数，用于传递"用户编号"
userAdd	方法	向"用户信息"数据表中添加新的用户数据，该方法包含多个参数，用于传递新增用户的字段值
userInfoEdit	方法	修改指定用户的数据，该方法包含多个参数，用于传递被修改用户的字段值
userDataDelete	方法	删除"用户信息"数据表指定"用户编号"的记录数据，该方法包含一个参数，用于传递被删除用户的"用户编号"
editPassword	方法	修改"用户信息"数据表中指定用户的密码

双击类文件"bookUserClass.cs"，打开代码编辑器窗口，在该窗口中编写程序代码。

方法 getUserInfoAll 的程序代码如表 4-23 所示。

表 4-23   方法 getUserInfoAll 的程序代码

行号	代码
01	public DataTable getUserInfoAll()
02	{
03	string strComm;
04	strComm = "Select 用户编号 , 用户名 , 密码 , ID From 用户信息 ";
05	return objBookDB.getDataBySQL(strComm);
06	}

方法 getUserInfoByListNum 的程序代码如表 4-24 所示。

表 4-24   方法 getUserInfoByListNum 的程序代码

行号	代码
01	public DataTable getUserInfoByListNum(string listNum)
02	{
03	string strComm;
04	strComm = "Select 用户编号 , 用户名 , 密码 From 用户名 Where 用户编号='"
05	+ listNum + " '";
06	return objBookDB.getDataBySQL(strComm);
07	}

方法 userAdd 的程序代码如表 4-25 所示。

表 4-25   方法 userAdd 的程序代码

行号	代码
01	public bool userAdd(string userListNum, string userName, string userPassword)
02	{
03	string strInsertComm;
04	strInsertComm = "Insert Into 用户信息(用户编号 , 用户名 , 密码) Values('"
05	+ userListNum + "','" + userName + "','" + userPassword + "')";
06	return objBookDB.updateDataTable(strInsertComm);
07	}

方法 userInfoEdit 的程序代码如表 4-26 所示。

表 4-26　　　　　　　　　　　　　　　方法 userInfoEdit 的程序代码

行号	代码
01	public bool userInfoEdit(string userListNum, string userName, string userPassword,
02	int id)
03	{
04	string strEditComm;
05	strEditComm = "Update 用户信息 Set　用户编号= '"
06	+ userListNum + "', 用户名= '" + userName + "', 密码= '"
07	+ userPassword + "' Where ID=" + id;
08	return objBookDB.updateDataTable(strEditComm);
09	}

方法 userDataDelete 的程序代码如表 4-27 所示。

表 4-27　　　　　　　　　　　　　　　方法 userDataDelete 的程序代码

行号	代码
01	public void userDataDelete(string listNum)
02	{
03	string strSql;
04	strSql = "Delete From 用户信息 Where 用户编号='" + listNum + "'";
05	objBookDB.updateDataTable(strSql);
06	}

方法 editPassword 的程序代码如表 4-28 所示。

表 4-28　　　　　　　　　　　　　　　方法 editPassword 的程序代码

行号	代码
01	public bool editPassword(string userName, string password)
02	{
03	string strComm;
04	strComm = "Update UserLogin Set UserPassword='"
05	+ password + "' Where Name='" + userName + "'";
06	return objBookDB.updateDataTable(strComm);
07	}

3. 设计【用户管理】界面

（1）添加 Windows 窗体。

在 bookUI 类库中添加一个新的 Windows 窗体 frmUserManage。

（2）设计窗体外观。

在窗体中添加 2 个 GroupBox 控件、1 个 ToolStrip 控件、1 个 ListView 控件、3 个 Label 控件和 3 个 TextBox 控件，ToolStrip 控件包括 6 个 ToolStripButton 控件，调整各个控件的大小与位置，窗体的外观如图 4-36 所示。

（3）设置窗体与控件的属性。

【用户管理】窗体及控件的主要属性设置如表 4-29 所示。

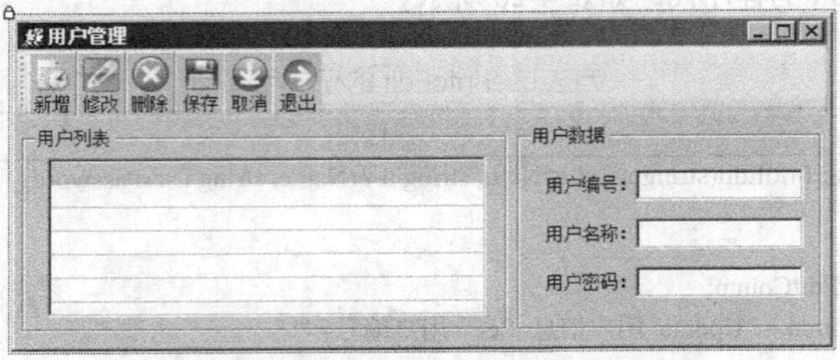

图 4-36　【用户管理】窗体的外观设计

表 4-29　　　　　　　　　　　　　【用户管理】窗体及控件的主要属性设置

窗体或控件类型	窗体或控件名称	属 性 名 称	属性设置值
Form	frmUserManage	Icon	已有的 Ico 文件
		Text	用户管理
		KeyPreview	True
GroupBox	groupBox1	Text	用户列表
	groupBox2	Text	用户数据
ListView	listViewUser	FullRowSelect	True
		GridLines	True
		View	Details
Label	lblListNum	Text	用户编号
	lblUserName	Text	用户名称
	lblUserPassword	Text	用户密码
TextBox	txtListNum	Text	（空）
	txtUserName	Text	（空）
	txtUserPassword	Text	（空）
ToolStrip	toolStrip1	RenderMode	System
ToolStripButton	tsbAdd	Text	添加
	tsbEdit	Text	修改
	tsbDelete	Text	删除
	tsbSave	Text	保存
	tsbCancel	Text	取消
	tsbClose	Text	退出

4．编写【用户管理】窗体的程序代码

（1）声明窗体级变量。

各个窗体级变量的声明如表 4-30 所示，其中对象变量 objUser 是 bookApp 类库中 bookUserClass 类的对象，strFlag 用于识别"新增用户"和"修改用户数据"，currentRow 用于存放 ListView 控件当前选中行的行号，userID 用于存放用户的 ID。

表 4-30　　　　　　　　　　　　frmUserManage 窗体中窗体级变量的声明

行号	代码
01	bookApp.bookUserClass objUser = new bookApp.bookUserClass();
02	string strFlag;
03	int currentRow;
04	int userID;

（2）编写方法 listViewUserSet 的程序代码。

方法 listViewUserSet 的程序代码如表 4-31 所示。

表 4-31　　　　　　　　　　　　方法 listViewUserSet 的程序代码

行号	代码
01	private void listViewUserSet()
02	{
03	string strItem;
04	ListViewItem item;
05	ListViewItem.ListViewSubItem subitem1;
06	ListViewItem.ListViewSubItem subitem2;
07	ListViewItem.ListViewSubItem subitem3;
08	DataTable tempTable;
09	tempTable = objUser.getUserInfoAll();
10	listViewUser.Items.Clear();
11	listViewUser.Refresh();
12	for (int i = 0; i < tempTable.Rows.Count; i++)
13	{
14	strItem = tempTable.Rows[i][0].ToString();
15	item = new ListViewItem(strItem);　　　　　//用户编号
16	subitem1 = new ListViewItem.ListViewSubItem(item,
17	tempTable.Rows[i][1].ToString()); //用户名
18	subitem2 = new ListViewItem.ListViewSubItem(item,
19	tempTable.Rows[i][2].ToString()); //密码
20	subitem3 = new ListViewItem.ListViewSubItem(item,
21	tempTable.Rows[i][3].ToString()); //ID
22	item.SubItems.Add(subitem1);
23	item.SubItems.Add(subitem2);
24	item.SubItems.Add(subitem3);
25	listViewUser.Items.Add(item);
26	}
27	}

（3）编写方法 listViewItemSelect 的程序代码。

方法 listViewItemSelect 的程序代码如表 4-32 所示。

表 4-32　　　　　　　　　　　　方法 listViewItemSelect 的程序代码

行号	代码
01	private void listViewItemSelect()
02	{
03	if (listViewUser.FocusedItem != null)
04	{

续表

行号	代码
05	txtListNum.Text = listViewUser.FocusedItem.SubItems[0].Text.ToString();
06	txtUserName.Text = listViewUser.FocusedItem.SubItems[1].Text.ToString();
07	txtUserPassword.Text = listViewUser.FocusedItem.SubItems[2].Text.ToString();
08	userID = int.Parse(listViewUser.FocusedItem.SubItems[3].Text.ToString());
09	}
10	}

（4）编写【用户管理】窗体的 Load 事件过程的程序代码。

【用户管理】窗体的 Load 事件过程的程序代码如表 4-33 所示。

表 4-33　　　　　　　　　　　【用户管理】窗体的 Load 事件过程的程序代码

行号	代码
01	private void frmUserManage_Load(object sender, EventArgs e)
02	{
03	listViewUser.Columns.Add("用户编号");
04	listViewUser.Columns.Add("用户名称");
05	listViewUser.Columns.Add("用户密码");
06	listViewUser.Columns.Add("");
07	listViewUser.Columns[0].Width = 100;
08	listViewUser.Columns[1].Width = 100;
09	listViewUser.Columns[2].Width = 100;
10	listViewUser.Columns[3].Width = 0;
11	listViewUserSet();
12	listViewUser.Items[0].Selected = true;
13	listViewUser.Items[0].Focused = true;
14	listViewItemSelect();
15	strFlag = "";
16	tsbSave.Enabled = false;
17	tsbCancel.Enabled = false;
18	setControlReadOnly(true);
19	}

（5）编写方法 setControlReadOnly 的程序代码。

方法 setControlReadOnly 的程序代码如表 4-34 所示。

表 4-34　　　　　　　　　　　方法 setControlReadOnly 的程序代码

行号	代码
01	private void setControlReadOnly(bool bState)
02	{
03	txtListNum.ReadOnly = bState;
04	txtUserName.ReadOnly = bState;
05	txtUserPassword.ReadOnly = bState;
06	}

（6）编写方法 checkEmpty 的程序代码。

方法 checkEmpty 的程序代码如表 4-35 所示。

表 4-35　　　　　　　　　　　　　方法 checkEmpty 的程序代码

行号	代码
01	private bool checkEmpty()
02	{
03	if (txtListNum.Text.Trim().Length == 0)
04	{
05	MessageBox.Show("用户编号不能为空，请输入用户编号！ ", "提示信息");
06	txtListNum.Focus();
07	return false;
08	}
09	if (txtUserName.Text.Trim().Length == 0)
10	{
11	MessageBox.Show("用户名不能为空，请输入用户名！ ", "提示信息");
12	txtUserName.Focus();
13	return false;
14	}
15	if (txtUserPassword.Text.Trim().Length == 0)
16	{
17	MessageBox.Show("密码不能为空，请输入密码！ ", "提示信息");
18	txtUserPassword.Focus();
19	return false;
20	}
21	return true;
22	}

（7）编写方法 checkRepeat 的程序代码。

方法 checkRepeat 的程序代码如表 4-36 所示。

表 4-36　　　　　　　　　　　　　方法 checkRepeat 的程序代码

行号	代码
01	private bool checkRepeat()
02	{
03	DataTable tempTable;
04	tempTable = objUser.getUserInfoByListNum(txtListNum.Text.Trim());
05	if (tempTable.Rows.Count > 0)
06	{
07	MessageBox.Show("该用户编号已存在，请重新输入用户编号！ ", "提示信息");
08	return false;
09	}
10	
11	tempTable = objUser.getUserInfo(txtUserName.Text.Trim());
12	if (tempTable.Rows.Count > 0)
13	{
14	MessageBox.Show("该用户名已存在，请重新输入用户名！ ", "提示信息");
15	return false;
16	}
17	return true;
18	}

137

（8）编写方法 insertRecord 的程序代码。

方法 insertRecord 的程序代码如表 4-37 所示。

表 4-37 方法 insertRecord 的程序代码

行号	代码
01	private void insertRecord()
02	{
03	try
04	{
05	if (objUser.userAdd(txtListNum.Text.Trim(),txtUserName.Text.Trim(),
06	txtUserPassword.Text.Trim()))
07	{
08	MessageBox.Show("已成功新增一个用户", "提示信息");
09	listViewUserSet();
10	strFlag = "";
11	listViewUser.Focus();
12	listViewUser.Items[listViewUser.Items.Count - 1].Selected = true;
13	listViewUser.Items[listViewUser.Items.Count - 1].Focused = true;
14	listViewItemSelect();
15	}
16	}
17	catch (Exception ex)
18	{
19	MessageBox.Show(ex.Message, "错误提示信息");
20	return;
21	}
22	}

（9）编写方法 editRecord 的程序代码。

方法 editRecord 的程序代码如表 4-38 所示。

表 4-38 方法 editRecord 的程序代码

行号	代码
01	private void editRecord()
02	{
03	try
04	{
05	if (objUser.userInfoEdit(txtListNum.Text.Trim(),
06	txtUserName.Text.Trim(),
07	txtUserPassword.Text.Trim(),userID))
08	{
09	MessageBox.Show("已成功修改一条用户记录", "提示信息");
10	listViewUserSet();
11	strFlag = "";
12	listViewUser.Focus();
13	listViewUser.Items[currentRow].Selected = true;
14	listViewUser.Items[currentRow].Focused = true;
15	listViewItemSelect();
16	}
17	}

续表

行号	代码
18	catch (Exception ex)
19	{
20	MessageBox.Show(ex.Message, "错误提示信息");
21	return;
22	}
23	}

（10）编写 listViewUser 控件的 Click 事件过程的程序代码。

listViewUser 控件的 Click 事件过程的程序代码只有一条语句：listViewItemSelect();。

（11）编写【新增】按钮的 Click 事件过程的程序代码。

【新增】按钮 tsbAdd 的 Click 事件过程的程序代码如表 4-39 所示。

表 4-39　　　　　　　　　　　　　　【新增】按钮的 Click 事件过程的程序代码

行号	代码
01	private void tsbAdd_Click(object sender, EventArgs e)
02	{
03	strFlag = "Add";
04	tsbSave.Enabled = true;
05	tsbCancel.Enabled = true;
06	tsbAdd.Enabled = false;
07	tsbEdit.Enabled = false;
08	tsbDelete.Enabled = false;
09	txtListNum.Text="";
10	txtUserName.Text = "";
11	txtUserPassword.Text = "";
12	txtListNum.Focus();
13	setControlReadOnly(false);
14	}

（12）编写【修改】按钮的 Click 事件过程的程序代码。

【修改】按钮 tsbEdit 的 Click 事件过程的程序代码如表 4-40 所示。

表 4-40　　　　　　　　　　　　　　【修改】按钮的 Click 事件过程的程序代码

行号	代码
01	private void tsbEdit_Click(object sender, EventArgs e)
02	{
03	strFlag = "Edit";
04	tsbSave.Enabled = true;
05	tsbCancel.Enabled = true;
06	tsbAdd.Enabled = false;
07	tsbEdit.Enabled = false;
08	tsbDelete.Enabled = false;
09	currentRow = listViewUser.FocusedItem.Index;
10	txtListNum.Focus();
11	setControlReadOnly(false);
12	}

（13）编写【删除】按钮的 Click 事件过程的程序代码。

【删除】按钮 tsbDelete 的 Click 事件过程的程序代码如表 4-41 所示。

表 4-41　　　　　　　　　【删除】按钮的 Click 事件过程的程序代码

行号	代码
01	private void tsbDelete_Click(object sender, EventArgs e)
02	{
03	if (listViewUser.FocusedItem != null)
04	{
05	if (MessageBox.Show("确实要删除该用户吗？", "删除提示信息",
06	MessageBoxButtons.OKCancel, MessageBoxIcon.Question) ==
07	DialogResult.Cancel)
08	{
09	return;
10	}
11	else
12	{
13	objUser.userDataDelete(listViewUser.FocusedItem.Text.ToString());
14	listViewUserSet();
15	listViewUser.Items[0].Selected = true;
16	listViewUser.Items[0].Focused = true;
17	listViewItemSelect();
18	}
19	}
20	else
21	{
22	MessageBox.Show("请指定要删除的对象!", "错误提示信息");
23	}
24	}

（14）编写【保存】按钮的 Click 事件过程的程序代码。

【保存】按钮 tsbSave 的 Click 事件过程的程序代码如表 4-42 所示。

表 4-42　　　　　　　　　【保存】按钮的 Click 事件过程的程序代码

行号	代码
01	private void tsbSave_Click(object sender, EventArgs e)
02	{
03	switch (strFlag)
04	{
05	case "Add":
06	if (checkEmpty() == true && checkRepeat() == true)
07	{
08	insertRecord();
09	}
10	break;
11	case "Edit":
12	if (checkEmpty() == true)
13	{
14	editRecord();
15	}
16	break;

续表

行号	代码
17	}
18	tsbSave.Enabled = false;
19	tsbCancel.Enabled = false;
20	tsbAdd.Enabled = true;
21	tsbEdit.Enabled = true;
22	tsbDelete.Enabled = true;
23	setControlReadOnly(true);
24	}

（15）编写【取消】按钮 Click 事件过程的程序代码。

【取消】按钮 tsbCancel 的 Click 事件过程的程序代码如表 4-43 所示。

表 4-43　　　　　　　　　　【取消】按钮 Click 事件过程的程序代码

行号	代码
01	private void tsbCancel_Click(object sender, EventArgs e)
02	{
03	strFlag = "";
04	listViewUser.Focus();
05	listViewUser.Items[0].Selected = true;
06	listViewUser.Items[0].Focused = true;
07	listViewItemSelect();
08	setControlReadOnly(true);
09	}

（16）编写【退出】按钮 Click 事件过程的程序代码。

【退出】按钮 Click 事件过程的程序代码只有一条语句，即：this.Close();，用于关闭【用户管理】窗体。

（17）编写窗体 frmUserManage 的 KeyPress 事件过程的程序代码

窗体 frmUserManage 的 KeyPress 事件过程的程序代码如表 4-44 所示，KeyPress 事件过程用于对键盘上的回车键作处理，按回车键则是按控件的 TabIndex 顺序向下移动光标。

表 4-44　　　　　　窗体 frmUserManage 的 KeyPress 事件过程的程序代码

行号	代码
01	private void frmUserManage_KeyPress(object sender, KeyPressEventArgs e)
02	{
03	if (e.KeyChar == (char)Keys.Enter)
04	{
05	e.Handled = true;
06	SendKeys.Send("{TAB}");
07	}
08	}

（18）编写方法 setKey 的程序代码。

方法 setKey 的程序代码如表 4-45 所示，该方法用于对上下键作处理，按向下键则光标按控件的 TabIndex 顺序向下移，按向上键则光标则是按 TabIndex 顺序反向移动。

表 4-45   方法 setKey 的程序代码

行号	代码
01	private void setKey(KeyEventArgs e)
02	{
03	if (e.KeyCode == Keys.Up || e.KeyCode == Keys.Down)
04	{
05	e.Handled = true;
06	}
07	switch (e.KeyCode)
08	{
09	case Keys.Down:
10	SendKeys.Send("{TAB}");
11	break;
12	case Keys.Up:
13	SendKeys.Send("+{TAB}");
14	break;
15	}
16	}

（19）编写 TextBox 控件的 KeyDown 事件过程的程序代码。

窗体 frmUserManage 中各个 TextBox 控件的 KeyDown 事件过程的程序代码只有一条语句，即：setKey(e);。

5. 测试"用户管理"模块

（1）设置启动项目和启动对象。

① 设置解决方案的启动项目。

将"bookUI"为启动项目。

② 设置启动对象。

将窗体 frmUserManage 设置为启动对象。

（2）用户界面测试。

① 测试内容：用户界面的视觉效果和易用性；控件状态、位置及内容确认。

② 确认方法：目测，如图 4-37 所示。

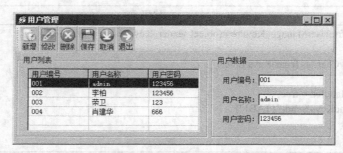

图 4-37   【用户管理】窗体运行的初始状态

③ 测试结论：合格。

（3）功能测试。

功能测试的目的是测试该窗体的功能要求是否能够实现，同时测试【用户管理】模块的容错能力。

准备的测试用例如表 4-46 所示。

表 4-46　　　　　　　　　　　　　　　【用户管理】模块的测试用例

序号	测试数据			预期结果
	用户编号	用户名	密码	
1	005	赵兆敏	123456	新增用户成功，出现提示信息
2	006	谢敏	123456	连续新增用户成功，出现提示信息
3	003	荣卫	888	修改用户成功，出现提示信息
4	007	蒋琪俊	666	连续新增用户成功，出现提示信息
5	007	蒋琪俊	666	删除用户成功，出现提示信息

第一步：测试在"用户列表"中选择一个用户。

① 测试内容：在"用户列表"中单击选择一个用户，右侧的控件中对应显示相应行的用户数据。

② 确认方法：目测。

③ 测试过程如下。

在 ListView 控件中单击选择第 1 行，右侧的控件中对应显示第 1 行的用户数据，如图 4-38 所示。

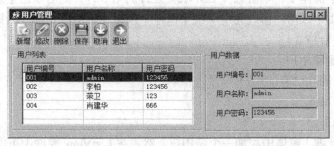

图 4-38　测试在"用户列表"中选择一个用户

④ 测试结论：合格。

第一步：测试新增用户。

① 测试内容：连续新增两个新用户。

② 确认方法：目测。

③ 测试过程如下。

在【用户管理】窗体工具栏中单击【新增】按钮，然后在右侧的控件中输入一个新用户的数据，如图 4-39 所示。新用户的数据输入完毕单击【保存】按钮，出现如图 4-40 所示提示信息对话框，在该对话框中单击【确定】按钮，一个新用户便新增成功，新增结果如图 4-41 所示。

按照同样的操作方法，添加第二个用户。

④ 测试结论：合格。

第三步：测试修改用户数据。

① 测试内容：修改已有的用户数据。

② 确认方法：目测。

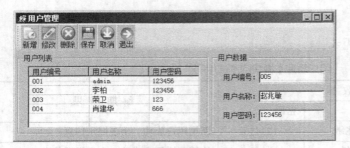

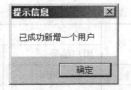

图 4-39 测试输入新的用户数据   图 4-40 成功新增一个用户的提示信息

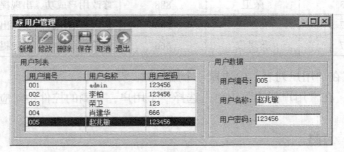

图 4-41 保存新增的用户数据

③ 测试过程如下。

在【用户管理】窗体中，单击选择 ListView 控件的第 3 行，然后单击【修改】按钮，在右侧对应的控件中修改用户数据。修改完毕单击【保存】按钮，显示成功修改的提示信息。

④ 测试结论：合格。

第四步：测试删除用户。

① 测试内容：删除已有的用户。

② 确认方法：目测。

③ 测试过程如下。

首先在【用户管理】窗体中添加一个新用户，然后在 ListView 控件中单击选择刚添加的新用户，接着单击【删除】按钮，显示成功删除的提示信息。

④ 测试结论：合格。

"图书管理系统"的"用户管理"模块还应包括"用户密码管理"、"用户权限管理"等子模块，由于教材篇幅的限制，本单元不作详细说明，请读者参考作者编著的《管理信息系统开发案例教程》（第 2 版）的相关案例。

项目实战考核评价

本单元的项目实战考核评价内容如表 4-47 所示。

表 4-47　　　　　　　　　　　单元 4 的项目实战考核评价表

考核要点	考核项目	考核内容描述	标准分	评分
考核要点	创建数据库和数据表	（1）创建图书管理系统的数据库 （2）创建"用户"数据表	1	
	创建应用程序解决方案与项目	创建图书管理应用程序解决方案和应用程序项目、业务处理项目和数据访问项目，命名要合理	1	
	创建类或将现有类添加应用程序项目中	（1）将图书管理系统的数据库操作类添加到项目中 （2）将图书管理系统的业务处理类添加到项目中	1	
	实现与测试用户登录程序	设计图书管理系统的"用户登录"界面，编写程序代码实现用户登录功能，且进行必要的测试	2	
	实现与测试用户管理程序	设计图书管理系统的"用户管理"界面，编写程序代码实现用户管理功能，且进行必要的测试	2	
	素养与态度	认真完成本单元的各项任务，纪律观念强，团队精神强，学习态度好，学习效果好	1	
小计			8	
评价方式	自我评价	小组评价	教师评价	
考核得分				

同步实践

【任务 4-3】　进销存管理系统的用户登录程序的实施与测试

【任务描述】

完成进销存管理系统的登录窗体的程序设计与测试。

【参考资料】

登录窗体的参考界面如图 4-42 所示。

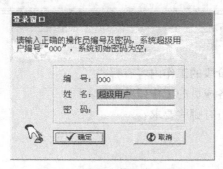

图 4-42　登录窗体的参考界面

同步实践考核评价

本单元同步实践考核评价内容如表 4-48 所示。

表 4-48　　　　　　　　　　　　单元 4 同步实践考核评价表

任 务 编 号	04-3	任 务 名 称	进销存管理系统的用户登录程序的实施与测试		
任务完成方式	【　】小组协作完成		【　】个人独立完成		
任务完成 情况说明					
存在的主要 问题说明					
考核评价					
自我评价		小组评价		教师评价	

归纳总结

本单元创建了图书管理系统的数据库、解决方案和项目、数据库操作类及公用方法。对用户登录与管理这个管理信息系统的公用模块进行了设计与测试。同时介绍了管理信息系统实施阶段的工作内容、程序设计步骤及其要求、程序设计的一般方法和程序模块处理过程的设计方法等内容。

单元习题

（1）管理信息系统实施阶段的工作内容有哪些？

（2）软件设计组组长与各成员的工作任务有何不同？

（3）对程序设计组各成员有哪些要求？

基础数据管理模块的实施与测试

　　管理信息系统通常需要对基础数据进行浏览、新增、修改和删除等方面的操作，例如图书管理系统需要对出版社、书目、图书类型、藏书地点和部门等方面的基础数据进行管理，人力资源管理系统需要对职称、籍贯、政治面貌、学历、毕业院校等方面的基础数据进行管理，进销存管理系统需要对计量单位、产地、规格、仓库等方面的基础数据进行管理。这些基础数据是管理信息系统业务逻辑实现的基础，一般为静态数据，在一段时间内固定不变。本单元主要实现对出版社、图书类型、书目等基础数据的处理。

教学导航

教学目标	（1）了解"基础数据管理"模块的业务需求建模方法
	（2）掌握"出版社"、"图书类型"和"书目信息"等数据表的分析设计方法
	（3）掌握"基础数据管理"业务处理类的分析设计方法
	（4）掌握"出版社"、"图书类型"等窗体的界面设计方法和功能实现方法
	（5）掌握"浏览与管理书目数据"界面设计方法和功能实现方法
	（6）掌握"新增书目"、"修改书目数据"和"选择出版社"等窗体的界面设计方法和功能实现方法
	（7）掌握"基础数据管理"模块的测试方法
教学方法	任务驱动法、探究训练法、分析讨论法等
课时建议	18课时（含考核评价）

知识必备

5.1 程序编写的规范化要求

5.1.1 优良程序的性能指标

（1）正确性。

编制的程序能够严格按规定要求准确无误地执行，实现其功能。

（2）可靠性。

包括程序或系统安全的可靠性（例如数据安全、系统安全等）、程序运行的可靠性以及容错能力。

（3）实用性。

从用户角度来看程序实用、方便。

（4）规范性。

子系统的划分、程序的书写格式、标识符的命名都符合统一规范。

（5）可读性。

程序清晰、明了，没有太多繁杂的技巧，容易阅读和理解。

（6）强健性。

系统能识别错误操作、错误数据输入，不会因错误操作、错误数据输入以及硬件故障而造成系统崩溃。

（7）可维护性。

能及时发现系统中存在问题或错误，顺利地修改错误。对用户提出的新要求能得到及时的满足。

5.1.2 良好的编程风格

为设计出具有良好性能的程序，程序设计人员除了具有丰富的编程经验和熟练掌握开发工具和编程语言外，还需养成良好的编程风格。编程风格指程序员编写程序时所表现出来的习惯和思维方式等，良好的编程风格可以减少程序的错误，增强程序的可读性，从而提高软件的开发效率。

1. 程序的布局格式追求清晰和美观

程序的布局格式虽然不会影响程序的功能，但会影响程序的可读性和视觉效果。

（1）恰当地使用空格、空行以改善程序的清晰度。

（2）每行只写一条语句，便于识别和加入注释。

（3）变量赋初值应符合就近原则，定义变量的同时赋以初值。

（4）多层嵌套结构，各层应缩进左对齐，这样嵌套结构的层次关系、程序的逻辑结构一目了然，便于理解，也便于修改。

（5）代码行、表达式不宜太长，不要超出人的视力控制范围。

2. 标识符的命名要规范

标识符是指用户可命名的各类名称的总称，包括变量名、方法名、函数名、文件名、类名等。对于简单的程序，标识符的命名无关紧要，但对于一个软件项目，许多人共同完成软件开发，应制订统一规范的命名规则。

（1）标识符的命名应符合程序设计语言的语法规定。

（2）标识符的命名应做到见名知义、一目了然，尽量使用英文字母，避免使用汉语拼音。

（3）全局变量、局部变量、符号常量的标识符应明显加以区别。

（4）标识符的命名应全盘考虑，简单且有规律，做到前后一致。

3. 语句的设计要简洁

（1）语句要简单直观，避免过多使用技巧。

（2）避免使用复杂的条件判断，尽量减少否定的逻辑条件。

（3）尽量减少循环嵌套和条件嵌套的层数。

（4）适当使用括号主动控制运算符的运算次序，避免二义性。

（5）应先保证语句正确，再考虑编程技巧。

（6）尽量少用或不用 GOTO 语句。

4. 适当加入注释

程序的注释是为便于理解程序而加入的说明，注释一般采用自然语言进行描述。注释分为序言性注释和功能性注释两种。

（1）序言性注释。

序言性注释是指每个程序或模块起始部分的说明，它主要对程序从整体上进行说明。一般包括程序的编号、名称、版本号、功能、调用形式、参数说明、重要数据的描述、设计者、审查者、修改者、修改说明、日期等。

（2）功能性注释。

功能性注释是指嵌入程序中需进行说明位置上的注释。主要对该位置上的程序段、语句或数据的状态进行针对性说明。程序段注释置于需说明的程序段前，语句注释置于需说明的语句或包含需说明数据的语句之后。

加入程序注释应注意以下事项。

（1）注释应在编写程序过程中形成，避免事后补加，以确保注释含义与源代码相一致。

（2）注释应提供程序本身难以提供的信息。

（3）注释应采用明显标记与源程序区别。

（4）修改程序时应及时修改相应的注释，以保持注释和源程序的一致性。

5. 将数据说明编成文档

程序中的注释，由于篇幅限制，只能作为提示性的说明。为了便于程序的阅读和维护，应将程序中的变量、函数、文件的功能、名称、含义用文档的形式详细记载，以备日后查。

5.2 管理信息系统程序设计阶段的文档编写

　　管理信息系统程序设计阶段应及时书写程序设计报告，程序设计报告是对系统程序设计过程的总结。为系统调试和系统维护工作提供了依据，可以避免因程序设计人员的调动而造成系统维护工作的困难。

　　程序设计报告的主要内容包括：程序设计的工具和环境的概述、系统程序模块的组成及总体结构描述，各模块程序中采用的算法及其描述，各程序流程及其描述，系统各模块程序的源代码清单，程序注释说明等。

项目实战

【任务 5-1】 出版社数据管理模块的实施与测试

【任务描述】

1. 任务卡

【任务 5-1】的任务卡如表 5-1 所示。

表 5-1　　　　　　　　　　　　　　　　【任务 5-1】的任务卡

任务编号	05-1	任务名称	出版社数据管理模块的实施与测试
计划工时	120min	模块名称	出版社数据管理
窗体名称	publisherInfoManage	业务处理层的类名称	publisherClass
数据表名称	出版社	数据操作层的类名称	bookDBClass
任务说明			
（1）建立出版社数据管理模块的用例图、类图、顺序图和活动图 （2）在图书管理数据库 "bookData" 中创建 "出版社" 数据表 （3）创建业务处理类 publisherClass.cs，在该类中添加方法和编写程序代码 （4）设计 "出版社数据管理" 界面，编写代码实现 "出版社数据管理" 功能，且进行必要的测试			
模块主要功能简述			
（1）系统模块运行时，首先在 DataGridView 控件中显示后台 "出版社" 数据表中所有的数据，同时在下方文本框显示 DataGridView 控件第一行的对应数据 （2）用户可以在 DataGridView 控件中添加或修改多条出版社记录数据，添加或修改多条记录之后单击一次【保存】按钮即可更新所有的数据，程序自动判断是添加记录还是修改数据 （3）修改记录数据时，也可以直接修改文本框中的数据，DataGridView 控件对应行中的数据同步更新 （4）删除出版社记录时，在 DataGridView 控件中单击选择需要删除的行，单击【删除】按钮即可			

2. 任务跟踪卡

【任务 5-1】的任务跟踪卡如表 5-2 所示。

表 5-2 　　　　　　　　　　　　　【任务 5-1】的任务跟踪卡

任务编号	开始时间	完成时间	计划工时	实际工时	当前状态
05-1					

【任务实施】

【任务 5-1-1】 出版社数据管理模块建模

1. 建立"出版社数据管理"模块的用例图

"出版社数据管理"模块的用例图如图 5-1 所示。

2. 绘制"出版社类"的类图

"出版社类"的类图如图 5-2 所示。

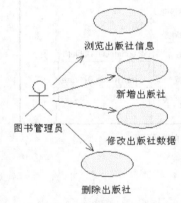

图 5-1 "出版社数据管理"模块的用例图　　图 5-2 "出版社类"的类图

3. 绘制"出版社数据管理界面类"的类图

"出版社数据管理界面类"的类图如图 5-3 所示。

4. 绘制"浏览出版社数据"的顺序图

"浏览出版社数据"的顺序图如图 5-4 所示。

5. 绘制"新增出版社"的顺序图

"新增出版社"的顺序图如图 5-5 所示。"修改出版社数据"和"删除出版社"的顺序图与"新增出版社"的顺序图类似，由于篇幅的限制，请读者自己绘制。

图 5-3 "出版社数据管理界面类"的类图

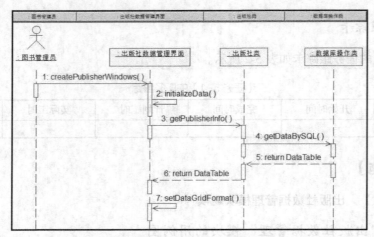

图 5-4 "浏览出版社数据"的顺序图

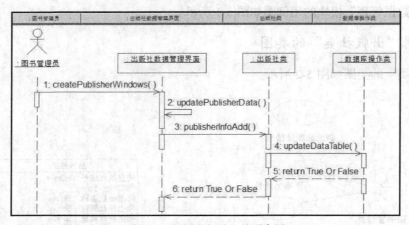

图 5-5 "新增出版社"的顺序图

6. 绘制"更新出版社数据"的活动图

"更新出版社数据"的活动图如图 5-6 所示。

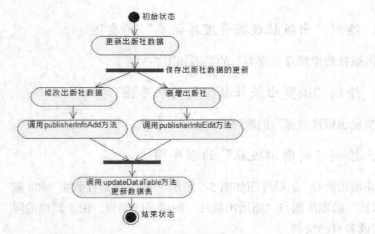

图 5-6 "更新出版社数据"的活动图

【任务 5-1-2】　建立出版社数据管理模块的数据表

打开 SQL Server 2008 的管理器，然后在数据库"bookData"中创建一个数据表"出版社"，该数据表的结构信息如表 5-3 所示，该数据表的记录示例如表 5-4 所示。

表 5-3　　　　　　　　　　　　"出版社"数据表的结构信息

列　　名	数据类型	长　　度	允　许　空	是否为主键	字段值是否自动递增
出版社编号	int	4	不允许	是	是
ISBN	varchar	30	不允许	否	
出版社名称	varchar	50	允许	否	
出版社简称	varchar	10	允许	否	
出版社地址	varchar	50	允许	否	

表 5-4　　　　　　　　　　　　"出版社"数据表的记录示例

出版社编号	ISBN	出版社名称	出版社简称	出版社地址
1	7-04	高等教育出版社	高教	北京西城区德外大街 4 号
2	7-111	机械工业出版社	机工	北京市西城区百万庄大街 22 号
3	7-115	人民邮电出版社	人邮	北京市崇文区夕照寺街 14 号
4	7-121	电子工业出版社	电子	北京市海淀区万寿路 173 信箱
5	7-302	清华大学出版社	清华	北京清华大学学研大厦

【任务 5-1-3】　创建出版社数据管理应用程序的解决方案和多个项目

（1）创建应用程序解决方案。

启动 Microsoft Visual Studio.NET 2008，显示系统的集成开发环境。在【Microsoft Visual Studio】集成开发环境中，创建应用程序解决方案"bookMis"。

（2）创建数据库访问项目。

创建一个数据库访问项目"bookDB"。

（3）创建业务处理项目。

创建一个业务处理项目"bookApp"。

（4）创建应用程序项目。

创建一个应用程序项目"bookUI"。

【任务 5-1-4】　创建出版社数据管理模块的类

首先将单元 2 所创建的数据库操作类"bookDBClass"添加到类库"bookDB"中。

1. 业务处理类 publisherClass 各个成员的功能说明

根据业务处理类的模型创建业务处理类 publisherClass，业务处理类 publisherClass 各个成员的功能如表 5-5 所示。

表 5-5　　　　　　　　　　　　publisherClass 类各个成员的功能

成　员　名　称	成　员　类　型	功　能　说　明
objBookDB	变量	bookDB 类库中 bookDBClass 类的对象
getPublisherInfo	方法	获取"出版社"数据表中的所有记录数据

续表

成 员 名 称	成 员 类 型	功 能 说 明
publisherInfoAdd	方法	新增出版社记录，包含四个参数，传递新增的数据
publisherInfoEdit	方法	修改指定"出版社编号"的出版社数据，包含五个参数，传递需要修改数据的"出版社编号"以及出版社的其他数据
publisherInfoDelete	方法	删除指定"出版社编号"的出版社记录

2. 添加引用

将类库 bookDB 添加到类库 bookApp 的引用中。

3. 添加类

在 bookApp 类库中添加一个类"publisherClass.cs"。

4. 业务处理类 各个成员的代码编写

双击类文件"publisherClass.cs"，打开代码编辑器窗口，在该窗口中编写程序代码。

（1）声明 bookDB 类库中 bookDBClass 类的对象。

对象 objBookDB 在 publisherClass 类的多个方法中需要使用，所以将其定义为窗体级局部变量，代码如下所示。

```
bookDB.bookDBClass objBookDB = new bookDB.bookDBClass();
```

（2）编写方法 getPublisherInfo 的程序代码。

方法 getPublisherInfo 的程序代码如表 5-6 所示。

表 5-6 　　　　　　　　　　　方法 getPublisherInfo 的程序代码

行号	代码
01	public DataTable getPublisherInfo()
02	{
03	string strComm;
04	strComm = "Select 出版社编号,出版社名称,ISBN,出版社简称,出版社地址 "
05	+ " From 出版社";
06	return objBookDB.getDataBySQL(strComm);
07	}

（3）编写方法 publisherInfoAdd 的程序代码。

方法 publisherInfoAdd 的程序代码如表 5-7 所示。

表 5-7 　　　　　　　　　　　方法 publisherInfoAdd 的程序代码

行号	代码
01	public bool publisherInfoAdd(string publisherName, string ISBN,
02	string shortName, string publisherAddress)
03	{
04	string strInsertComm ;
05	strInsertComm = "Insert Into 出版社(出版社名称,ISBN,出版社简称,出版社地址) "
06	+ " Values('" + publisherName + "','" + ISBN + "','"
07	+ shortName + "','" + publisherAddress + "')";
08	return objBookDB.updateDataTable(strInsertComm);
09	}

（4）编写方法 publisherInfoEdit 的程序代码。

方法 publisherInfoEdit 的程序代码如表 5-8 所示。

表 5-8 　　　　　　　　　　　　方法 publisherInfoEdit 的程序代码

行号	代码
01	public bool publisherInfoEdit(string publisherID, string publisherName ,
02	string ISBN, string shortName, string publisherAddress)
03	{
04	string strEditComm = null;
05	strEditComm = "Update 出版社 Set 出版社名称='" + publisherName
06	+ "'," + " ISBN= '" + ISBN + "'," + " 出版社简称= '"
07	+ shortName + "'," + " 出版社地址= '"
08	+ publisherAddress + "'" + " Where 出版社编号= '"
09	+ publisherID + "'";
10	return objBookDB.updateDataTable(strEditComm);
11	}

（5）编写方法 publisherInfoDelete 的程序代码。

方法 publisherInfoDelete 的程序代码如表 5-9 所示。

表 5-9 　　　　　　　　　　　　方法 publisherInfoDelete 的程序代码

行号	代码
01	public bool publisherInfoDelete(string publisherID)
02	{
03	string strSql;
04	strSql = "Delete From 出版社 Where 出版社编号='" + publisherID + "'";
05	return objBookDB.updateDataTable(strSql);
06	}

【任务 5-1-5】 设计出版社数据管理应用程序界面

1. 添加 Windows 窗体

在 bookUI 类库中添加一个新的 Windows 窗体，即【出版社数据管理】窗体。

2. 设计窗体外观

在【出版社数据管理】窗体中添加 1 个 GroupBox 控件、1 个 DataGridView 控件、4 个 Label 控件、4 个 TextBox 控件和 4 个 Button 控件，调整各个控件的大小与位置，窗体的外观如图 5-7 所示。

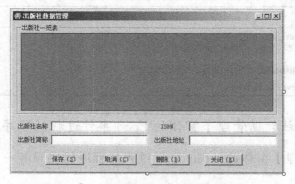

图 5-7 【出版社数据管理】窗体的外观设计

3. 设置窗体与控件的属性

【出版社数据管理】窗体及控件的主要属性设置如表 5-10 所示。

表 5-10 　　　　　　　　　【出版社数据管理】窗体及控件的主要属性设置

窗体或控件类型	窗体或控件名称	属 性 名 称	属性设置值
Form	publisherInfoManage	Text	出版社数据管理
		Icon	已有的 Ico 文件
GroupBox	groupBox1	Text	出版社一览表
DataGridView	dgPublisherInfo	BackgroundColor	AppWorkspace
Label	lblPublisherName	Text	出版社名称：
	lblISBN	Text	ISBN：
	lblShortName	Text	出版社简称：
	lblAddress	Text	所在地址：
TextBox	txtPublisherName	Text	（空）
	txtISBN	Text	（空）
	txtShortName	Text	（空）
	txtAddress	Text	（空）
Button	btnSave	Text	保存（&S）
	btnCancel	Text	取消（&S）
	btnDelete	Text	删除（&D）
	btnClose	Text	关闭（&C）

【任务 5-1-6】　编写出版社数据管理窗体的程序代码

1. 添加引用

将类库 bookApp 添加到类库 bookUI 的引用中。

2. 声明窗体级变量

【出版社数据管理】窗体各个窗体级变量的声明如表 5-11 所示。

表 5-11 　　　　　　　　　【出版社数据管理】窗体窗体级变量的声明

行号	代码
01	bookApp.publisherClass objPublisher = new bookApp.publisherClass();
02	int currentLine;
03	string[] arrayPublisherId;
04	DataTable dt = new DataTable();

3. 编写【出版社数据管理】窗体的 Load 事件过程的程序代码

【出版社数据管理】窗体的 Load 事件过程的程序代码只有一条语句，即调用方法 "initializeData();"。

4. 编写方法 initializeData 的程序代码

方法 initializeData 的程序代码如表 5-12 所示。

表 5-12　　　　　　　　　　　　方法 initializeData 的程序代码

行号	代码
01	private void initializeData()
02	{
03	dt = objPublisher.getPublisherInfo();
04	if (dt.Rows.Count != 0)
05	{
06	dgPublisherInfo.DataSource = dt;
07	currentLine = 0;
08	setDataGridFormat(dt);
09	//currentLine=(int)dgPublisherInfo.CurrentCell.RowIndex;
10	txtPublisherName.Text = dgPublisherInfo.Rows[currentLine]
11	.Cells[1].Value.ToString();
12	txtISBN.Text = dgPublisherInfo.Rows[currentLine]
13	.Cells[2].Value.ToString();
14	txtShortName.Text = dgPublisherInfo.Rows[currentLine]
15	.Cells[3].Value.ToString();
16	txtAddress.Text = dgPublisherInfo.Rows[currentLine]
17	.Cells[4].Value.ToString();
18	arrayPublisherId = new string[dt.Rows.Count];
19	}
20	}

5. 编写方法 setDataGridFormat 的程序代码

方法 setDataGridFormat 的程序代码如表 5-13 所示。

表 5-13　　　　　　　　　　　　方法 setDataGridFormat 的程序代码

行号	代码
01	private void setDataGridFormat(DataTable dt)
02	{
03	DataGridViewCellStyle headerStyle = new DataGridViewCellStyle();
04	headerStyle.Alignment = System.Windows.Forms
05	.DataGridViewContentAlignment.MiddleCenter;
06	this.dgPublisherInfo.ColumnHeadersDefaultCellStyle = headerStyle;
07	this.dgPublisherInfo.RowsDefaultCellStyle.BackColor = Color.Bisque;
08	this.dgPublisherInfo.AlternatingRowsDefaultCellStyle.BackColor
09	=Color.Beige;
10	this.dgPublisherInfo.Columns[0].Width = 0;
11	this.dgPublisherInfo.Columns[0].Visible = false;
12	this.dgPublisherInfo.Columns[1].Width = 130;
13	this.dgPublisherInfo.Columns[2].Width = 60;
14	this.dgPublisherInfo.Columns[3].Width = 100;
15	this.dgPublisherInfo.Columns[4].Width = 150;
16	this.dgPublisherInfo.Columns[1].HeaderText = dt.Columns[1].ColumnName;
17	this.dgPublisherInfo.Columns[2].HeaderText = dt.Columns[2].ColumnName;
18	this.dgPublisherInfo.Columns[3].HeaderText = dt.Columns[3].ColumnName;
19	this.dgPublisherInfo.Columns[4].HeaderText = dt.Columns[4].ColumnName;
20	}

6. 编写 DataGridView 控件 Click 事件过程的程序代码

DataGridView 控件 Click 事件过程的程序代码如表 5-14 所示。

表 5-14　　　　　　　　　　DataGridView 控件 Click 事件过程的程序代码

行号	代码
01	private void dgPublisherInfo_Click(object sender, EventArgs e)
02	{
03	if (!string.IsNullOrEmpty(dgPublisherInfo.Rows[currentLine]
04	.Cells[1].Value.ToString()))
05	{
06	if (currentLine != dgPublisherInfo.CurrentRow.Index)
07	{
08	currentLine = dgPublisherInfo.CurrentRow.Index;
09	txtPublisherName.Text = (object.ReferenceEquals(dgPublisherInfo
10	.Rows[currentLine].Cells[1].Value.ToString(), DBNull.Value)
11	? "" :dgPublisherInfo.Rows[currentLine]
12	.Cells[1].Value.ToString());
13	txtISBN.Text = (object.ReferenceEquals(dgPublisherInfo
14	.Rows[currentLine].Cells[2].Value.ToString(), DBNull.Value)
15	? "" : dgPublisherInfo.Rows[currentLine]
16	.Cells[2].Value.ToString());
17	txtShortName.Text = (object.ReferenceEquals(dgPublisherInfo
18	.Rows[currentLine].Cells[3].Value.ToString(), DBNull.Value)
19	? "" : dgPublisherInfo.Rows[currentLine]
20	.Cells[3].Value.ToString());
21	txtAddress.Text = (object.ReferenceEquals(dgPublisherInfo
22	.Rows[currentLine].Cells[4].Value.ToString(), DBNull.Value)
23	? "" : dgPublisherInfo.Rows[currentLine]
24	.Cells[4].Value.ToString());
25	}
26	}
27	}

7. 编写方法 getArrPublisherId 的程序代码

方法 getArrPublisherId 的程序代码如表 5-15 所示。

表 5-15　　　　　　　　　　方法 getArrPublisherId 的程序代码

行号	代码
01	private bool getArrPublisherId(DataTable dt)
02	{
03	int i = 0;
04	if ((dt != null))
05	{
06	string[] arrPublisherId = new string[dt.Rows.Count];
07	arrayPublisherId = new string[dt.Rows.Count];
08	for (i = 0; i <= dt.Rows.Count - 1; i++)
09	{
10	if (!object.ReferenceEquals(dt.Rows[i][0], DBNull.Value))
11	{
12	arrPublisherId[i] = dt.Rows[i][0].ToString ();

续表

行号	代码
13	}
14	}
15	arrayPublisherId = arrPublisherId;
16	return true;
17	}
18	else
19	{
20	arrayPublisherId = null;
21	return false;
22	}
23	}

8. 编写【保存】按钮 Click 事件过程的程序代码

【保存】按钮 Click 事件过程的程序代码如表 5-16 所示。

表 5-16　　　　　　　　　　　　　【保存】按钮 Click 事件过程的程序代码

行号	代码
01	private void btnSave_Click(object sender, EventArgs e)
02	{
03	int i = 0;
04	int j = 0;
05	if (!getArrPublisherId(dt))
06	return;
07	//如果已存在，则更新其数量，否则的话插入新记录
08	try
09	{
10	if (dt.Rows.Count != 0)
11	{
12	for (i = 0; i <= dt.Rows.Count - 1; i++)
13	{
14	if (dt.Rows[i].RowState == DataRowState.Modified)
15	{
16	for (j = 0; j <= arrayPublisherId.Length - 1; j++)
17	{
18	if ((!object.ReferenceEquals(dt.Rows[i][0].ToString(),
19	DBNull.Value)))
20	{
21	if (dt.Rows[i][0].ToString() == arrayPublisherId[j])
22	{
23	objPublisher.publisherInfoEdit(
24	dt.Rows[i][0].ToString(),
25	dt.Rows[i][1].ToString(),
26	dt.Rows[i][2].ToString(),
27	dt.Rows[i][3].ToString(),
28	dt.Rows[i][4].ToString());
29	break;
30	}
31	}
32	}
33	}

续表

行号	代码
34	else
35	{
36	if (dt.Rows[i].RowState == DataRowState.Added)
37	{
38	objPublisher.publisherInfoAdd(
39	dt.Rows[i][1].ToString(),
40	dt.Rows[i][2].ToString(),
41	dt.Rows[i][3].ToString(),
42	dt.Rows[i][4].ToString());
43	}
44	}
45	}
46	}
47	MessageBox.Show("成功更新出版社数据表", "提示信息");
48	initializeData();
49	}
50	catch (Exception es)
51	{
52	MessageBox.Show("更新出版社数据表时出现了错误，错误信息为："+
53	es.Message, "提示信息");
54	}
55	}

9. 编写文本框 TextChanged 事件过程的程序代码

"出版社名称"文本框 txtPublisherName 的 TextChanged 事件过程的程序代码只有一条语句，即：dgPublisherInfo.Rows[currentLine].Cells[1].Value = txtPublisherName.Text.Trim();。

"出版社 ISBN"文本框 txtISBN 的 TextChanged 事件过程的程序代码只有一条语句，即：dgPublisherInfo.Rows[currentLine].Cells[2].Value = txtISBN.Text.Trim();。

"出版社简称"文本框 txtShortName 的 TextChanged 事件过程的程序代码只有一条语句，即：dgPublisherInfo.Rows[currentLine].Cells[3].Value = txtShortName.Text.Trim();。

"出版社地址"文本框 txtAddress 的 TextChanged 事件过程的程序代码只有一条语句，即：dgPublisherInfo.Rows[currentLine].Cells[4].Value = txtAddress.Text.Trim();。

10. 编写【删除】按钮 Click 事件过程的程序代码

【删除】按钮 Click 事件过程的程序代码如表 5-17 所示。

表 5-17　　　　　　　　【删除】按钮 Click 事件过程的程序代码

行号	代码
01	private void btnDelete_Click(object sender, EventArgs e)
02	{
03	if (objPublisher.publisherInfoDelete(dgPublisherInfo.Rows[dgPublisherInfo
04	.CurrentRow.Index].Cells[0].Value.ToString()))
05	{
06	MessageBox.Show("成功删除一条记录", "提示信息"); initializeData();

续表

行号	代码
07	}
08	else
09	{
10	MessageBox.Show("删除记录失败", "提示信息");
11	}
12	}

11.　编写【取消】按钮 Click 事件过程的程序代码

【取消】按钮 Click 事件过程的程序代码只有一条语句，即调用方法 "initializeData();"。

12.　编写【关闭】按钮 Click 事件过程的程序代码

【关闭】按钮 Click 事件过程的程序代码只有一条语句，即 "this.Close() ;"，用于关闭【出版社数据管理】窗体。

【任务 5-1-7】　测试出版社数据管理模块的程序

首先将 "bookUI" 项目为启动项目，将 "frmaPublisherManage" 窗体设置为启动对象。

1.　用户界面测试

（1）测试内容：用户界面的视觉效果和易用性；控件状态、位置及内容确认；光标移动顺序。

（2）确认方法：屏幕拷贝、目测，如图 5-8 所示。

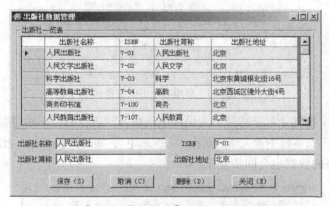

图 5-8　【出版社数据管理】窗体运行的初始状态

（3）测试结论：合格。

2.　功能测试

功能测试的目的是测试任务卡中的功能要求是否能够实现，同时测试 "出版社数据管理" 子模块的容错能力。

（1）准备测试用例。

准备的测试用例如表 5-18 所示。

表 5-18　　　　　　　　　　　　　出版社数据管理的测试用例

序号	测 试 数 据				预 期 结 果
	出版社名称	ISBN	出版社简称	出版社地址	
1	湖南大学出版社	7-81113	湖大	湖南省长沙市湖南大学校内麓山南路	成功新增一条出版社记录，并显示提示信息对话框
2	浙江大学出版社	7-308	浙大	杭州浙大路 38 号	成功新增第二条出版社记录，并显示提示信息对话框
3	人民邮电出版社	7-115	人民邮电	北京市崇文区夕照寺街 14 号	成功修改出版社简称
4	浙江大学出版社	7-308	浙大	杭州浙大路 38 号	成功删除新添加的第二条出版社记录

（2）测试出版社数据的新增和修改。

① 测试内容：测试连接多次添加出版社记录和修改出版社数据。

② 确认方法：屏幕拷贝、目测。

③ 测试过程如下。

在【出版社数据管理】窗体中，单击现有出版社记录的最后一行，将光标移动空行。

然后连接输入两条新增的出版社数据，输入完成后如图 5-9 所示。

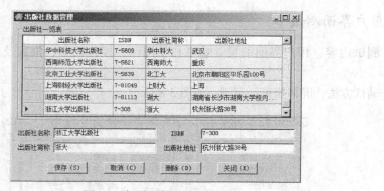

图 5-9　新增两条出版社数据

在 DataGridView 控件中单击选择"人民邮电出版社"所在的行，然后在 DataGridView 控件下方的"出版社简称"文本框中输入新的简称"人民邮电"，如图 5-10 所示，此时上方 DataGridView 控件中对应的单元格的数据也会同步变化。

图 5-10　修改"人民邮电出版社"的简称

单击【保存】按钮，一次性保存刚才新增的两条记录和修改的数据，会显示如图 5-11 所示的"成功更新"提示信息对话框，保存结果如图 5-12 所示。

④ 测试结论：合格。

（3）测试删除已有的出版社记录。

① 测试内容：测试删除"出版社"数据表中已有的出版社记录。

② 确认方法：屏幕拷贝、目测。

③ 测试过程如下。

图 5-11　"成功更新"的
提示信息对话框

如图 5-12 所示，在 DataGridView 控件中单击选择"浙江大学出版社"对应的行，然后单击【删除】按钮，会出现如图 5-13 所示的"成功删除"的提示信息对话框。

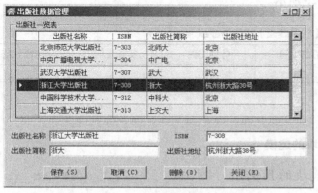

图 5-12　保存记录新增和数据修改的结果　　　图 5-13　"成功删除"的提示信息对话框

④ 测试结论：合格。

【任务 5-2】　图书类型管理模块的实施与测试

【任务描述】

1. 任务卡

【任务 5-2】的任务卡如表 5-19 所示。

表 5-19　　　　　　　　　　【任务 5-2】的任务卡

任务编号	05-2	任务名称	图书类型管理模块的实施与测试
计划工时	120min	模块名称	图书类型管理模块
窗体名称	frmBookTypeManage	业务处理层的类名称	bookTypeClass、treeNodeData
数据表名称	图书类型	数据操作层的类名称	bookDBClass
任务说明			
（1）建立图书类型管理模块的用例图、类图、顺序图和活动图			
（2）在图书管理数据库"bookData"中创建"图书类型"数据表			
（3）创建业务处理类 bookTypeClass.cs 和 treeNodeData.cs，在该类中添加方法和编写程序代码			
（4）设计"图书类型数据管理"界面，编写代码实现其功能，且进行必要的测试			

163

续表

模块主要功能简述
（1）以树形列表的方式浏览"图书类型"数据表中所有的图书类型
（2）快速查看每个图书类型的具体信息
（3）可以为图书类型树形列表中当前选中节点新增同级的"图书类型"或下级的"图书类型"
（4）修改图书类型数据
（5）删除图书类型

2. 任务跟踪卡

【任务 5-2】的任务跟踪卡如表 5-20 所示。

表 5-20 　　　　　　　　　　　　　【任务 5-2】的任务跟踪卡

任务编号	开始时间	完成时间	计划工时	实际工时	当前状态
05-2					

【任务实施】

【任务 5-2-1】　图书类型管理模块的建模

1. 绘制"图书类型管理"模块的用例图

"图书类型管理"模块的用例图如图 5-14 所示。

2. 绘制"图书类型类"的类图

"图书类型类"的类图如图 5-15 所示。

3. 绘制"图书类型管理界面类"的类图

"图书类型管理界面类"的类图如图 5-16 所示。

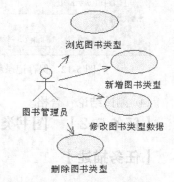

图 5-14　图书类型管理模块用例图

图 5-15　"图书类型类"的类图　　图 5-16　图书类型管理界面类

4. 绘制"新增图书类型"的顺序图

"新增图书类型"的顺序图如图 5-17 所示。

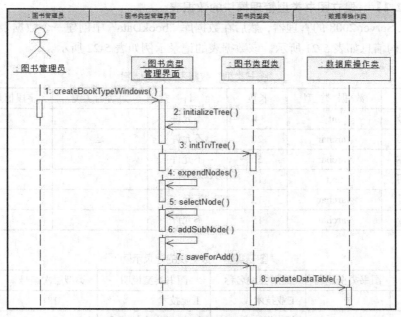

图 5-17　"新增图书类型"的顺序图

"修改图书类型数据"和"删除图书类型数据"的顺序图与"新增图书类型"的顺序图类似，请参照"新增图书类型"的顺序图绘制"修改图书类型数据"和"删除图书类型数据"的顺序图。

5. 绘制"图书类型管理"的活动图

"图书类型管理"的活动图如图 5-18 所示。

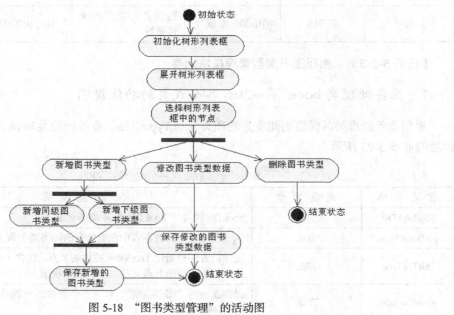

图 5-18　"图书类型管理"的活动图

【任务 5-2-2】　建立图书类型管理模块的数据表

打开 SQL Server 2008 的管理器，然后在数据库"bookData"中创建一个数据表"图书类型"，该数据表的结构信息如表 5-21 所示，该数据表的记录示例如表 5-22 所示。

表 5-21　　　　　　　　　　　　　　"图书类型"数据表的结构信息

列　　名	数 据 类 型	长度	允 许 空	是否为主键	字段值是否自动递增
图书类型编号	int	4	不允许		是
图书类型代码	varchar	20	不允许	是	
图书类型名称	varchar	50	不允许		
图书类型说明	text	16	允许		
类型层次编号	varchar	15	不允许		
类型父项编号	varchar	15	不允许		

表 5-22　　　　　　　　　　　　　　"图书类型"数据表的记录示例

图书类型编号	图书类型代码	图书类型名称	图书类型说明	类型层次编号	类型父项编号
34	T	工业技术	工业技术	18	0
35	TP	自动化技术、计算机技术	包含自动化技术和计算机技术	1815	18
36	TP3	计算技术、计算机技术	包含计算技术和计算机技术	181503	1815
37	TP31	计算机软件	包含各种类型的计算机软件	18150301	181503
38	TP311.138	数据库系统	包含各种类型的数据库系统	1815030103	18150301
39	TP312	程序语言、算法语言	包含各种程序语言和算法语言	1815030105	18150301
40	TP316	网络操作系统	包含各种类型的操作系统	1815030107	18150301

【任务 5-2-3】　创建图书类型管理模块的类

1. 业务处理类 bookTypeClass 各个成员的功能说明

根据业务处理类的模型创建业务处理类 bookTypeClass，业务处理类 bookTypeClass 各个成员的功能如表 5-23 所示。

表 5-23　　　　　　　　　　　　　bookTypeClass 类各个成员的功能

成 员 名 称	成 员 类 型	功 能 说 明
objBookDB	变量	bookDB 类库中 bookDBClass 类的对象
getBookType	方法	从"图书类型"数据表中获取所有的图书类型数据
initTrvTree	方法	用递归方法初始化 TreeView 控件的节点，包含 3 个参数，分别用于传递树节点、当前节点父项编号和数据视图
saveForAdd	方法	保存新增的"图书类型"，包含 5 个参数，分别用于传递"图书类型"的具体数据

续表

成员名称	成员类型	功能说明
saveForEdit	方法	保存修改的"图书类型"数据，包含 5 个参数，分别用于传递"图书类型"的具体数据
deleteData	方法	删除"图书类型"，包含 1 个参数，用于传递待删除记录的"图书类型代码"

2. 添加类

在 bookApp 类库中添加 2 个类："bookTypeClass.cs"和"treeNodeData.cs"。

3. 业务处理类 treeNodeData 各个成员的代码编写

双击类文件"treeNodeData.cs"，打开代码编辑器窗口，在该窗口中编写程序代码。

（1）声明类的公有变量。

在类 treeNodeData 中声明 5 个公有变量，分别用于存储"图书类型代码"、"图书类型名称"、"图书类型说明"、"类型层次编号"和"类型父项编号"等"图书类型"的具体数据，代码如表 5-24 所示。

表 5-24　　　　　　　　　　声明类的公有变量

行号	代码
01	public string BookTypeCode;
02	public string BookTypeName;
03	public string BookTypeExplain;
04	public string ItemIndex;
05	public string ParentIndex;

（2）编写类 TreeNodeData 构造函数的程序代码。

类 TreeNodeData 构造函数的程序代码如表 5-25 所示。

表 5-25　　　　　　　类 TreeNodeData 构造函数的程序代码

行号	代码
01	public treeNodeData(string strBookTypeCode, string strBookTypeName,
02	string strBookTypeExplain, string strItemIndex, string strParentIndex)
03	{
04	BookTypeCode = strBookTypeCode;
05	BookTypeName = strBookTypeName;
06	BookTypeExplain = strBookTypeExplain;
07	ItemIndex = strItemIndex;
08	ParentIndex = strParentIndex;
09	}

4. 业务处理类 bookTypeClass 各个成员的代码编写

双击类文件"bookTypeClass.cs"，打开代码编辑器窗口，在该窗口中编写程序代码。

（1）引入命名空间。

由于 TreeNodeCollection、TreeNode、MessageBox 等类的命名空间为 System.Windows.Forms，

所以应用这些类之前首先必须引入对应的命名空间，代码如下所示。

```
using System.Windows.Forms;
```

（2）声明 bookDB 类库中 bookDBClass 类的对象。

对象 objBookDB 在类 bookTypeClass 的多个方法中需要使用，所以将其定义为窗体级局部变量，代码如下所示。

```
bookDB.bookDBClass objBookDB = new bookDB.bookDBClass();
```

（3）编写方法 getBookType 的程序代码。

方法 getBookType 的程序代码如表 5-26 所示。

表 5-26　　　　　　　　　　　　　　　方法 getBookType 的程序代码

行号	代码
01	public DataTable getBookType()
02	{
03	string strComm;
04	strComm = "Select 图书类型代码，图书类型名称，图书类型说明 ,"
05	+ " 类型层次编号，类型父项编号 "
06	+ " From 图书类型 Order By 图书类型代码";
07	return objBookDB.getDataBySQL(strComm);
08	}

（4）编写方法 initTrvTree 的程序代码。

方法 initTrvTree 的程序代码如表 5-27 所示。

表 5-27　　　　　　　　　　　　　　　方法 initTrvTree 的程序代码

行号	代码
01	public void initTrvTree(TreeNodeCollection treeNodes,
02	string strParentIndex, DataView dvList)
03	{
04	try
05	{
06	TreeNode tempNode;
07	DataView dvList1;
08	string currentNum;
09	dvList1 = dvList;
10	//选出数据源中父部门编号为 strParentIndex 的数据行
11	DataRow[] dataRows = dvList.Table.Select("类型父项编号 ='"
12	+ strParentIndex + "'");
13	//循环添加 TreeNode
14	foreach (DataRow dr in dataRows)
15	{
16	tempNode = new TreeNode();
17	tempNode.Text = dr["图书类型代码"].ToString() + "-"
18	+ dr["图书类型名称"].ToString();
19	//用 TreeNode 的 Tag 属性保存与此节点相关的数据
20	tempNode.Tag =new treeNodeData(dr["图书类型代码"].ToString(),
21	dr["图书类型名称"].ToString(),
22	dr["图书类型说明"].ToString(),
23	dr["类型层次编号"].ToString(),
24	dr["类型父项编号"].ToString());

行号	代码
25	currentNum = dr["类型层次编号"].ToString();
26	treeNodes.Add(tempNode);
27	//递归调用,treeNodes.Count - 1 随着 treeNodes 增加而动态变化
28	TreeNodeCollection temp_nodes = treeNodes[treeNodes.Count - 1].Nodes;
29	initTrvTree(temp_nodes, currentNum, dvList1);
30	}
31	}
32	catch (Exception)
33	{
34	MessageBox.Show("初始化 TreeView 失败");
35	}
36	}

（5）编写方法 saveForAdd 的程序代码。

方法 saveForAdd 的程序代码如表 5-28 所示。

表 5-28 　　　　　　　　　　　　　方法 saveForAdd 的程序代码

行号	代码
01	public bool saveForAdd(string bookTypeCode, string bookTypeName,
02	string bookTypeExplain, string currentCode, string parentCode)
03	{
04	string strSql = null;
05	try
06	{
07	strSql = "Insert Into 图书类型(图书类型代码，图书类型名称,";
08	strSql += "图书类型说明，类型层次编号，类型父项编号)";
09	strSql += " Values (";
10	strSql += bookTypeCode + "','";
11	strSql += bookTypeName + "','";
12	strSql += bookTypeExplain + "','";
13	strSql += currentCode + "','";
14	strSql += parentCode + "')";
15	return objBookDB.updateDataTable(strSql);
16	}
17	catch
18	{ 　MessageBox.Show("新增数据失败！", "提示信息",
19	MessageBoxButtons.OK, MessageBoxIcon.Warning);
20	return false;
21	}
22	}

（6）编写方法 saveForEdit 的程序代码。

方法 saveForEdit 的程序代码如表 5-29 所示。

表 5-29 　　　　　　　　　　　　　方法 saveForEdit 的程序代码

行号	代码
01	public bool saveForEdit(string bookTypeCode, string bookTypeName,
02	string bookTypeExplain, string CurrentCode, string parentCode)
03	{

行号	代码
04	string strSql = null;
05	try
06	{
07	strSql = "Update 图书类型 Set ";
08	strSql += "图书类型名称='" + bookTypeName + "',";
09	strSql += "图书类型说明='" + bookTypeExplain + "',";
10	strSql += "类型层次编号='" + CurrentCode + "',";
11	strSql += "类型父项编号='" + parentCode + "'";
12	strSql += " Where 图书类型代码='" + bookTypeCode + "'";
13	return objBookDB.updateDataTable(strSql);
14	}
15	catch
16	{
17	MessageBox.Show("修改数据失败！ ", "提示信息");
18	return false;
19	}
20	}

（7）编写方法 deleteData 的程序代码。

方法 deleteData 的程序代码如表 5-30 所示。

表 5-30　　　　　　　　　　方法 deleteData 的程序代码

行号	代码
01	public void deleteData(string bookTypeCode)
02	{
03	string strSql;
04	strSql = "Delete From 图书类型 Where 图书类型代码='" + bookTypeCode + "'";
05	objBookDB.updateDataTable(strSql);
06	}

【任务 5-2-4】　设计图书类型管理应用程序界面

1. 添加 Windows 窗体

在 bookUI 类库中添加一个新的 Windows 窗体，即【图书类型管理】窗体。

2. 设计窗体外观

在【图书类型管理】窗体中添加 1 个 TreeView 控件、1 个 SplitContainer 控件、6 个 Label 控件、6 个 TextBox 控件和 1 个 ToolStrip 控件，其中 ToolStrip 控件包括 7 个 ToolStripButton 控件和多个 ToolStripSeparator 分隔条，调整各个控件的大小与位置，窗体的外观如图 5-19 所示。

3. 设置窗体与控件的属性

【图书类型管理】窗体及控件的主要属性设置如表 5-31 所示。

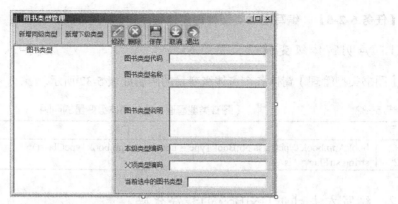

图 5-19　【图书类型管理】窗体的外观设计

表 5-31　　　　　　　　　　　【图书类型管理】窗体及控件的主要属性设置

窗体或控件类型	窗体或控件名称	属 性 名 称	属性设置值
Form	frmBookTypeManage	Icon	已有的 Ico 文件
		Text	图书类型管理
TreeView	trvList	Cursor	Hand
		Dock	Fill
		Nodes	图书类型
SplitContainer	splitContainer1	Cursor	SizeWE
		Dock	Fill
Label	lblBookTypeCode	Text	图书类型代码
	lblBookTypeName	Text	图书类型名称
	lblBookTypeExplain	Text	图书类型说明
	lblCurrentCode	Text	本级类型编码
	lblParentCode	Text	父项类型编码
	lblCurrentSelect	Text	当前选中的图书类型
TextBox	txtBookTypeCode	Text	（空）
	txtBookTypeName	Text	（空）
	txtBookTypeExplain	Text	（空）
		Multiline	True
		ScrollBars	Vertical
	txtCurrentCode	Text	（空）
	txtParentCode	Text	（空）
	txtCurrentSelect	Text	（空）
ToolStrip	toolStrip1	AutoSize	False
ToolStrip Button	btnAddEql	Text	新增同级类型
	btnAddSub	Text	新增下级类型
	btnModify	Text	修改
	btnDelete	Text	删除
	btnSave	Text	保存
	btnCancel	Text	取消
	btnExit	Text	退出

【任务 5-2-5】　编写图书类型管理窗体程序代码

1. 声明窗体级变量

【图书类型管理】窗体各个窗体级变量的声明如表 5-32 所示。

表 5-32　　　　　　　　　【图书类型管理】窗体窗体级变量的声明

行号	代码
01	bookApp.bookTypeClass objBookType = new bookApp.bookTypeClass();
02	string strFlag = "isAdd";

2. 编写方法 clearTextBox 的程序代码

方法 clearTextBox 的程序代码如表 5-33 所示。

表 5-33　　　　　　　　　　方法 clearTextBox 的程序代码

行号	代码
01	private void clearTextBox()
02	{
03	txtBookTypeCode.Text = "";
04	txtBookTypeName.Text = "";
05	txtBookTypeExplain.Text = "";
06	txtCurrentCode.Text = "";
07	txtParentCode.Text = "";
08	}

3. 编写方法 setTextBoxState 的程序代码

方法 setTextBoxState 的程序代码如表 5-34 所示。

表 5-34　　　　　　　　　　方法 setTextBoxState 的程序代码

行号	代码
01	private void setTextBoxState(bool bState)
02	{
03	txtBookTypeCode.ReadOnly = bState;
04	txtBookTypeName.ReadOnly = bState;
05	txtBookTypeExplain.ReadOnly = bState;
06	txtCurrentCode.ReadOnly = bState;
07	txtParentCode.ReadOnly = bState;
08	}

4. 编写方法 setButtonState 的程序代码

方法 setButtonState 的程序代码如表 5-35 所示。

表 5-35　　　　　　　　　　方法 setButtonState 的程序代码

行号	代码
01	private void setButtonState(bool bState)
02	{
03	btnAddEql.Enabled = bState;

续表

行号	代码
04	btnAddSub.Enabled = bState;
05	btnModify.Enabled = bState;
06	btnDelete.Enabled = bState;
07	btnSave.Enabled = !bState;
08	btnCancel.Enabled = !bState;
09	}

5. 编写方法 initializeTree 的程序代码

方法 initializeTree 的程序代码如表 5-36 所示。

表 5-36　　　　　　　　　　　　方法 initializeTree 的程序代码

行号	代码
01	private void initializeTree()
02	{
03	DataTable dt = new DataTable();
04	DataView dvList = null;
05	dt = objBookType.getBookType();
06	dvList = dt.DefaultView;
07	objBookType.initTrvTree(trvList.Nodes, "-1", dvList);
08	//初始化 TreeView 控件的各个节点
09	trvList.Nodes[0].Tag = new bookApp.treeNodeData("", "图书类型", "", "0", "");
10	objBookType.initTrvTree(trvList.Nodes, "0", dvList);
11	}

6. 编写【图书类型管理】窗体的 Load 事件过程的程序代码

【图书类型管理】窗体 frmBookTypeManage 的 Load 事件过程的程序代码如表 5-37 所示。

表 5-37　　　　　　　　【图书类型管理】窗体的 Load 事件过程的程序代码

行号	代码
01	private void frmBookTypeManage_Load(object sender, EventArgs e)
02	{
03	initializeTree();
04	setButtonState(true);
05	setTextBoxState(true);
06	txtBookTypeCode.ReadOnly = true;
07	}

7. 编写【图书类型管理】窗体 Activated 事件过程的程序代码

【图书类型管理】窗体 bookTypeManage 的 Activated 事件过程的程序代码表 5-38 所示。

表 5-38　　　　　　【图书类型管理】窗体的 Activated 事件过程的程序代码

行号	代码
01	private void frmBookTypeManage_Activated(object sender, EventArgs e)
02	{
03	trvList.Nodes[0].Expand();
04	trvList.SelectedNode = trvList.Nodes[0];
05	}

8. 编写 TreeView 控件的 AfterSelect 事件过程的程序代码

TreeView 控件 trvList 的 AfterSelect 事件过程的程序代码如表 5-39 所示。

表 5-39　　　　　　　　　　TreeView 控件的 AfterSelect 事件过程的程序代码

行号	代码
01	private void trvList_AfterSelect(object sender,
02	System.Windows.Forms.TreeViewEventArgs e)
03	{
04	//获取当前节点的数据
05	bookApp.treeNodeData currentTreeNode =
06	(bookApp.treeNodeData)trvList.SelectedNode.Tag;
07	if (trvList.SelectedNode.Text != "图书类型")
08	{
09	txtBookTypeCode.Text = currentTreeNode.BookTypeCode;
10	txtBookTypeName.Text = currentTreeNode.BookTypeName;
11	txtBookTypeExplain.Text = currentTreeNode.BookTypeExplain;
12	txtCurrentCode.Text = currentTreeNode.ItemIndex;
13	txtParentCode.Text = currentTreeNode.ParentIndex;
14	txtCurrentSelect.Text = trvList.SelectedNode.Text;
15	}
16	}

9. 编写【新增同级类型】按钮的 Click 事件过程的程序代码

【新增同级类型】按钮 btnAddEql 的 Click 事件过程的程序代码如表 5-40 所示。

表 5-40　　　　　　　　　【新增同级类型】按钮的 Click 事件过程的程序代码

行号	代码
01	private void btnAddEql_Click(object sender, EventArgs e)
02	{
03	strFlag = "isAdd";
04	clearTextBox();
05	setButtonState(false);
06	setTextBoxState(false);
07	txtParentCode.ReadOnly = true;
08	txtParentCode.Text =
09	((bookApp.treeNodeData)trvList.SelectedNode.Tag).ParentIndex;
10	txtCurrentCode.Text = txtParentCode.Text;
11	txtBookTypeCode.Focus();
12	}

10. 编写【新增下级类型】按钮的 Click 事件过程的程序代码

【新增下级类型】按钮 btnAddSub 的 Click 事件过程的程序代码如表 5-41 所示。

表 5-41　　　　　　　　　【新增下级类型】按钮的 Click 事件过程的程序代码

行号	代码
01	private void btnAddSub_Click(object sender, EventArgs e)
02	{
03	strFlag = "isAdd";

续表

行号	代码
04	clearTextBox();
05	setButtonState(false);
06	setTextBoxState(false);
07	txtParentCode.ReadOnly = true;
08	txtParentCode.Text =
09	((bookApp.treeNodeData)trvList.SelectedNode.Tag).ItemIndex;
10	txtCurrentCode.Text = txtParentCode.Text;
11	txtBookTypeCode.Focus();
12	}

11. 编写【修改当前类型】按钮的 Click 事件过程的程序代码

【修改当前类型】按钮 btnModify 的 Click 事件过程的程序代码如表 5-42 所示。

表 5-42　　　　　　　　　　【修改当前类型】按钮的 Click 事件过程的程序代码

行号	代码
01	private void btnModify_Click(System.Object sender, System.EventArgs e)
02	{
03	strFlag = "isModify";
04	setTextBoxState(false);
05	setButtonState(false);
06	txtBookTypeCode.Enabled = false;
07	txtBookTypeName.Focus();
08	}

12. 编写【保存】按钮的 Click 事件过程的程序代码

【保存】按钮 btnSave 的 Click 事件过程的程序代码如表 5-43 所示。

表 5-43　　　　　　　　　　【保存】按钮的 Click 事件过程的程序代码

行号	代码
01	private void btnSave_Click(System.Object sender, System.EventArgs e)
02	{
03	if (strFlag == "isAdd")
04	{
05	if (trvList.SelectedNode == null == false)
06	{
07	if (objBookType.saveForAdd(txtBookTypeCode.Text.Trim() ,
08	txtBookTypeName.Text.Trim() , txtBookTypeExplain.Text.Trim(),
09	txtCurrentCode.Text.Trim() , txtParentCode.Text.Trim()) == true)
10	{
11	trvList.Nodes.Clear();
12	trvList.Nodes.Add("图书类型");
13	initializeTree();
14	trvList.Nodes[0].Expand();
15	}
16	}
17	}
18	else

行号	代码
19	{
20	if (trvList.SelectedNode == null == false)
21	{
22	if (objBookType.saveForEdit(txtBookTypeCode.Text.Trim() ,
23	txtBookTypeName.Text.Trim() , txtBookTypeExplain.Text.Trim() ,
24	txtCurrentCode.Text.Trim() , txtParentCode.Text.Trim()) == true)
25	{
26	trvList.Nodes.Clear();
27	trvList.Nodes.Add("图书类型");
28	initializeTree();
29	trvList.Nodes[0].Expand();
30	}
31	}
32	}
33	setButtonState(true);
34	setTextBoxState(true);
35	}

13. 编写【删除当前类型】按钮的 Click 事件过程的程序代码

【删除当前类型】按钮 btnDelete 的 Click 事件过程的程序代码如表 5-44 所示。

表 5-44　　　　　　　　　【删除当前类型】按钮的 Click 事件过程的程序代码

行号	代码
01	private void btnDelete_Click(System.Object sender, System.EventArgs e)
02	{
03	if (trvList.SelectedNode.Text.Trim() !="图书类型")
04	{
05	//不能删除具有子节点的节点
06	if (trvList.SelectedNode.Nodes.Count != 0)
07	{
08	MessageBox.Show("请先删除该项的全部子项", "提示信息",
09	MessageBoxButtons.OK , MessageBoxIcon.Warning);
10	}
11	else
12	{
13	DialogResult result = MessageBox.Show("你确认删除此数据？", "删除",
14	MessageBoxButtons.OKCancel, MessageBoxIcon.Information);
15	if (result == DialogResult.OK)
16	{
17	//生成 SQL 语句更新数据
18	objBookType.deleteData(txtBookTypeCode.Text.Trim());
19	clearTextBox();
20	trvList.Nodes.Clear();
21	trvList.Nodes.Add("图书类型");
22	initializeTree();
23	trvList.Nodes[0].Expand();
24	}
25	}
26	}

续表

行号	代码
27	else
28	{
29	MessageBox.Show("请先选择需要删除的节点", "提示信息",
30	MessageBoxButtons.OK, MessageBoxIcon.Warning);
31	}
32	}

14. 编写【取消】按钮的 Click 事件过程的程序代码

【取消】按钮 btnCancel 的 Click 事件过程的程序代码如表 5-45 所示。

表 5-45　　　　　　　　　　　　【取消】按钮的 Click 事件过程的程序代码

行号	代码
01	private void btnCancel_Click(System.Object sender, System.EventArgs e)
02	{
03	setButtonState(true);
04	setTextBoxState(true);
05	txtParentCode.ReadOnly = true;
06	}

【任务 5-2-6】　测试图书类型管理模块的程序

首先将 "bookUI" 项目作为启动项目，将 "frmBookTypeManage.cs" 设置为启动对象。

1. 用户界面测试

（1）测试内容：用户界面的视觉效果和易用性；控件状态、位置及内容确认；光标移动顺序。

（2）确认方法：屏幕拷贝、目测。

【图书类型管理】窗体运行的初始状态如图 5-20 所示。

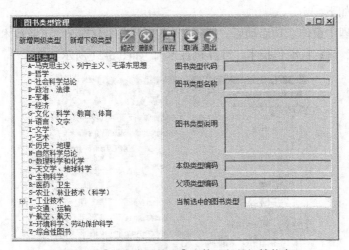

图 5-20　【图书类型管理】窗体运行的初始状态

（3）测试结论：合格。

2. 功能测试

功能测试的目的是测试设计任务卡中的功能要求是否能够实现，同时测试【图书类型管理】模块的容错能力。

（1）准备测试用例。

准备的测试用例如表 5-46 所示。

表 5-46 【图书类型管理】的测试用例

序号	测试数据					预期结果
	图书类型代码	图书类型名称	图书类型说明	类型层次编号	类型父项编号	
1	TP1	自动化基础理论	略	180102	1801	成功新增下级类型
2	TP11	自动化系统理论	略	18010201	180102	成功新增下级类型
3	TP18	人工智能理论	略	18010208	180102	成功新增同级类型
4	TP2	自动化技术及设备	略	180103	1801	成功新增同级类型
5	TP27	自动化系统	略	18010307	180103	成功新增下级类型
6	TP274	数据处理、数据处理系统	略	1801030704	18010307	成功新增下级类型
7	TP39	计算机的应用	略	18010109	180101	成功新增下级类型
8	TP391	信息处理	略	1801010901	18010109	成功新增下级类型
9	TP391.12	汉字处理系统	略	1801010902	18010109	成功新增同级类型
10	TP393.4	国际互联网	略	1801010909	18010109	成功新增同级类型
11	TP316	网络操作系统	略	1801010106	18010101	成功修改当前类型
12	TP18	人工智能理论	略	18010208	180102	成功删除当前类型

（2）测试新增图书类型。

① 测试内容：新增各级图书类型的下级图书类型和同级图书类型。

② 确认方法：屏幕拷贝、目测。

③ 测试过程如下。

【图书类型管理】窗体成功启动后，展开 TreeView 控件中节点"工业技术"的各层子节点，然后单击选择节点"TP-自动化技术、计算机技术"，如图 5-21 所示。

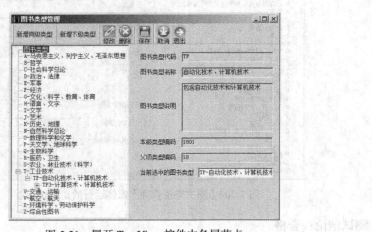

图 5-21 展开 TreeView 控件中各层节点

単元5 基础数据管理模块的实施与测试

单击【新增下级类型】按钮，然后输入表 5-46 中的第 1 行的图书类型数据，如图 5-22 所示，接着单击【保存】按钮。

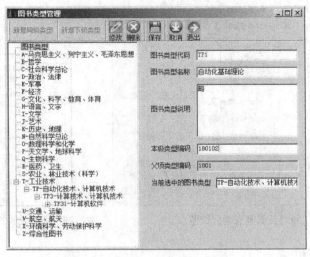

图 5-22　新增三级节点的下级节点

重新展开 TreeView 控件中各层节点，单击选择刚才新增的节点"TP1-自动化基础理论"，然后单击【新增下级类型】按钮，接着输入表 5-46 中第 2 行的图书类型数据，如图 5-23 所示，接着单击【保存】按钮。

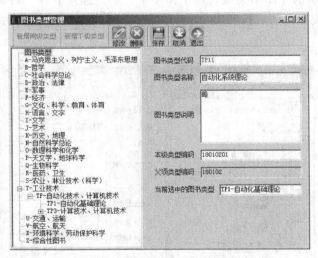

图 5-23　新增四级节点的下级节点

重新展开 TreeView 控件中各层节点，单击选择刚才新增的节点"TP11-自动化系统理论"，然后单击【新增同级类型】按钮，接着输入表 5-46 中第 3 行的图书类型数据，如图 5-24 所示，接着单击【保存】按钮。

按照类似的方法，新增表 5-46 第 4 行至第 10 行中的图书类型数据，重新展开 TreeView 控件中各层节点，结果如图 5-25 所示。

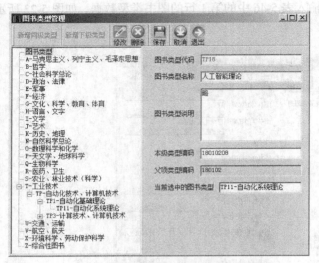

图 5-24 新增五级节点的同级节点　　　　图 5-25 新增表 5-27 中的所有图书类型的结果

④ 测试结论：合格。

（3）测试修改图书类型数据。

① 测试内容：修改图书类型数据。

② 确认方法：屏幕拷贝、目测。

③ 测试过程如下。

在如图 5-26 所示的【图书类型管理】窗体中，单击选择节点"TP316-网络操作系统"，然后单击【修改】按钮，然后按照表 5-46 中第 11 行的图书类型数据进行修改，如图 5-26 所示。

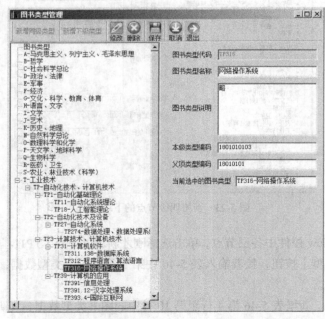

图 5-26 单击选择节点"TP316-网络操作系统"

然后单击【保存】按钮，保存修改的图书类型数据。重新展开 TreeView 控件中各层节点，单击选择刚才修改的节点"TP316-网络操作系统"。

④ 测试结论：合格。

（4）测试删除图书类型。

05- 测试内容：删除图书类型。

② 确认方法：屏幕拷贝、目测。

③ 测试过程如下。

在【图书类型管理】窗体中，单击选择节点"TP18-人工智能理论"，然后单击【删除】按钮，显示如图 5-27 所示的"确认删除此数据"【删除】信息对话框，在该对话框中单击【确定】按钮，删除该记录。

重新展开 TreeView 控件中各层节点，单击选择刚才被删除节点的父节点"TP1-自动化基础理论"，如图 5-28 所示，可以看出节点"TP18-人工智能理论"已被删除。

图 5-27 【删除】信息对话框

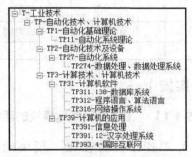

图 5-28 浏览节点被删除后的图书类型数据

④ 测试结论：合格。

【任务5-3】 图书书目管理模块的实施与测试

【任务描述】

1. 任务卡

【任务 5-3】的任务卡如表 5-47 所示。

表 5-47 　　　　　　　　　　【任务 5-3】的任务卡

任务编号	05-3	任务名称	图书书目管理模块的实施与测试
计划工时	180min	模块名称	书目数据管理
窗体名称	管理书目数据窗体：frmBibliothecaInfoManage 新增书目窗体：frmBibliothecaInfoAdd 修改书目数据窗体：frmBibliothecaInfoEdit 选择出版社窗体：frmSelectPublisher	业务处理层的类名称	bibliothecaClass.cs
数据表名称	书目信息、出版社、图书类型	数据操作层的类名称	bookDBClass
任务说明			

续表

（1）建立图书书目管理模块的用例图、类图、顺序图和活动图 （2）在图书管理数据库"bookData"中创建"书目信息"数据表和数据视图"bibliothecaView" （3）创建业务处理类 bibliothecaClass.cs，在该类中添加方法和编写程序代码 （4）设计"浏览与管理书目数据"、"新增书目"、"修改书目数据"和"选择出版社"等多个窗体，编写代码实现"浏览与管理书目数据"、"新增书目"、"修改书目数据"和"选择出版社"功能，且进行必要的测试
<div align="center">模块主要功能简述</div>
（1）显示"书目信息"数据表中的记录 （2）可以新增、修改或删除"书目信息"数据表中的记录 （3）新增、修改"书目信息"数据表的数据时，可以打开"出版社"窗体选择出版社

2. 任务跟踪卡

【任务 5-3】的任务跟踪卡如表 5-48 所示。

表 5-48　　　　　　　　　　　　　　【任务 5-3】的任务跟踪卡

任务编号	开始时间	完成时间	计划工时	实际工时	当前状态
05-3					

【任务实施】

【任务 5-3-1】　图书书目管理模块的建模

1. 建立"书目数据管理"模块的用例图

"书目数据管理"模块的用例图如图 5-29 所示。

2. 绘制"书目类"的类图

"书目类"的类图如图 5-30 所示。

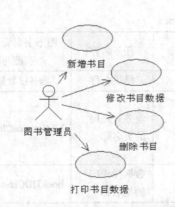

图 5-29　"书目数据管理"模块的用例图

图 5-30　书目类的类图

3. 绘制"浏览与管理书目数据界面类"的类图

"浏览与管理书目数据界面类"的类图如图 5-31 所示。

4. 绘制"新增书目界面类"的类图

"新增书目界面类"的类图如图 5-32 所示。

5. 绘制"修改书目数据界面类"的类图

"修改书目数据界面类"的类图如图 5-33 所示。

图 5-31 "浏览与管理书目
数据界面类"的类图

图 5-32 "新增书目界面类"的类图　　　　图 5-33 "修改书目数据界面类"的类图

6. 绘制"新增书目"的顺序图

"新增书目"的顺序图如图 5-34 所示。

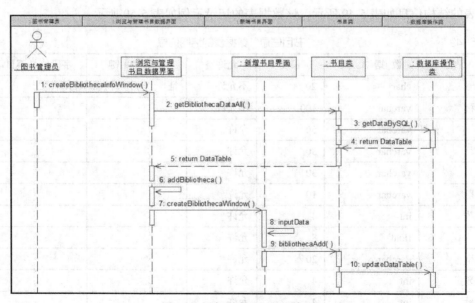

图 5-34 "新增书目"的顺序图

"修改书目数据"和"删除书目"的顺序图与"新增书目"的顺序图类似，请参照"新增书目"的顺序图绘制"修改书目数据"和"删除书目"的顺序图。

7. 绘制"书目数据管理"的活动图

"书目数据管理"的活动图如图 5-35 所示。

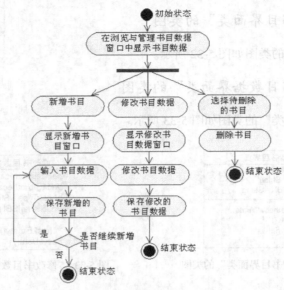

图 5-35 "书目数据管理"模块的活动图

【任务 5-3-2】 建立图书书目管理模块的数据表与数据视图

打开 SQL Server 2008 的管理器，然后在数据库"bookData"中创建一个数据表"书目信息"，该数据表的结构信息如表 5-49 所示，该数据表的记录示例如表 5-50 所示。

表 5-49　　　　　　　　　　　　　"书目信息"数据表的结构信息

列　　名	数 据 类 型	长度	允许空	是否为主键	字段值是否自动递增
书目编号	char	20	不允许	是	否
图书名称	varchar	100	不允许		
作者	varchar	50	允许		
出版社	varchar	30	允许		
ISBN	varchar	30	允许		
出版日期	varchar	10	允许		
图书页数	int	4	允许		
价格	float	8	允许		
图书类型	varchar	20	允许		
总藏书数量	int	4	允许		
现存数量	int	4	允许		
馆藏地点	varchar	10	允许		
简介	text	16	允许		
待入库数量	int	4	允许		

表 5-50　　　　　　　　　　　　"书目信息"数据表的记录示例

书　目　编　号	图　书　名　称	作　　者	出版社
9787115158048	网页设计与制作案例教程	陈承欢	7-115
9787115171566	Visual Basic.NET 程序设计基础	陈承欢	7-115
9787115172006	ADO.NET 数据库访问技术案例教程	陈承欢	7-115
9787111229827	管理信息系统应用案例教程	陈承欢，郭外萍	7-111
9787111209935	数据库系统原理与应用	刘志成	7-111

ISBN	出版日期	图书页数	价格	图书类型	总藏书数量	现存数量
7-115-15804-8	2007-03	289	31	T	12	5
7-115-17156-6	2008-04	260	27	T	6	5
7-115-17200-6	2008-04	257	32	T	5	3
7-111-22982-7	2008-01	186	20	T	5	4
7-111-20993-5	2007-04	296	28	T	5	4

馆藏地点	简介	待入库数量
A-001-01	－	2
A-001-01	－	0
A-001-01	本教材通过大量实例介绍了 ADO.NET 对象的基本概念和使用方法	1
A-001-01	本书以真实的管理信息系统为案例组织教学内容，在实际工作环境中，使学生了解管理信息系统的数据输入、数据编码、数据存储、数据处理与数据输出的基础原理与方法	3
A-001-01	本教材是普通高等教育"十一五"国家级规划教材	4

　　在数据库 "bookData" 中创建一个数据视图 "bibliothecaView"，该视图的结构信息如表 5-51 所示。

表 5-51　　　　　　　　　　　　"bibliothecaView" 视图的结构信息

列　　　名	源　表　名	列　　　名	源　表　名	列　　　名	源　表　名
书目编号	书目信息	出版日期	书目信息	现存数量	书目信息
图书名称	书目信息	图书页数	书目信息	馆藏地点	书目信息
作者	书目信息	价格	书目信息	简介	书目信息
出版社名称	出版社	图书类型名称	图书类型		
ISBN	书目信息	总藏书数量	书目信息		

【任务 5-3-3】　创建图书书目管理模块的类

1．业务处理类 bibliothecaClass 各个成员的功能说明

　　根据业务处理类的模型创建业务处理类 bibliothecaClass，业务处理类 bibliothecaClass 各个成员的功能如表 5-52 所示。

表 5-52　　　　　　　　　　　　bibliothecaClass 类各个成员的功能

成　员　名　称	成　员　类　型	功　能　说　明
objBookDB	变量	bookDB 类库中 bookDBClass 类的对象
getBibliothecaDataAll	方法	获取 "书目信息" 数据表中所有的记录

成 员 名 称	成 员 类 型	功 能 说 明
getBibliothecaData	方法	从"书目信息"数据表中获取指定"书目编号"的数据，包含 1 个参数，用于传递"书目编号"
getBookTypeNameAll	方法	从"图书类型"数据表中获取所有的"图书类型名称"
getBookTypeId	方法	从"图书类型"数据表中获取指定"图书类型名称"的"图书类型代码"，包含 1 个参数，用于传递"图书类型名称"
getPublisherName	方法	从"出版社"数据表中获取所有的"出版社名称"
getPublisherISBN	方法	从"出版社"数据表中获取指定"出版社名称"的"ISBN"，包含 1 个参数，用于传递"出版社名称"
getDepositary	方法	从"馆藏地点"数据表中获取所有的"馆藏地点编号"
bibliothecaAdd	方法	新增书目记录，包含 13 个参数，用于传递新增书目记录的各个字段值
bibliothecaEditAll	方法	修改书目数据（包括书目编号数据），包含 14 个参数，用于传递被修改记录的各个字段值
bibliothecaEditPart	方法	修改"书目信息"数据表中指定"书目编号"的记录数据（不包括书目编号数据），包含 13 个参数，用于传递被修改记录的各个字段值
bibliothecaDelete	方法	删除"书目信息"数据表中指定"书目编号"的记录，包含 1 个参数，用于传递"书目编号"

2. 添加类

在 bookApp 类库中添加一个类"bibliothecaClass.cs"。

3. 业务处理类 bibliothecaClass.各个成员的代码编写

双击类文件"bibliothecaClass.cs"，打开代码编辑器窗口，在该窗口中编写程序代码。

（1）声明 bookDB 类库中 bookDBClass 类的对象。

对象 objBookDB 在 bookDBClass 类的多个方法中需要使用，所以将其定义为窗体级局部变量，代码如下所示。

```
bookDB.bookDBClass objBookDb = new bookDB.bookDBClass();
```

（2）编写方法 getBibliothecaDataAll 的程序代码。

方法 getBibliothecaDataAll 的程序代码如表 5-53 所示。

表 5-53　　　　　　　　　　方法 getBibliothecaDataAll 的程序代码

行号	代码
01	public DataTable getBibliothecaDataAll()
02	{
03	string strSql = null;
04	strSql = "select 书目编号，图书名称，作者，出版社名称,"
05	+ " ISBN，出版日期,图书页数，价格，图书类型名称,"
06	+ " 总藏书数量，现存数量，馆藏地点，简介 from bibliothecaView ";
07	return objBookDb.getDataBySQL(strSql);
08	}

（3）编写方法 getBibliothecaInfoByName 的程序代码。

方法 getBibliothecaInfoByName 的程序代码如表 5-54 所示。

表 5-54　　　　　　　　　　方法 getBibliothecaInfoByName 的程序代码

行号	代码
01	public DataTable getBibliothecaInfoByName(string bookName)
02	{
03	//根据查询条件检索数据表
04	string strSql = null;
05	strSql = " Select 书目编号，图书名称，作者，出版社名称 ,"
06	+ " ISBN，出版日期，图书页数，价格，图书类型名称 ,"
07	+ " 总藏书数量，现存数量，馆藏地点，简介 "
08	+ " From bibliothecaView Where 图书名称 Like '%"
09	+ bookName + "%'";
10	return objBookDb.getDataBySQL(strSql);
11	}

（4）编写方法 getBibliothecaInfoById 的程序代码。

方法 getBibliothecaInfoById 的程序代码如表 5-55 所示。

表 5-55　　　　　　　　　　方法 getBibliothecaInfoById 的程序代码

行号	代码
01	public DataTable getBibliothecaInfoById(string bibliothecaId)
02	{
03	//根据查询条件检索数据表
04	string strSql = null;
05	strSql = " Select 书目编号，图书名称，作者，出版社名称 ,"
06	+ " ISBN，出版日期，图书页数，价格，图书类型名称 ,"
07	+ " 总藏书数量，现存数量，馆藏地点，简介 "
08	+ " From bibliothecaView where 书目编号 Like　'"
09	+ bibliothecaId + "%'";
10	return objBookDb.getDataBySQL(strSql);
11	}

（5）编写方法 getBibliothecaData 的程序代码。

方法 getBibliothecaData 的程序代码如表 5-56 所示。

表 5-56　　　　　　　　　　方法 getBibliothecaData 的程序代码

行号	代码
01	public DataTable getBibliothecaData(string bibliothecaNo)
02	{
03	return objBookDb.getDataBySQL("Select * From bibliothecaView "
04	+ " Where 书目编号='" + bibliothecaNo + "'");
05	}

（6）编写方法 getBookTypeNameAll 的程序代码。

方法 getBookTypeNameAll 的程序代码如表 5-57 所示。

表 5-57   方法 getBookTypeNameAll 的程序代码

行号	代码
01	public DataTable getBookTypeNameAll()
02	{
03	return objBookDb.getDataBySQL("Select 图书类型名称 From 图书类型");
04	}

（7）编写方法 getBookTypeId 的程序代码。

方法 getBookTypeId 的程序代码如表 5-58 所示。

表 5-58   方法 getBookTypeId 的程序代码

行号	代码
01	public DataTable getBookTypeId(string bookType)
02	{
03	return objBookDb.getDataBySQL(" Select 图书类型代码 From 图书类型"
04	+ " Where 图书类型名称='" + bookType + "'");
05	}

（8）编写方法 getPublisherName 的程序代码。

方法 getPublisherName 的程序代码如表 5-59 所示。

表 5-59   方法 getPublisherName 的程序代码

行号	代码
01	public DataTable getPublisherName()
02	{
03	return objBookDb.getDataBySQL("Select 出版社名称 From 出版社");
04	}

（9）编写方法 getPublisherISBN 的程序代码。

方法 getPublisherISBN 的程序代码如表 5-60 所示。

表 5-60   方法 getPublisherISBN 的程序代码

行号	代码
01	public DataTable getPublisherISBN(string publisher)
02	{
03	return objBookDb.getDataBySQL(" Select ISBN From 出版社 "
04	+ " Where 出版社名称='" + publisher + "'");
05	}

（10）编写方法 getDepositary 的程序代码。

方法 getDepositary 的程序代码如表 5-61 所示。

表 5-61   方法 getDepositary 的程序代码

行号	代码
01	public DataTable getDepositary()
02	{
03	return objBookDb.getDataBySQL("Select 馆藏地点编号 From 馆藏地点");
04	}

（11）编写方法 bibliothecaAdd 的程序代码。

方法 bibliothecaAdd 的程序代码如表 5-62 所示。

表 5-62　　　　　　　　　　　　　　方法 bibliothecaAdd 的程序代码

行号	代码
01	public bool bibliothecaAdd(string bibliothecaID, string bibliothecaName,
02	string author, string publisherISBN, string ISBN, string publishDate,
03	int pages, float price, string bookType, int nowNums,
04	string place, string synopsis, int inNums)
05	{
06	string strInsertComm = null;
07	strInsertComm = "Insert Into 书目信息(书目编号 , 图书名称 , 作者 ,"
08	+ "出版社 , ISBN , 出版日期 , 图书页数 , 价格 , 图书类型 ,"
09	+ "现存数量 , 馆藏地点 , 简介 , 待入库数量) Values('"
10	+ bibliothecaID + "','" + bibliothecaName
11	+ "','" + author + "','" + publisherISBN
12	+ "','" + ISBN + "','" + publishDate
13	+ "','" + pages + "','" + price
14	+ "','" + bookType + "','"
15	+ nowNums + "','" + place
16	+ "','" + synopsis + "','" + inNums + "')";
17	return objBookDb.updateDataTable(strInsertComm);
18	}

（12）编写方法 bibliothecaEditAll 的程序代码。

方法 bibliothecaEditAll 的程序代码如表 5-63 所示。

表 5-63　　　　　　　　　　　　　　方法 bibliothecaEditAll 的程序代码

行号	代码
01	public bool bibliothecaEditAll(string bibliothecaID, string bibliothecaName,
02	string author, string publisher, string ISBN, string publishDate,
03	int pages,float price, string bookType, int totalNums,
04	int nowNums, string place, string synopsis, string keyField)
05	{
06	string strEditComm = null;
07	strEditComm = "Update 书目信息 Set 书目编号='" + bibliothecaID + "',"
08	+ " 图书名称='" + bibliothecaName + "'," + " 作者='" + author + "',"
09	+ " 出版社='" + publisher + "'," + " ISBN='" + ISBN + "',"
10	+ " 出版日期='" + publishDate + "'," + " 图书页数='" + pages + "',"
11	+ " 价格='" + price + "'," + " 图书类型='" + bookType + "',"
12	+ " 总藏书数量='" + totalNums + "'," + " 现存数量='" + nowNums + "',"
13	+ " 馆藏地点='" + place + "'," + " 简介='" + synopsis + "'"
14	+ " Where 书目编号='" + keyField + "'";
15	return objBookDb.updateDataTable(strEditComm);
16	}

（13）编写方法 bibliothecaEditPart 的程序代码。

方法 bibliothecaEditPart 的程序代码如表 5-64 所示。

表 5-64   方法 bibliothecaEditPart 的程序代码

行号	代码
01	public bool bibliothecaEditPart(string bibliothecaID, string bibliothecaName,
02	string author, string publisher, string ISBN,
03	string publishDate, int pages, float price,
04	string bookType, int totalNums,
05	int nowNums, string place, string synopsis)
06	{
07	string strEditComm = null;
08	strEditComm = "Update 书目信息 Set " + " 图书名称='" + bibliothecaName + "',"
09	+ " 作者='" + author + "'," + " 出版社='" + publisher + "',"
10	+ " ISBN='" + ISBN + "'," + " 出版日期='" + publishDate + "',"
11	+ " 图书页数='" + pages + "'," + " 价格='" + price + "',"
12	+ " 图书类型='" + bookType + "'," + " 总藏书数量='" + totalNums + "',"
13	+ " 现存数量='" + nowNums + "'," + " 馆藏地点='" + place + "',"
14	+ " 简介='" + synopsis + "'" + " Where 书目编号='"
15	+ bibliothecaID + "'";
16	return objBookDb.updateDataTable(strEditComm);
17	}

（14）编写方法 bibliothecaDelete 的程序代码。

方法 bibliothecaDelete 的程序代码如表 5-65 所示。

表 5-65   方法 bibliothecaDelete 的程序代码

行号	代码
01	public bool bibliothecaDelete(string bibliothecaID)
02	{
03	if (objBookDb.updateDataTable("Delete From 书目信息 Where 书目编号='"
04	+ bibliothecaID + "'") == true)
05	{
06	return true;
07	}
08	else
09	{
10	return false;
11	}
12	}

【任务 5-3-4】 设计浏览与管理书目数据应用程序界面

1. 添加 Windows 窗体

在 bookUI 类库中添加一个新的 Windows 窗体，即【浏览与管理书目数据】窗体。

2. 设计窗体外观

在【浏览与管理书目数据】窗体中添加 1 个 ToolStrip 控件（包括 4 个 ToolStripButton 按钮）、1 个控件 Panel、2 个 Label 控件、2 个 TextBox 控件、1 个 Button 控件和 1 个 DataGridView 控件，调整各个控件的大小与位置，窗体的外观如图 5-36 所示。

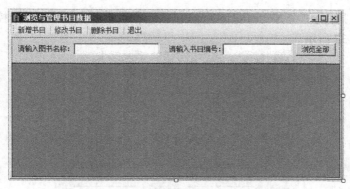

图 5-36 【浏览与管理书目数据】窗体的外观设计

3. 设置窗体与控件的属性

【浏览与管理书目数据】窗体及控件的主要属性设置如表 5-66 所示。

表 5-66   【浏览与管理书目数据】窗体及控件的主要属性设置

窗体或控件类型	窗体或控件名称	属 性 名 称		属性设置值
Form	frmBibliothecaInfoManage	Icon		已有的 Ico 文件
		Text		浏览与管理书目数据
ToolStrip	toolStrip1	Buttons	(Name)	btnAdd
			Text	新增书目
			(Name)	btnEdit
			Text	修改书目
			(Name)	btnDelete
			Text	删除书目
			(Name)	btnExit
			Text	退出
Panel	panel1	Dock		Top
Label	lblBibliothecaName	Text		请输入图书名称：
	lblBibliothecaId	Text		请输入书目编号：
TextBox	txtBookName	Text		（空）
	txtBibliothecaCode	Text		（空）
Button	btnBrowseAll	Text		浏览全部
DataGridView	dataGridView1	Anchor		Top, Bottom, Left, Right

【任务 5-3-5】 设计新增书目应用程序界面

1. 添加 Windows 窗体

添加一个新的 Windows 窗体，即【新增书目】窗体。

2. 设计窗体外观

在【新增书目】窗体中添加 13 个 Label 控件、7 个 TextBox 控件、3 个 ComboBox 控件、1

个 DataTimePicker 控件、2 个 NumericUpDown 和 6 个 Button 控件，调整各个控件的大小与位置，窗体的外观如图 5-37 所示。

图 5-37 【新增书目】窗体的外观设计

3. 设置窗体与控件的属性

【新增书目】窗体及控件的主要属性设置如表 5-67 所示。

表 5-67　　　　　　　　　　　　【新增书目】窗体及控件的主要属性设置

窗体或控件类型	窗体或控件名称	属 性 名 称	属性设置值
Form	frmBibliothecaInfoAdd	Icon	已有的 Ico 文件
		Text	新增书目
Label	lblBookNumber	Text	书目编号：
	lblBookName	Text	图书名称：
	lblBookType	Text	图书类型：
	lbPublishDate	Text	出版日期：
	lblBookPages	Text	图书页数：
	lblTotalNumber	Text	待入库量：
	lbBookISBN	Text	图书 ISBN：
	lblSynopsis	Text	内容简介：
	lbAuthor	Text	作　者：
	lblPublisher	Text	出版社：
	lblPrice	Text	价　格：
	lblNowNumber	Text	现存数量：
	lblPlace	Text	藏书地点：
TextBox	txtBibliothecaId	Text	（空）
	txtBookName	Text	（空）
	txtAuthor	Text	（空）
	txtPublisher	Text	（空）

窗体或控件类型	窗体或控件名称	属 性 名 称	属性设置值
TextBox	txtBookPages	Text	（空）
	txtPrice	Text	（空）
	txtBookISBN	Text	（空）
	txtSynopsis	Text	（空）
		Multiline	True
ComboBox	cboBookType	Text	（空）
	cboPlace	Text	（空）
DataTimePicker	dtpPublishDate	CustomFormat	yyyy-MM-dd
		Format	Custom
NumericUpDown	nudInNumber	Value	0
	nudNowNumber	Value	0
Button	btnSelectPublisher	Text	…
	btnAdd	Text	新增(&A)
	btnSave	Text	保存(&S)
	btnCancle	Text	取消(&C)
	btnInStore	Text	入库(&I)
	btnClose	Text	关闭(&E)

【任务 5-3-6】　设计修改书目数据应用程序界面

1. 添加 Windows 窗体

添加一个新的 Windows 窗体，即【修改书目数据】窗体。

2. 设计窗体外观

在【修改书目数据】窗体中添加 13 个 Label 控件、8 个 TextBox 控件、2 个 ComboBox 控件、1 个 DataTimePicker 控件、2 个 NumericUpDown 和 6 个 Button 控件，调整各个控件的大小与位置，窗体的外观如图 5-38 所示。

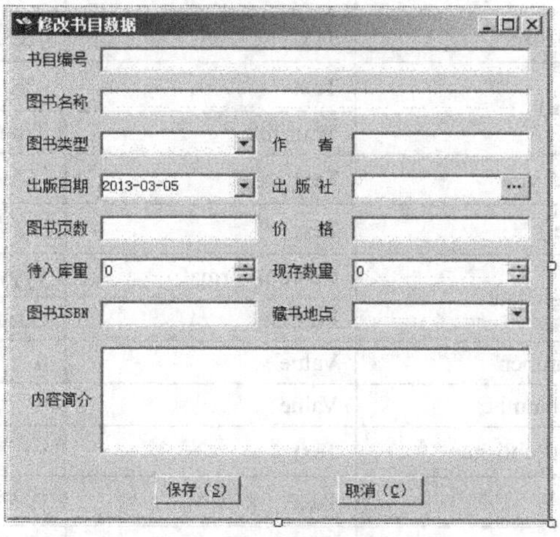

图 5-38　【修改书目数据】窗体的外观设计

193

3. 设置窗体与控件的属性

【修改书目数据】窗体及控件的主要属性设置如表 5-68 所示。

表 5-68　　　　　　　　　　【修改书目数据】窗体及控件的主要属性设置

窗体或控件类型	窗体或控件名称	属 性 名 称	属性设置值
Form	frmBibliothecaInfoEdit	Icon	已有的 Ico 文件
		Text	修改书目数据
Label	lblBookNumber	Text	书目编号:
	lblBookName	Text	图书名称:
	lblBookType	Text	图书类型:
	lbPublishDate	Text	出版日期:
	lblBookPages	Text	图书页数:
	lblTotalNumber	Text	总藏书量:
	lbBookISBN	Text	图书 ISBN:
	lblSynopsis	Text	内容简介:
	lbAuthor	Text	作　者:
	lblPublisher	Text	出版社:
	lblPrice	Text	价　格:
	lblNowNumber	Text	现存数量:
	lblPlace	Text	藏书地点:
TextBox	txtBibliothecaId	Text	（空）
	txtBookName	Text	（空）
	txtAuthor	Text	（空）
	txtPublisher	Text	（空）
	txtBookPages	Text	（空）
	txtPrice	Text	（空）
	txtBookISBN	Text	（空）
	txtSynopsis	Text	（空）
		Multiline	True
ComboBox	cboBookType	Text	（空）
	cboPlace	Text	（空）
DataTimePicker	dtpPublishDate	CustomFormat	yyyy-MM-dd
		Format	Custom
NumericUpDown	nudInNumber	Value	0
	nudNowNumber	Value	0
Button	btnSelectPublisher	Text	…
	btnSave	Text	保存(&S)
	btnCancle	Text	取消(&C)

【任务 5-3-7】　设计选择出版社应用程序界面

1．添加 Windows 窗体

添加一个新的 Windows 窗体，即【选择出版社】窗体。

2．设计窗体外观

在【选择出版社】窗体中添加 1 个 TreeView 控件，窗体的外观如图 5-39 所示。

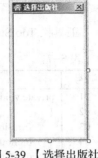

图 5-39 【选择出版社】
窗体的外观设计

3．设置窗体与控件的属性

【选择出版社】窗体及控件的主要属性设置如表 5-69 所示。

表 5-69　　　　　　　　　　　【选择出版社】窗体及控件的主要属性设置

窗体或控件类型	窗体或控件名称	属 性 名 称	属性设置值
Form	selectPublisher	Icon	已有的 Ico 文件
		MaximumBox	False
		MinimumBox	False
		Text	选择出版社
TreeView	tvPublisherList	Dock	Fill

【任务 5-3-8】　编写浏览与管理书目数据窗体的程序代码

1．声明窗体级变量

声明一个窗体级局部变量 objBibliotheca，代码如下所示。

```
bookApp.bibliothecaClass objBibliotheca = new bookApp.bibliothecaClass();
```

2．编写【浏览与管理书目数据】窗体 Load 事件过程的程序代码

【浏览与管理书目数据】窗体 bookInfoManage 的 Load 事件过程的程序代码如表 5-70 所示。

表 5-70　　　　　　　　　窗体 bookInfoManage 的 Load 事件过程的程序代码

行号	代码
01	private void frmBibliothecaInfoManage_Load(object sender, EventArgs e)
02	{
03	//控制窗体位置
04	this.Top = 0;
05	this.Left = 0;
06	this.Width = 900;
07	this.Height = 620;
08	DataGridViewCellStyle headerStyle = new DataGridViewCellStyle();
09	headerStyle.Alignment =
10	System.Windows.Forms.DataGridViewContentAlignment.MiddleCenter;
11	this.dataGridView1.ColumnHeadersDefaultCellStyle = headerStyle;
12	dataGridView1.DataSource = objBibliotheca.getBibliothecaDataAll();
13	}

195

3. 编写工具栏 ToolStrip 各个按钮 Click 事件过程的程序代码

工具栏 ToolStrip 的 ToolStripButton 各个按钮的 Click 事件过程的程序代码如表 5-71 所示。

表 5-71　　　　　　　　　工具栏 ToolStrip 各个按钮的 Click 事件过程的程序代码

行号	代码
01	private void btnAdd_Click(object sender, EventArgs e)
02	{
03	frmBibliothecaInfoAdd bibliothecaInfoAdd = new frmBibliothecaInfoAdd();
04	bibliothecaInfoAdd.ShowDialog();
05	dataGridView1.DataSource = objBibliotheca.getBibliothecaDataAll();
06	}
07	
08	private void btnEdit_Click(object sender, EventArgs e)
09	{
10	string currentBookNo = null;
11	currentBookNo = dataGridView1.Rows[dataGridView1.CurrentRow.Index]
12	.Cells[0].Value.ToString();
13	frmBibliothecaInfoEdit bookInfoEdit =
14	new frmBibliothecaInfoEdit(currentBookNo);
15	bookInfoEdit.ShowDialog();
16	dataGridView1.DataSource = objBibliotheca.getBibliothecaDataAll();
17	
18	}
19	
20	private void btnDelete_Click(object sender, EventArgs e)
21	{
22	DialogResult result = MessageBox.Show("您确定要删除此记录吗?", "警告信息",
23	MessageBoxButtons.YesNo, MessageBoxIcon.Question);
24	if (result == DialogResult.Yes)
25	{
26	string strDelRow = null;
27	strDelRow = dataGridView1.Rows[dataGridView1.CurrentRow.Index]
28	.Cells[0].Value.ToString();
29	if (objBibliotheca.bibliothecaDelete(strDelRow) == true)
30	{
31	MessageBox.Show("成功删除", "提示信息",
32	MessageBoxButtons.OK, MessageBoxIcon.Information);
33	dataGridView1.DataSource = objBibliotheca.getBibliothecaDataAll();
34	}
35	else
36	{
37	MessageBox.Show("删除失败，请重试! ", "提示信息",
38	MessageBoxButtons.OK, MessageBoxIcon.Information);
39	}
40	}
41	}
42	
43	private void btnExit_Click(object sender, EventArgs e)
44	{
45	this.Close();
46	}

4. 编写 DataGridView 控件的 DoubleClick 事件过程的程序代码

DataGridView 控件 dgBibliothecaInfo 的 DoubleClick 事件过程的程序代码如表 5-72 所示。

表 5-72　　　　　　　　DataGridView 控件的 DoubleClick 事件过程的程序代码

行号	代码
01	private void dataGridView1_DoubleClick(object sender, EventArgs e)
02	{
03	string currentBookNo = null;
04	currentBookNo = dataGridView1.Rows[dataGridView1.CurrentRow.Index]
05	.Cells[0].Value.ToString();
06	frmBibliothecaInfoEdit bibliothecaInfoEdit =
07	new frmBibliothecaInfoEdit(currentBookNo);
08	bibliothecaInfoEdit.ShowDialog();
09	dataGridView1.DataSource = objBibliotheca.getBibliothecaDataAll();
10	}

5. 编写【浏览全部】按钮的 Click 事件过程的程序代码

【浏览全部】按钮 btnBrowseAll 的 Click 事件过程的程序代码如表 5-73 所示。

表 5-73　　　　　　　【浏览全部】按钮 btnBrowseAll 的 Click 事件过程的程序代码

行号	代码
01	private void btnBrowseAll_Click(object sender, EventArgs e)
02	{
03	DataTable dt = new DataTable();
04	dt = objBibliotheca.getBibliothecaDataAll();
05	dataGridView1.DataSource = dt.DefaultView;
06	}

6. 编写"图书名称"文本框的 TextChanged 事件过程的程序代码

"图书名称"文本框 txtBookName 的 TextChanged 事件过程的程序代码如下所示。

```
dataGridView1.DataSource =
        objBibliotheca.getBibliothecaInfoByName(txtBookName.Text.Trim());
```

7. 编写"书目编号"文本框的 TextChanged 事件过程的程序代码

"书目编号"文本框 txtCode 的 TextChanged 事件过程的程序代码如下所示。

```
dataGridView1.DataSource =
        objBibliotheca.getBibliothecaInfoById(txtBibliothecaCode.Text.Trim());
```

【任务 5-3-9】　编写新增书目窗体的程序代码

1. 引入命名空间

首先引入必要的命名空间，代码如下所示。

```
using System.Windows.Forms;
using System.Text.RegularExpressions;
```

2. 声明窗体级变量

【新增书目】窗体各个窗体级变量的声明如表 5-74 所示。

表 5-74　　　　　　　　　　　　【新增书目】窗体窗体级变量的声明

行号	代码
01	string bookType;
02	string publisherISBN;
03	bookApp.bibliothecaClass objBibliotheca = new bookApp.bibliothecaClass();
04	Regex r = new Regex("^(-?[0-9]*[.]*[0-9]{0,3})$");

3. 编写【新增书目】窗体的 Load 事件过程的程序代码

【新增书目】窗体 frmBibiothecaInfoAdd 的 Load 事件过程的程序代码如表 5-75 所示。

表 5-75　　　　　　　　　　　【新增书目】窗体的 Load 事件过程的程序代码

行号	代码
01	private void frmBibiothecaInfoAdd_Load(object sender, EventArgs e)
02	{
03	//将图书类型的数据添加到图书类型下拉列表框中
04	cboBookType.DataSource = objBibliotheca.getBookTypeNameAll();
05	cboBookType.DisplayMember = "图书类型名称";
06	cboBookType.SelectedIndex = -1;
07	cboBookType.Text = "请选择";
08	cboPlace.DataSource = objBibliotheca.getDepository();
09	cboPlace.DisplayMember = "馆藏地点编号";
10	cboPlace.SelectedIndex = -1;
11	cboPlace.Text = "请选择";
12	btnInStore.Enabled = false;
13	nudNowNumber.Enabled = false;
14	btnAdd.Enabled = false;
15	}

4. 编写方法 checkEmpty 的程序代码

方法 checkEmpty 的程序代码如表 5-76 所示。

表 5-76　　　　　　　　　　　　　方法 checkEmpty 的程序代码

行号	代码
01	private bool checkEmpty()
02	{
03	//判断各文本框控件不能为空
04	if (string.IsNullOrEmpty(txtBibliothecaId.Text.Trim()))
05	{
06	MessageBox.Show("书目编号不能为空", "提示信息",
07	MessageBoxButtons.OK, MessageBoxIcon.Warning);
08	txtBibliothecaId.Focus();
09	return false;
10	}
11	if (string.IsNullOrEmpty(txtBookName.Text.Trim()))

行号	代码
12	{
13	MessageBox.Show("图书名称不能为空", "提示信息",
14	MessageBoxButtons.OK, MessageBoxIcon.Warning);
15	txtBookName.Focus();
16	return false;
17	}
18	
19	if (cboBookType.Text.Trim() == "请选择" |
20	string.IsNullOrEmpty(cboBookType.Text.Trim()))
21	{
22	MessageBox.Show("请选择图书类型", "提示信息",
23	MessageBoxButtons.OK, MessageBoxIcon.Warning);
24	cboBookType.Focus();
25	return false;
26	}
27	if (string.IsNullOrEmpty(txtAuthor.Text.Trim()))
28	{
29	MessageBox.Show("作者不能为空", "提示信息",
30	MessageBoxButtons.OK, MessageBoxIcon.Warning);
31	txtAuthor.Focus();
32	return false;
33	}
34	if (string.IsNullOrEmpty(txtPublisher.Text.Trim()))
35	{
36	MessageBox.Show("出版社不能为空", "提示信息",
37	MessageBoxButtons.OK, MessageBoxIcon.Warning);
38	txtPublisher.Focus();
39	return false;
40	}
41	
42	if (string.IsNullOrEmpty(txtBookPages.Text.Trim()))
43	{
44	MessageBox.Show("图书页数不能为空", "提示信息",
45	MessageBoxButtons.OK, MessageBoxIcon.Warning);
46	txtBookPages.Focus();
47	return false;
48	}
49	
50	if (string.IsNullOrEmpty(txtPrice.Text.Trim()))
51	{
52	MessageBox.Show("价格不能为空", "提示信息",
53	MessageBoxButtons.OK, MessageBoxIcon.Warning);
54	txtPrice.Focus();
55	return false;
56	}
57	
58	if (string.IsNullOrEmpty(txtBookISBN.Text.Trim()))
59	{
60	MessageBox.Show("图书的 ISBN 不能为空", "提示信息",
61	MessageBoxButtons.OK, MessageBoxIcon.Warning);
62	txtBookISBN.Focus();

行号	代码
63	return false;
64	}
65	
66	if (cboPlace.Text.Trim() == "请选择" |
67	string.IsNullOrEmpty(cboPlace.Text.Trim()))
68	{
69	MessageBox.Show("藏书地点不能为空", "提示信息",
70	MessageBoxButtons.OK, MessageBoxIcon.Warning);
71	cboPlace.Focus();
72	return false;
73	}
74	
75	return true;
76	}

5. 编写方法 initializationSet 的程序代码

方法 initializationSet 的程序代码如表 5-77 所示。

表 5-77　　　　　　　　　方法 initializationSet 的程序代码

行号	代码
01	private void initializationSet()
02	{
03	txtBibliothecaId.Text = "";
04	txtBookName.Text = "";
05	txtAuthor.Text = "";
06	txtPublisher.Text = "";
07	txtBookISBN.Text = "";
08	txtBookPages.Text = "";
09	txtPrice.Text = "";
10	cboBookType.SelectedIndex = -1;
11	cboBookType.Text = "请选择";
12	nudInNumber.Text = "0";
13	nudNowNumber.Text = "0";
14	cboPlace.SelectedIndex = -1;
15	cboPlace.Text = "请选择";
16	txtSynopsis.Text = "";
17	}

6. 编写选择图书类型组合框 SelectedValueChanged 事件过程的程序代码

"选择图书类型"组合框 cboBookType 的 SelectedValueChanged 事件过程的程序代码如表 5-78 所示。

表 5-78　　　　"选择图书类型"组合框的 SelectedValueChanged 事件过程的程序代码

行号	代码
01	private void cboBookType_SelectedValueChanged(object sender, EventArgs e)
02	{
03	DataTable dt = new DataTable();

续表

行号	代码
04	dt = objBibliotheca.getBookTypeId(cboBookType.Text);
05	if (dt.Rows.Count != 0)
06	{
07	bookType = dt.Rows[0][0].ToString();
08	}
09	}

7. 编写选择出版社按钮 Click 事件过程的程序代码

"选择出版社"按钮 btnSelectPublisher 的 Click 事件过程的程序代码如表 5-79 所示。

表 5-79　　　　　　　　　"选择出版社"按钮的 Click 事件过程的程序代码

行号	代码
01	private void btnSelectPublisher_Click(object sender, EventArgs e)
02	{
03	Point publisherLocation=new Point(0,0) ;
04	frmSelectPublisher frmSelect ;
05	publisherLocation.X = this.Location.X + txtPublisher.Location.X + 4;
06	publisherLocation.Y = this.Location.Y + txtPublisher.Location.Y + 48;
07	frmSelect = new frmSelectPublisher(publisherLocation);
08	frmSelect.ShowDialog();
09	txtPublisher.Text = frmSelect.getTreeViewSelectNode();
10	DataTable dt = new DataTable();
11	dt = objBibliotheca.getPublisherISBN(txtPublisher.Text);
12	if (dt.Rows.Count != 0)
13	{
14	publisherISBN = dt.Rows[0][0].ToString();
15	}
16	}

8. 编写"图书页数"文本框 TextChanged 事件过程的程序代码

"图书页数"文本框 txtBookPages 的 TextChanged 事件过程的程序代码如表 5-80 所示。

表 5-80　　　　　　　　"图书页数"文本框的 TextChanged 事件过程的程序代码

行号	代码
01	private void txtBookPages_TextChanged(object sender, EventArgs e)
02	{
03	if (!string.IsNullOrEmpty(txtBookPages.Text.Trim()))
04	{
05	if (!r.IsMatch(txtBookPages.Text.Trim()))
06	{
07	MessageBox.Show("图书页数只能为数字型数据", "提示信息",
08	MessageBoxButtons.OK, MessageBoxIcon.Warning);
09	txtBookPages.Text = "";
10	txtBookPages.Focus();
11	return;
12	}
13	}
14	}

201

9. 编写"价格"文本框 TextChanged 事件过程的程序代码

"价格"文本框 txtPrice 的 TextChanged 事件过程的程序代码如表 5-81 所示。

表 5-81   "价格"文本框的 TextChanged 事件过程的程序代码

行号	代码
01	private void txtPrice_TextChanged(object sender, EventArgs e)
02	{
03	if (!string.IsNullOrEmpty(txtPrice.Text.Trim()))
04	{
05	if (!r.IsMatch(txtPrice.Text.Trim()))
06	{
07	MessageBox.Show("价格只能为数字型数据", "提示信息",
08	MessageBoxButtons.OK, MessageBoxIcon.Warning);
09	txtPrice.Text = "";
10	txtPrice.Focus();
11	return;
12	}
13	}
14	}

10. 编写"入库数量"数字框的 ValueChanged 事件过程的程序代码

"入库数量"数字框 nudInNumber 的 ValueChanged 事件过程的程序代码如表 5-82 所示。

表 5-82   "入库数量"数字框的 ValueChanged 事件过程的程序代码

行号	代码
01	private void nudInNumber_ValueChanged(object sender, EventArgs e)
02	{
03	if (Convert.ToInt32(nudInNumber.Value) > 0)
04	{
05	nudNowNumber.Value = nudInNumber.Value;
06	}
07	}

11. 编写"入库数量"数字框的 Leave 事件过程的程序代码

"入库数量"数字框 nudInNumber 的 Leave 事件过程的程序代码如表 5-83 所示。

表 5-83   "入库数量"数字框的 Leave 事件过程的程序代码

行号	代码
01	private void nudInNumber_Leave(object sender, EventArgs e)
02	{
03	if (Convert.ToInt32(nudInNumber.Value) > 0)
04	{
05	nudNowNumber.Value = nudInNumber.Value;
06	}
07	}
08	

12. 编写【新增】按钮的 Click 事件过程的程序代码

【新增】按钮 btnAdd 的 Click 事件过程的程序代码如表 5-84 所示。

表 5-84　　　　　　　　　　　【新增】按钮的 Click 事件过程的程序代码

行号	代码
01	private void btnAdd_Click(object sender, EventArgs e)
02	{
03	initializationSet();
04	txtBibliothecaId.Focus();
05	btnSave.Enabled = true;
06	btnInStore.Enabled = false;
07	btnAdd.Enabled = false;
08	}

13. 编写【保存】按钮的 Click 事件过程的程序代码

【保存】按钮 btnSave 的 Click 事件过程的程序代码如表 5-85 所示。

表 5-85　　　　　　　　　　　【保存】按钮的 Click 事件过程的程序代码

行号	代码
01	private void btnSave_Click(object sender, EventArgs e)
02	{
03	//新增图书
04	if (checkEmpty() == false)
05	{
06	return;
07	}
08	DataTable dt = new DataTable();
09	dt = objBibliotheca.getBibliothecaData(txtBibliothecaId.Text);
10	if (dt.Rows.Count == 0)
11	{
12	bool InsertResult = false;
13	InsertResult = objBibliotheca
14	.bibliothecaAdd(txtBibliothecaId.Text.Trim(),
15	txtBookName.Text.Trim(), txtAuthor.Text.Trim(),
16	publisherISBN, txtBookISBN.Text.Trim(),
17	dtpPublishDate.Text.Trim(),
18	Convert.ToInt32(txtBookPages.Text.Trim()),
19	Convert.ToSingle(txtPrice.Text.Trim()), bookType,
20	Convert.ToInt32(nudNowNumber.Text.Trim()),
21	cboPlace.Text.Trim(), txtSynopsis.Text,
22	Convert.ToInt32(nudInNumber.Text.Trim()));
23	if (InsertResult == true)
24	{
25	btnSave.Enabled = false;
26	if (MessageBox.Show("新增成功，是否要入库?", "提示信息",
27	MessageBoxButtons.YesNo, MessageBoxIcon.Information)
28	== DialogResult.Yes)
29	{
30	btnInStore.Enabled = true;
31	btnAdd.Enabled = true;

行号	代码
32	btnInStore_Click(null, null);
33	}
34	else
35	{
36	btnInStore.Enabled = true;
37	btnAdd.Enabled = true;
38	}
39	}
40	else
41	{
42	MessageBox.Show("新增失败，请重试", "提示信息",
43	MessageBoxButtons.OK, MessageBoxIcon.Warning);
44	txtBibliothecaId.Focus();
45	btnSave.Enabled = true;
46	}
47	}
48	else
49	{
50	MessageBox.Show("已存在同一编号的书目，请核对图书书目", "提示信息",
51	MessageBoxButtons.OK, MessageBoxIcon.Warning);
52	txtBibliothecaId.Text = "";
53	txtBibliothecaId.Focus();
54	}
55	}

14. 编写【取消】按钮的 Click 事件过程的程序代码

【取消】按钮 btnCancle 的 Click 事件过程的程序代码如表 5-86 所示。

表 5-86　　　　　　　　　　【取消】按钮的 Click 事件过程的程序代码

行号	代码
01	private void btnCancel_Click(object sender, EventArgs e)
02	{
03	txtBibliothecaId.Focus();
04	btnInStore.Enabled = false;
05	btnAdd.Enabled = false;
06	}

【任务 5-3-10】　编写修改书目数据窗体的程序代码

1. 声明窗体级变量

【修改书目数据】窗体各个窗体级变量的声明如表 5-87 所示。

表 5-87　　　　　　　　　　【修改书目数据】窗体窗体级变量的声明

行号	代码
01	string editBibliothecaId = null;
02	string bookType = null;
03	string publisherISBN = null;
04	bookApp.bibliothecaClass objBibliotheca = new bookApp.bibliothecaClass();
05	Regex r = new Regex("^(-?[0-9]*[.]*[0-9]{0,3})$");

2. 编写【修改书目数据】窗体的 frmBibliothecaInfoEdit 方法的程序代码

【修改书目数据】窗体的 frmBibliothecaInfoEdit 方法的程序代码如表 5-88 所示。

表 5-88　　　　　　　　【修改书目数据】窗体的 frmBibliothecaInfoEdit 方法的程序代码

行号	代码
01	public frmBibliothecaInfoEdit(string bookNo)
02	{
03	InitializeComponent();　　//系统自动生成的代码
04	editBibliothecaId = bookNo;
05	}

3. 编写【修改书目数据】窗体 frmBibliothecaInfoEdit 的 Load 事件过程的程序代码

【修改书目数据】窗体 frmBibliothecaInfoEdit 的 Load 事件过程的程序代码如表 5-89 所示。

表 5-89　　　　　　　　【修改书目数据】窗体的 Load 事件过程的程序代码

行号	代码
01	private void frmBibliothecaInfoEdit_Load(object sender, EventArgs e)
02	{
03	DataTable dt = new DataTable();
04	cboBookType.DataSource = objBibliotheca.getBookTypeNameAll();
05	cboBookType.DisplayMember = "图书类型名称";
06	cboPlace.DataSource = objBibliotheca.getDepositary();
07	cboPlace.DisplayMember = "馆藏地点编号";
08	dt = objBibliotheca.getBibliothecaData(editBibliothecaId);
09	txtBibliothecaId.Text = dt.Rows[0]["书目编号"].ToString();
10	txtBookName.Text = dt.Rows[0]["图书名称"].ToString();
11	txtAuthor.Text = dt.Rows[0]["作者"].ToString();
12	txtPublisher.Text = dt.Rows[0]["出版社名称"].ToString();
13	publisherISBN = dt.Rows[0]["出版社名称"].ToString();//必须初始化变量
14	txtBookISBN.Text = dt.Rows[0]["ISBN"].ToString();
15	dtpPublishDate.Text = Convert.ToDateTime(dt.Rows[0]["出版日期"].ToString()
16	+ "-1").ToString();
17	txtBookPages.Text = dt.Rows[0]["图书页数"].ToString();
18	txtPrice.Text = dt.Rows[0]["价格"].ToString();
19	cboBookType.Text = dt.Rows[0]["图书类型名称"].ToString();
20	nudInNumber.Text =
21	(object.ReferenceEquals(dt.Rows[0]["总藏书数量"].ToString(),
22	DBNull.Value) ? "0" : dt.Rows[0]["总藏书数量"].ToString());
23	nudNowNumber.Text = dt.Rows[0]["现存数量"].ToString();
24	cboPlace.Text = dt.Rows[0]["馆藏地点"].ToString();
25	txtSynopsis.Text = (string.IsNullOrEmpty(dt.Rows[0]["简介"]
26	.ToString()) ? ""
27	: dt.Rows[0]["简介"].ToString());
28	getTypeId();//必须初始化变量
29	}

4. 编写【保存】按钮的 Click 事件过程的程序代码

【保存】按钮 btnSave 的 Click 事件过程代码的设计思路如表 5-90 所示，根据设计思路编写的程序代码如表 5-91 所示。

表 5-90 　　　　　　　　　　　【保存】按钮的 Click 事件过程代码的设计思路

代码段标识	设 计 思 路
代码段 A	验证【修改书目数据】窗口中各个控件是否为空
代码段 B	获取所选择的出版社名称对应的 ISBN 编号
代码段 C	If　书目编号被修改　Then 　　　检验是否存在重复的图书编号
	If　修改后的书目编号唯一　Then 　　　　　更新"书目信息"数据表中的对应记录数据，包含书目编号
	If　成功修改书目数据　Then 　　　　　　　显示"修改成功"的提示信息 　　　　Else　　'修改书目数据失败 　　　　　　　显示"修改失败"的提示信息 　　　　End If
	Else　　'修改后的书目编号不唯一 　　　　　显示"书目编号已经存在"的提示信息 　　End If
	Else　　'图书编号没有修改的情况下
	更新"书目信息"数据表中的对应记录数据，不包含书目编号
	If　成功修改书目数据　Then 　　　　显示"修改成功"的提示信息 　　Else　　'修改书目数据失败 　　　　显示"修改失败"的提示信息 　　End If
	End If

表 5-91 　　　　　　　　　　　【保存】按钮的 Click 事件过程的程序代码

行号	代码
01	private void btnSave_Click(object sender, EventArgs e)
02	{
03	DataTable dt = new DataTable();
04	if (checkEmpty() == false)
05	{
06	return;
07	}
08	dt = objBibliotheca.getPublisherISBN(txtPublisher.Text);
09	if (dt.Rows.Count != 0)
10	{
11	publisherISBN = dt.Rows[0][0].ToString();
12	}
13	//判断图书编号是否修改了
14	if (txtBibliothecaId.Text != editBibliothecaId)

行号	代码
15	{
16	dt.Clear();
17	dt = objBibliotheca.getBibliothecaData(txtBibliothecaId.Text);
18	//判断输入的图书编号是否已经存在
19	if (dt.Rows.Count == 0)
20	{
21	bool updateResult = false;
22	updateResult = objBibliotheca.bibliothecaEditAll(
23	txtBibliothecaId.Text.Trim(),
24	txtBookName.Text.Trim(), txtAuthor.Text.Trim(),
25	publisherISBN, txtBookISBN.Text.Trim(),
26	dtpPublishDate.Text.Trim(),
27	Convert.ToInt32(txtBookPages.Text.Trim()),
28	Convert.ToSingle(txtPrice.Text.Trim()),
29	bookType, Convert.ToInt32(nudInNumber.Text.Trim()),
30	Convert.ToInt32(nudNowNumber.Text.Trim()),
31	cboPlace.Text.Trim(), txtSynopsis.Text,
32	editBibliothecaId);
33	if (updateResult == true)
34	{
35	MessageBox.Show("修改成功", "提示信息", MessageBoxButtons.OK,
36	MessageBoxIcon.Information);
37	this.Close();
38	}
39	else
40	{
41	MessageBox.Show("书目信息修改失败，请重试！", "提示信息",
42	MessageBoxButtons.OK, MessageBoxIcon.Warning);
43	txtBibliothecaId.Focus();
44	return;
45	}
46	}
47	else
48	{
49	MessageBox.Show("此书目编号已经存在，请重新输入正确的图书编号",
50	"提示信息", MessageBoxButtons.OK, MessageBoxIcon.Warning);
51	txtBibliothecaId.Text = "";
52	txtBibliothecaId.Focus();
53	}
54	//图书编号没有修改的情况下
55	}
56	else
57	{
58	bool updateResult = false;
59	updateResult = objBibliotheca.bibliothecaEditPart(
60	txtBibliothecaId.Text.Trim(),
61	txtBookName.Text.Trim(), txtAuthor.Text.Trim(),
62	publisherISBN, txtBookISBN.Text.Trim(),
63	dtpPublishDate.Text.Trim(),
64	Convert.ToInt32(txtBookPages.Text.Trim()),
65	Convert.ToSingle(txtPrice.Text.Trim()), bookType,

行号	代码
66	Convert.ToInt32(nudInNumber.Text.Trim()),
67	Convert.ToInt32(nudNowNumber.Text.Trim()),
68	cboPlace.Text.Trim(), txtSynopsis.Text);
69	if (updateResult == true)
70	{
71	MessageBox.Show("书目信息修改成功", "提示信息",
72	MessageBoxButtons.OK, MessageBoxIcon.Information);
73	this.Close();
74	}
75	else
76	{
77	MessageBox.Show("书目信息修改失败，请重试！", "提示信息",
78	MessageBoxButtons.OK, MessageBoxIcon.Warning);
79	txtBibliothecaId.Focus();
80	return;
81	}
82	}
83	}

　　【修改书目数据】窗体中的"选择图书类型"组合框 cboBookType 的 SelectedValueChanged 事件过程的程序代码与【新增书目】窗体中相应控件的 SelectedValueChanged 事件过程的代码相似。【修改书目数据】窗体中的"选择出版社"按钮 btnSelectPublisher 的 Click 事件过程的程序代码与【新增书目】窗体中相应控件的 Click 事件过程的代码相似。【修改书目数据】窗体中的"图书页数"文本框 txtBookPages 的 TextChanged 事件过程的程序代码与【新增书目】窗体中相应控件的 TextChanged 事件过程的代码相似。【修改书目数据】窗体中的"价格"文本框 txtPrice 的 TextChanged 事件过程的程序代码与【新增书目】窗体中相应控件的 TextChanged 事件过程的代码相似。【修改书目数据】窗体中的方法 checkEmpty( )与【新增书目】窗体中对应方法的代码相似。由于教材篇幅的限制，以上过程的程序代码请参考【新增书目】窗体中的代码编写，在此不再赘述。

【任务 5-3-11】　编写选择出版社窗体的程序代码

1. 声明窗体级变量

【选择出版社】窗体的各个窗体级变量的声明如表 5-92 所示。

表 5-92　　　　　　　　　　　【选择出版社】窗体的窗体级变量的声明

行号	代码
01	bookApp.bibliothecaClass objBibliotheca = new bookApp.bibliothecaClass();
02	Point startLocation;

2. 编写【选择出版社】窗体的 frmSelectPublisher 方法的程序代码

【选择出版社】窗体的 frmSelectPublisher 方法的程序代码如表 5-93 所示。

表 5-93　　　　　　　　　【选择出版社】窗体的 frmSelectPublisher 方法的程序代码

行号	代码
01	public frmSelectPublisher(Point winLocation)
02	{
03	InitializeComponent();　　　//系统自动生成的代码
04	startLocation = winLocation;
05	}

3. 编写【选择出版社】窗体的 Load 事件过程的程序代码

【选择出版社】窗体 frmSelectPublisher 的 Load 事件过程的程序代码如表 5-94 所示。

表 5-94　　　　　　　　　【选择出版社】窗体的 Load 事件过程的程序代码

行号	代码
01	private void frmSelectPublisher_Load(object sender, EventArgs e)
02	{
03	TreeNode tempNode;
04	DataTable dt = new DataTable();
05	int i = 0;
06	this.FormBorderStyle = FormBorderStyle.None;
07	this.Location = new Point(startLocation.X, startLocation.Y);
08	dt = objBibliotheca.getPublisherName();
09	for (i = 0; i <= dt.Rows.Count - 1; i++)
10	{
11	tempNode = new TreeNode();
12	tempNode.Text = dt.Rows[i]["出版社名称"].ToString();
13	tvPublisherList.Nodes.Add(tempNode);
14	}
15	}

4. 编写方法 getTreeViewSelectNode 的程序代码

方法 getTreeViewSelectNode 的程序代码如表 5-95 所示。

表 5-95　　　　　　　　　方法 getTreeViewSelectNode 的程序代码

行号	代码
01	public string getTreeViewSelectNode()
02	{
03	TreeNode Node = default(TreeNode);
04	Node = this.tvPublisherList.SelectedNode;
05	return Node.Text;
06	}

5. 编写 TreeView 控件的 DoubleClick 事件过程的程序代码

TreeView 控件 tvPublisherList 的 DoubleClick 事件过程的程序代码如表 5-96 所示。

表 5-96   TreeView 控件的 DoubleClick 事件过程的程序代码

行号	代码
01	private void tvPublisherList_DoubleClick(object sender, EventArgs e)
02	{
03	this.DialogResult = DialogResult.Yes;
04	}

【任务 5-3-12】 测试浏览与管理书目数据程序

首先将窗体文件"frmBibliothecaInfoManage.cs"设置为启动对象。

1. 用户界面测试

（1）测试内容：用户界面的视觉效果和易用性；控件状态、位置及内容确认；光标移动顺序。

（2）确认方法：屏幕拷贝、目测。

程序运行结果如图 5-40 所示。

图 5-40 【浏览与管理书目数据】窗体运行的初始状态

（3）测试结论：合格。

2. 功能测试

功能测试的目的是测试任务卡中的功能要求是否能够实现，同时测试"书目数据管理"模块的容错能力。

（1）准备测试用例。

准备的测试用例如表 5-97 和表 5-98 所示。

表 5-97   "书目数据管理"模块的测试用例

序号	测试数据		预 期 结 果
	记录序号	图书名称	
1	NO 1	管理信息系统与案例分析	成功地新增一条书目记录
2	NO 2	UML 与系统分析设计	成功地新增一条书目记录
3	NO 3	ADO.NET 数据库访问技术案例教程	成功地修改一条书目数据

表 5-98   更新"书目信息"数据表的记录数据

记录序号	书目编号	图 书 名 称	作者	出版社
NO 1	9787115117670	管理信息系统与案例分析	高林、周海燕	7-115
NO 2	9787115159529	UML 与系统分析设计	张龙祥	7-115

续表

记录序号	书目编号	图 书 名 称		作者	出版社
NO 3	9787115172016	ADO.NET 数据库访问技术案例教程		陈承欢	7-115
ISBN	出版日期	图书页数	价格	图书类型	总藏书数量	现存数量
7-115-11767-5	2004-11	220	20	TP3	5	5
7-115-15952-6	2007-08	266	27	TP3	5	5
7-115-17200-6	2008-04	257	32	TP3	5	3
馆藏地点	简介					待入库数量
A-010-02	以案例驱动，较为全面地介绍管理信息系统的知识、概念、构成、技术与实现方法					5
A-001-01	–					5
A-010-02	本通过大量实例，介绍了 ADO.NET 主要对象的基本概念和使用方法					1

（2）测试新增书目。

① 测试内容：利用【新增书目】窗口，新增两本图书的书目数据。

② 确认方法：屏幕拷贝、目测。

③ 测试过程如下。

在如图 5-40 所示的窗体中，单击工具栏中的【新增书目】按钮，显示如图 5-41 所示【新增书目】窗口，输入表 5-96 中第 1 条记录的书目编号、图书名称、作者，选择图书类型，输入出版日期，然后单击【…】按钮，显示【选择出版社】窗口，然后在出版社列表中双击选择"人民邮电出版社"，如图 5-42 所示。

图 5-41 【新增书目】窗口的初始状态

图 5-42 选择出版社

接着输入其他书目数据，结果如图 5-43 所示。然后单击【保存】按钮，保存新增的书目数据，弹出如图 5-44 所示的"新增成功，是否要入库"提示信息对话框，在该对话框中单击【否】按钮，这里暂不测试"入库"功能。

接下来，在图 5-40 所示的窗口中，单击【新增书目】按钮，同样显示如图 5-41 所示的窗口，输入表 5-96 中的第 2 条书目数据，如图 5-45 所示。然后保存后返回【浏览与管理书目数据】窗口，如图 5-46 所示。

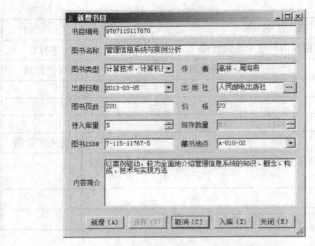

图 5-43　新增第一条书目的数据

图 5-44　是否入库的提示信息对话框

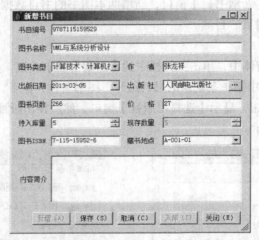

图 5-45　新增第二条书目的数据

图 5-46　新增两本图书的书目数据

④ 测试结论：合格。

（3）测试修改书目数据。

① 测试内容：在【修改书目数据】窗口中修改已有的书目数据。

② 确认方法：屏幕拷贝、目测。

③ 测试过程如下。

输入表 5-96 中的第 3 条书目数据，在如图 5-46 所示的窗口中，单击选择 DataGridView 控件中刚才新增加的 1 条记录，然后单击【修改】按钮，打开【修改书目数据】窗口，然后在该窗体修改"藏书地点"为"D-001-02"，如图 5-47 所示。也可以修改其他的数据，这里暂只需修改"藏书地点"，数据修改完成后单击【保存】按钮，显示如图 5-48 所示的"书目信息修改成功"的【提示信息】对话框，在该对话框中单击【确定】按钮即可。

图 5-47   修改书目的藏书地点   图 5-48   书目信息修改成功的提示信息对话框

④ 测试结论：合格。

（4）测试删除书目。

① 测试内容：在【浏览与管理书目数据】窗口中删除 1 条书目记录。

② 确认方法：屏幕拷贝、目测。

③ 测试过程如下。

在如图 5-49 所示的窗口中，在 DataGridView 控件中单击选择刚才新添加的记录，然后单击工具栏中的【删除】按钮。

图 5-49   选择一条待删除记录

首先显示如图 5-50 所示的"您确定要删除此记录吗？"【警告信息】对话框，在该对话框中单击【是】按钮，然后显示如图 5-51 所示的"成功删除"【提示信息】对话框，在该对话框中单击【确定】按钮，即可在"书目信息"数据表中删除 1 条记录。

④ 测试结论：合格。

图 5-50　确认是否删除记录的对话框　　　　图 5-51　成功删除记录的提示信息对话框

　　"图书管理系统"的"基础数据管理"模块还应包括"借阅者类型"、"借阅者管理"、"藏书地点管理"等子模块，由于教材篇幅的限制，本单元不作详细说明，请读者参考作者编著的《管理信息系统开发案例教程》（第 2 版）的相关案例。

项目实战考核评价

本单元的项目实战考核评价内容如表 5-99 所示。

表 5-99　　　　　　　　　　　单元 5 的项目实战考核评价表

	考核项目	考核内容描述	标准分	评分
考核要点	出版社数据管理模块的实施与测试	（1）建立出版社数据管理模块的用例图、类图、顺序图和活动图 （2）在图书管理数据库创建"出版社"数据表 （3）创建业务处理类 publisherClass.cs，在该类中添加方法和编写程序代码 （4）设计"出版社数据管理"界面，编写代码实现出版社数据管理功能，且进行必要的测试	6	
	图书类型管理模块的实施与测试	（1）建立图书类型管理模块的用例图、类图、顺序图和活动图 （2）在图书管理数据库创建"图书类型"数据表 （3）创建业务处理类 bookTypeClass.cs 和 treeNodeData.cs，在该类中添加方法和编写程序代码 （4）设计"图书类型数据管理"界面，编写代码实现图书类型数据管理功能，且进行必要的测试	6	
	图书书目管理模块的实施与测试	（1）建立图书书目管理模块的用例图、类图、顺序图和活动图 （2）在图书管理数据库创建"书目信息"数据表和数据视图"bibliothecaView" （3）创建业务处理类 bibliothecaClass.cs，在该类中添加方法和编写程序代码 （4）设计"浏览与管理书目数据"、"新增书目"、"修改书目数据"和"选择出版社"等多个界面，编写代码实现浏览与管理书目数据、新增书目、修改书目数据和选择出版社功能，且进行必要的测试	10	

续表

考核要点	考核项目	考核内容描述	标准分	评分
考核要点	素养与态度	认真完成本单元的各项任务、纪律观念强、团队精神强、学习态度好、学习效果好	2	
	小计		24	
评价方式	自我评价	小组评价	教师评价	
考核得分				

同步实践

【任务 5-4】　进销存管理系统基础数据管理模块的实施与测试

【任务描述】

（1）设计进销存管理系统的员工基本信息管理窗体，完成进销存管理系统员工基本信息的浏览、新增、修改和删除的程序设计。

（2）设计进销存管理系统的员工基本信息增加或修改窗体，完成进销存管理系统商品类别和商品信息浏览、新增、修改和删除的程序设计。

（3）设计进销存管理系统的供货商基本信息管理窗体，完成进销存管理系统供货商基本信息浏览、新增、修改和删除的程序设计。

（4）设计进销存管理系统的商品类别和商品信息管理窗体，完成进销存管理系统商品类别和商品信息浏览、新增、修改和删除的程序设计。

（5）设计进销存管理系统的商品信息增加或修改窗体，完成进销存管理系统新增或修改商品信息的程序设计。

（6）设计进销存管理系统的供货商基本信息增加或修改窗体，完成进销存管理系统新增或修改供货商基本信息的程序设计。

【参考资料】

（1）员工基本信息管理窗体参考界面如图 5-52 所示。

图 5-52　员工基本信息管理窗口

（2）员工基本信息增加窗体参考界面如图 5-53 所示。

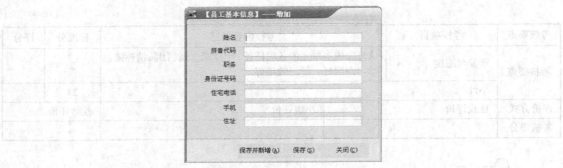

图 5-53　员工基本信息增加窗口

（3）商品类别与商品信息管理窗体的参考界面如图 5-54 所示。

图 5-54　商品类别与商品信息管理窗口

（4）商品信息增加或修改窗体的参考界面如图 5-55 所示。

图 5-55　商品信息增加窗口

（5）供货商基本信息管理窗体的参考界面如图 5-56 所示。

图 5-56   供货商基本信息管理窗口

（6）供货商基本信息增加或修改窗体的参考界面如图 5573 所示。

图 5-57   供货商基本信息增加或修改窗口

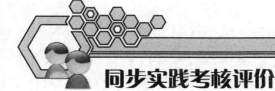

同步实践考核评价

本单元同步实践考核评价内容如表 5-100 所示。

表 5-100   单元 5 的同步实践考核评价表

任务编号	05-4	任务名称	进销存管理系统基础数据管理模块的实施与测试
任务完成方式	【 】小组协作完成	【 】个人独立完成	
任务完成情况说明			
存在的主要问题说明			
考核评价			
自我评价		小组评价	教师评价

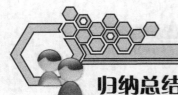

归纳总结

　　本单元完成了图书管理系统的"出版社"、"图书类型"和"书目信息"等基础数据管理模块的数据表创建、业务处理类设计、界面设计、程序设计和测试，同时介绍了程序编写的规范化要求和管理信息系统程序设计阶段的文档编写。

单元习题

　　（1）优良程序的性能指标包括哪些？
　　（2）良好的编程风格主要体现在哪些方面？请举例说明。
　　（3）简要说明出版社数据管理模块建模、图书类型数据管理模块建模和图书书目管理模块的建模的方法。
　　（4）简要说明出版社数据管理界面、图书类型数据管理界面和图书书目管理界面设计要点。
　　（5）简要说明出版社数据管理模块、图书类型数据管理模块和图书书目管理模块的测试要点。

单元 **6**

业务功能模块的实施与测试

每一个管理信息系统除了可以实现诸如用户登录、用户管理、类型管理、基础数据管理、数据查询与打印等基本功能之外，其主要功能是实现每个系统专用的业务功能，例如图书管理系统专用的业务功能主要是图书借出与归还，进销存管理系统的专用业务功能主要是商品的采购、入库和销售等，这些系统专有的功能是区别不同管理信息系统的主要标志。本单元主要分析"图书借出"、"图书续借与归还"等子模块的功能实现方法。

教学导航

教学目标	（1）了解软件测试时应遵守的基本原则 （2）了解黑盒测试和白盒测试的区别 （3）了解软件测试的主要内容和测试报告的主要内容 （4）了解"图书借出与归还"模块的业务需求建模方法 （5）掌握"图书借出"业务处理类的分析设计方法 （6）掌握"图书借出"、"图书续借与归还"、等窗体的界面设计方法与功能实现方法 （7）掌握"图书借出"程序的测试方法
教学方法	任务驱动法、探究训练法、分析讨论等
课时建议	10 课时（含考核评价）

知识必备

6.1 软件测试

6.1.1 程序调试

程序编写过程中或者编写完成后，需要反复进行调试，直到程序能准确无误地执行。程序调试成功的基本标准如下。

（1）运行过程不会导致死机或系统崩溃、不会产生错误信息。

（2）在任何情况下操作正常。

（3）具有运行时操作错误的处理能力，即具有容错能力。

（4）在意外的用户干扰时，很容易恢复，即具有数据安全保护机制。

各种开发工具都提供了丰富的调试工具，帮助开发者逐步发现代码中的错误，有效地解决问题。例如跟踪代码、设置断点、查看变量的值等都是调试时常用的手段。

6.1.2 软件测试

软件测试是在程序编制完成以后进行，其基本目的是为了尽可能多地发现并解决系统和程序中的错误、缺陷以及功能不完善之处，包括对系统的基本功能、系统的运行效率、系统的可靠性等方面的测试，并加以纠正。系统测试包括硬件测试、网络测试和软件测试，本节主要讨论软件测试，软件测试的目的就是在系统投入正式运行之前，尽可能地发现那些实际运行过程中可能会发生的软件缺陷。

1. 软件测试应遵守的基本原则

软件测试应遵守以下基本原则。

（1）坚持在系统开发的各个阶段的技术评审，保证尽早发现和预防错误，把错误克服在早期，杜绝错误隐患。

（2）严格执行测试计划，排除测试的随意性。

在测试之前应仔细考虑测试的项目，对每一项测试做出周密的计划，测试计划要明确规定，不要随意解释。

（3）测试工作应避免原开发软件的个人和小组承担。

程序调试由程序员自己完成，但程序测试应避免测试自己的程序，尽量由其他程序员或独立的软件测试人员负责。

（4）测试用例不仅要包括合理的、有效的数据，还要包括无效或不合理的输入数据。

合理的输入数据指能验证程序正确的输入数据，不合理的输入数据是指异常的、临界的，可能引起问题变异的输入数据。用不合理的输入数据测试程序时，可能比用合理的输入数据进行测试能发现更多的错误。

（5）事前确定预期的输出结果。

测试以前应当根据测试的要求选择合适的测试用例，同时也要给出针对这些输入数据的预期输出结果。测试用例应由测试输入数据和与之对应的预期输出结果两部分组成。

（6）全面检查每一个测试结果。

对测试结果应仔细分析检查，暴露错误。

（7）妥善保存测试计划、测试用例、出错统计。

按照测试计划要求，将所有测试过程进行详细记录，并将测试文档资料完整保存，以便在以后的系统维护中查阅或重新测试系统。

2. 软件测试的方法

软件测试常用的方法分为白盒法和黑盒法。

白盒法一般由软件编程人员自己完成，主要测试软件的内部逻辑结构。白盒法测试按照程序的内部结构和处理逻辑来选取测试用例，对软件的逻辑路径及过程进行测试，检查与设计是否相符。

黑盒法着眼于软件的外部特征，不考虑软件的内部软件结构。黑盒法测试根据软件的功能说明书设计测试用例，只用测试数据来验证程序是否符合它的功能要求，是否会发生异常情况。

3. 测试用例的设计

测试用例由测试数据和预期结果构成。好的测试数据是发现错误的可能性大的数据。

（1）白盒法测试的测试用例设计。

白盒法的测试用例主要根据程序的内部逻辑来设计，检查程序中的逻辑通路是否都按预定的要求正确的工作。

常用的技术是逻辑覆盖，即考察用测试数据运行被测程序对程序逻辑的覆盖程度，用最少的测试用例满足指定的覆盖标准。

逻辑覆盖的主要覆盖标准有语句覆盖、判断覆盖、条件覆盖、判断/条件覆盖、条件组合覆盖、路径覆盖六种。

（2）黑盒法测试的测试用例设计。

测试用例根据规格说明书中规定的功能来设计，检查程序的功能是否符合规格说明书中的要求。

① 等价类划分：将程序或模块所有输入数据的可能值（包括有效和无效）划分成若干个等价类，每一类以一个代表性的测试数据进行测试，这个代表性数据等价于这一类中的其他数据。即如果某一类的一个用例发现了错误，这一等价类中的所有其他用例也能发现同样的错误。例如，考试成绩的数据范围为 0～100，则可以划分三个等价类。一个合理等价类，即大于等于 0 且小于等于 100；两个不合理等价类，即小于 0 和大于 100。

② 边值分析：挑选位于边界附近的值作为测试用例。例如，考试成绩的范围为 0～100，则测试数据可以选择 0、100、−1、101。

③ 错误猜测：凭直觉和经验推测某些可能存在的错误。例如，输入数据为零，或者输入的数据为"空"；输入学生成绩超过 100 分或为负值；输入不存在的编码等。

④ 因果图：考虑输入条件的组合关系，考虑输出条件对输入条件的因果关系。

4. 软件测试过程及内容

测试一个管理信息系统可以分为程序测试、模块测试、集成测试、系统测试、确认测试、验收测试和回归测试。软件测试过程与系统开发过程基本上是平行进行的。

（1）程序测试。

对一些具有独立功能的程序进行调试。测试的主要内容包括以下几个方面。

① 正确性测试：包括语法检查和逻辑检查，一般由程序员采集一些有代表性的数据来运行程序，将运行结果与手工计算结果进行核对，检查程序运行结果是否正确。

② 运行速度与存储空间的测试：如果程序运行结果完全正确，但运行速度很慢或占用内存太多也不可行，要进行优化，以满足实际需要。

③ 使用简便性的测试：测试系统的人机交互部分是否直观、方便、简洁、可操作性好。

（2）模块测试。

对由若干个程序组成的某一功能模块进行测试，在程序测试的基础上，对程序调用过程出现的问题进行调试，检查是否实现了系统详细设计说明书中规定的模块功能和算法。

模块测试时，由于设计的模块可能处于中间层，需要人为地添加输入数据和输出结果的模块，即编写驱动模块和若干个桩模块。驱动模块的功能是向被测试模块提供测试数据，调用被测模块。桩模块的功能是模拟被测模块所调用的子模块，接受被测模块的调用。

（3）子系统测试。

子系统测试也称分调，在模块测试基础上，对某一子系统中各模块之间的调用关系进行测试，检查模块间的接口和通信，包括上层模块如何调用下层模块，下层模块出现问题时如何影响上层模块，多个模块同时使用某个文件时是否会出现死锁现象。

（4）系统整体测试。

系统整体测试也称总调，在子系统测试的基础上对整个系统的功能进行调试，包括对子系统之间的接口、数据通信、功能处理、资源共享以及某子系统遭到破坏后能否按要求恢复等问题的调试。

（5）确认测试。

检查是否满足了需求规格说明书中规定的用户需求，检查系统的功能、性能是否与用户的要求一致，以验证系统是否在功能上、性能上、配置上满足用户的要求。

（6）验收测试。

验收测试是用户在实际应用环境中进行真实数据测试，以确认所开发的系统是否达到验收标准，包括对测试有关的文档资料的审查验收和对系统的测试验收。

（7）回归测试。

回归测试是在系统维护阶段进行，选择原先已测试过的用例，重新测试修改后的程序，检测原来的错误是否被克服。

6.1.3　系统测试阶段的文档编写

系统测试小组完成了系统测试之后，对测试的内容、过程、结果进行总结且整理成文，完成系统测试报告的编写工作。测试报告是提供给测试评审和系统决策的重要依据。

测试报告的主要内容主要包括以下部分。

（1）系统测试概述。

主要说明系统测试的目的。

（2）系统测试环境描述。

包括硬件、软件、数据库、通信和人员等情况。

（3）系统测试内容描述。

包括系统、子系统、模块、程序、文件的名称和性能技术指标等。

（4）系统测试方案描述。

包括测试方法、测试数据、测试步骤和测试中故障的解决方案等。

（5）系统测试结果分析。

包括系统测试中所发现的问题，以及解决问题的措施和办法。

（6）系统测试结论。

包括系统功能、技术性能指标的评价及系统测试最终结论。

项目实战

【任务 6-1】　图书借出模块的实施与测试

【任务描述】

1. 任务卡

【任务 6-1】的任务卡如表 6-1 所示。

表 6-1　　　　　　　　　　　　　　【任务 6-1】的任务卡

任务编号	06-1		任务名称	图书借出模块的实施与测试
计划工时	90min		所属模块名称	图书借出
窗体名称	frmBookLoanManage、frmSelectBook、frmSelectBorrower		业务处理层的类名称	loanClass
数据表名称	借阅信息		数据操作层的类名称	bookDBClass
模块主要功能简述				
任务说明				
（1）绘制图书借出与归还模块的用例图、类图、状态图、顺序图和活动图				
（2）创建图书借出模块的数据表与数据视图				
（3）创建图书借出应用程序的解决方案和多个项目				
（4）创建图书借出模块的类				
（5）设计图书借出应用程序界面				
（6）编写图书借出模块的程序代码				

（7）测试图书借出程序
（1）通过条码扫描器读取借阅者编号或者直接输入借阅者编号或者打开借阅者选择窗体双击选择借阅者编号等方式识别借阅者。 （2）以识别借阅者类似的方法识别待借阅的图书。 （3）对于借书证有效的借阅者执行"图书借出"操作。 （4）更新"书目信息"数据表中的图书现存数量，更新"图书信息"数据表中的图书状态。 （5）显示指定借阅者的图书借阅信息。

2. 任务跟踪卡

【任务 6-1】的任务跟踪卡如表 6-2 所示。

表 6-2 　　　　　　　　　　　　　　　　　　【任务 6-1】的任务跟踪卡

任务编号	开始时间	完成时间	计划工时	实际工时	当前状态
06-1					

【任务实施】

【任务 6-1-1】 图书借出与归还模块的建模

（1）绘制"图书借出与归还"模块的用例图。

"图书借出与归还"模块的用例图如图 6-1 所示。

（2）绘制"图书借出类"的类图。

"图书借出类"的类图如图 6-2 所示。

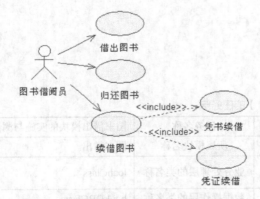

图 6-1 "图书借出与归还"模块的用例图　　　　　图 6-2 "图书借出类"的类图

（3）绘制"图书借出界面类"的类图。

"图书借出界面类"的类图如图 6-3 所示。

（4）绘制"图书"的状态图。

"图书"的状态图如图 6-4 所示。

（5）绘制"图书借出"的顺序图。

"图书借出"的顺序图如图 6-5 所示。

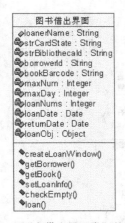

图 6-3 "图书借出界面类"的类图

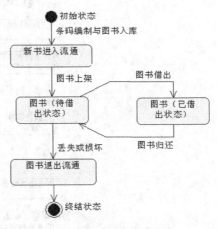

图 6-4 "图书"的状态图

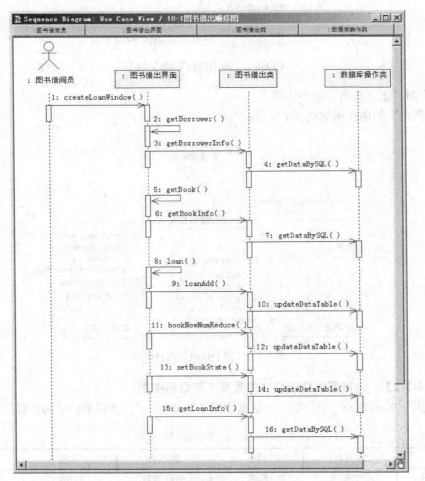

图 6-5 "图书借出"的顺序图

（6）绘制"图书借出"的活动图。

"图书借出"的活动图如图 6-6 所示。

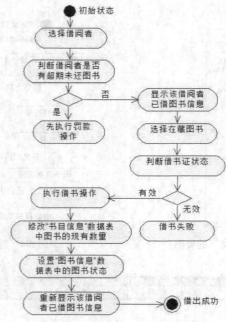

图 6-6 "图书借出"的活动图

（7）绘制"图书借出"的协作图。

"图书借出"的协作图如图 6-7 所示。

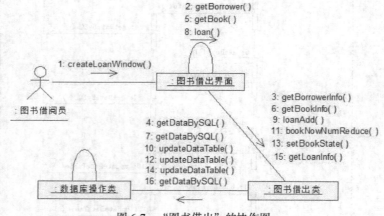

图 6-7 "图书借出"的协作图

【任务 6-1-2】 创建图书借出模块的数据表与数据视图

在数据库"bookData"中创建一个数据视图"bookView"，该视图的结构信息如表 6-3 所示。

表 6-3 "bookView"视图的结构信息

列名	源表名	列名	源表名	列名	源表名
图书条码	图书信息	作者	书目信息	ISBN	书目信息
书目编号	图书信息	总藏书数量	书目信息	出版社名称	出版社
图书状态	图书信息	现存数量	书目信息		
图书名称	书目信息	价格	书目信息		

【任务 6-1-3】　创建图书借出应用程序的解决方案和多个项目

（1）创建应用程序解决方案。

启动 Microsoft Visual Studio.NET 2008，显示系统的集成开发环境。在【Microsoft Visual Studio】集成开发环境中，创建应用程序解决方案"bookMis"。

（2）创建数据库访问项目。

创建一个数据库访问项目"bookDB"。

（3）创建业务处理项目。

创建一个业务处理项目"bookApp"。

（4）创建应用程序项目。

创建一个应用程序项目"bookUI"。

【任务 6-1-4】　创建图书借出模块的类

首先将数据库操作类"bookDBClass"添加到类库"bookDB"中。

1. 业务处理类 loanClass 各个成员的功能说明

根据业务处理类的模型创建业务处理类 loanClass，业务处理类 loanClass 各个成员的功能如表 6-4 所示。

表 6-4　　　　　　　　　　　loanClass 类各个成员的功能

成员名称	成员类型	功能说明
objBookDb	变量	bookDB 类库中 bookDBClass 类的对象
getBorrowerInfo	方法	用于获取借阅者的信息，包含 1 个可选参数，用于传递借阅者编号
getBookInfo	方法	用于获取待借出图书的信息，包含 1 个可选参数，用于传递图书条码
getLoanBookNums	方法	用于获取指定借阅者已借出图书的总数量，包含 1 个参数，用于传递借阅者编号
getLoanInfo	方法	用于获取借阅信息，包含 1 个可选参数，用于传递借阅者编号
getOverdueInfo	方法	用于获取图书超期未还的借阅信息，包含 1 个参数，用于传递借阅者编号
isOverdue	方法	用于检验指定借阅者是否存在超期未还的图书，包含 1 个参数，用于传递借阅者编号
loanAdd	方法	用于新增借阅信息，包含 6 个参数，用于传递借阅者编号、图书条码、借出日期、应还日期、续借次数和图书借阅员等数据
bookNowNumReduce	方法	用于更新"书目信息"数据表中图书的"现存数量"，包含 1 个参数，用于传递书目编号
setBookState	方法	用于设置"图书信息"数据表中的图书状态，包含 2 个参数，用于传递图书条码和图书状态等数据。

2. 添加引用

将类库 bookDB 添加到类库 bookApp 的引用中。

3. 添加类

在 bookApp 类库中添加一个类"loanClass.vb"。

4. 业务处理类 loanClass 各个成员的代码编写

双击类文件"loanClass.vb"，打开代码编辑器窗口，在该窗口中编写程序代码。

（1）声明 bookDB 类库中 bookDBClass 类的对象。

对象 bookDbObj 在 loanClass 类的多个方法中需要使用，所以将其定义为窗体级局部变量，代码如下所示。

```
bookDB.bookDBClass objBookDb = new bookDB.bookDBClass();
```

（2）编写方法 getBorrowerInfo 的程序代码。

方法 getBorrowerInfo 的程序代码如表 6-5 所示。

表 6-5　　　　　　　　　　　　方法 getBorrowerInfo 的程序代码

行号	代码
01	public DataTable getBorrowerInfo(string borrowerId)
02	{
03	string strSql = null;
04	if (string.IsNullOrEmpty(borrowerId.Trim())) {
05	strSql = "Select 借阅者编号,姓名,借阅者类型,借书证状态,"
06	+ "最大借书数量,最长借书期限,押金剩余,借书证状态 "
07	+ "From borrowerView Where 借书证状态='有效'";
08	}
09	else {
10	strSql = "Select 借阅者编号,姓名,借阅者类型,借书证状态,"
11	+ "最大借书数量,最长借书期限,押金剩余,借书证状态 "
12	+ "From borrowerView Where 借阅者编号='" + borrowerId + "'";
13	}
14	return objBookDb.getDataBySQL(strSql);
15	}

（3）编写方法 getBookInfo 的程序代码。

方法 getBookInfo 的程序代码如表 6-6 所示。

表 6-6　　　　　　　　　　　　方法 getBookInfo 的程序代码

行号	代码
01	public DataTable getBookInfo(string bookBarcode)
02	{
03	string strSql = null;
04	if (string.IsNullOrEmpty(bookBarcode.Trim())) {
05	strSql = "Select 图书条码, 书目编号, 图书名称, 价格, 出版社名称, 作者,"
06	+ "总藏书数量, 现存数量 From bookView Where 图书状态='在藏'";
07	}
08	else {
09	strSql = "Select 图书条码, 书目编号, 图书名称, 价格, 出版社名称, 作者,"
10	+ "总藏书数量, 现存数量 From bookView "
11	+ "Where 图书条码='" + bookBarcode + "'";
12	}
13	return objBookDb.getDataBySQL(strSql);
14	}

（4）编写方法 getLoanBookNums 的程序代码。

方法 getLoanBookNums 的程序代码如表 6-7 所示。

表 6-7　　　　　　　　　　　方法 getLoanBookNums 的程序代码

行号	代码
01	public object getLoanBookNums(string borrowerId)
02	{
03	string commStr = null;
04	commStr = "Select count(*) From 借阅信息 Where 借阅者编号='" +
05	borrowerId + "'";
06	return objBookDb.getNums(commStr);
07	}

（5）编写方法 getLoanInfo 的程序代码。

方法 getLoanInfo 的程序代码如表 6-8 所示。

表 6-8　　　　　　　　　　　方法 getLoanInfo 的程序代码

行号	代码
01	public DataTable getLoanInfo(string borrowerId)
02	{
03	if (string.IsNullOrEmpty(borrowerId.Trim())) {
04	return objBookDb.getDataBySQL("Select 借阅者编号,姓名,"
05	+ "图书条码, 图书名称, 借出日期, 应还日期, 续借次数, 图书借阅员　"
06	+ "From loanView");
07	}
08	else {
09	return objBookDb.getDataBySQL("Select 借阅者编号,姓名, "
10	+ "图书条码, 图书名称, 借出日期, 应还日期, 续借次数, 图书借阅员"
11	+ "From loanView Where 借阅者编号='"
12	+ borrowerId + "' Order by 借阅编号");
13	}
14	}

（6）编写方法 getOverdueInfo 的程序代码。

方法 getOverdueInfo 的程序代码如表 6-9 所示。

表 6-9　　　　　　　　　　　方法 getOverdueInfo 的程序代码

行号	代码
01	public DataTable getOverdueInfo(string borrowerId)
02	{
03	string strSql = null;
04	strSql = "Select 借阅者编号, 姓名, 图书条码,图书名称, "
05	+ " 价格,借出日期, 应还日期, 续借次数, "
06	+ " 图书借阅员, 书目编号　From loanView "
07	+ "　Where 应还日期 <'" + DateTime.Today.ToShortDateString()
08	+ "' And 　借阅者编号='" + borrowerId + "'";
09	return objBookDb.getDataBySQL(strSql);
10	}

（7）编写方法 isOverdue 的程序代码。

方法 isOverdue 的程序代码如表 6-10 所示。

表 6-10　　　　　　　　　　　　　　方法 isOverdue 的程序代码

行号	代码
01	public bool isOverdue(string borrowerId)
02	{
03	DataTable dt = new DataTable();
04	dt = getOverdueInfo(borrowerId);
05	if (dt.Rows.Count != 0) {
06	return false;
07	}
08	else {
09	return true;
10	}
11	}

（8）编写方法 loanAdd 的程序代码。

方法 loanAdd 的程序代码如表 6-11 所示。

表 6-11　　　　　　　　　　　　　　方法 loanAdd 的程序代码

行号	代码
01	public bool loanAdd(string borrowerId, string bookBarcode,
02	System.DateTime loanDate,System.DateTime returnDate,
03	int loanNums, string loanerName)
04	{
05	//增加书目记录
06	string strInsertComm = null;
07	strInsertComm = "Insert Into 借阅信息(借阅者编号,图书条码,借出日期,"
08	+ "应还日期,续借次数,图书借阅员) Values('"
09	+ borrowerId + "','" + bookBarcode + "','" + loanDate
10	+ "','" + returnDate + "','" + loanNums + "','"
11	+ loanerName + "')";
12	return objBookDb.updateDataTable(strInsertComm);
13	}

（9）编写方法 bookNowNumReduce 的程序代码

方法 bookNowNumReduce 的程序代码如表 6-12 所示。

表 6-12　　　　　　　　　　　　　方法 bookNowNumReduce 的程序代码

行号	代码
01	public object bookNowNumReduce(string bibliothecaId)
02	{
03	//修改借出图书的馆藏书量
04	string strEditComm = null;
05	strEditComm = "update 书目信息 set 现存数量=现存数量-1"
06	+ " Where 书目编号='" + bibliothecaId + "'";
07	return objBookDb.updateDataTable(strEditComm);
08	}

（10）编写方法 setBookState 的程序代码

方法 setBookState 的程序代码如表 6-13 所示。

表 6-13　　　　　　　　　　　方法 setBookState 的程序代码

行号	代码
01	public bool setBookState(string bookBarcode, string bookState)
02	{
03	string strSql = null;
04	strSql = "update 图书信息 set 图书状态='" + bookState
05	+ "' Where 图书条码='" + bookBarcode + "'";
06	return objBookDb.updateDataTable(strSql);
07	}

【任务 6-1-5】　设计图书借出应用程序界面

1. 添加 Windows 窗体

在 bookUI 类库中添加一个【图书借出】窗体。

2. 设计窗体外观

在【图书借出】窗体中添加 3 个 GroupBox 控件、1 个 DataGrid 控件、12 个 Label 控件、12 个 TextBox 控件和 4 个 Button 控件，调整各个控件的大小与位置，窗体的外观如图 6-8 所示。

图 6-8　【图书借出】窗体的外观设计

3. 设置窗体与控件的属性

【图书借出】窗体及控件的主要属性设置如表 6-14 所示。

表 6-14 　　　　　　　　　　　　　【图书借出】窗体及控件的主要属性设置

窗体或控件类型	窗体或控件名称	属 性 名 称	属性设置值
Form	bookLoanManage	Icon	已有的 Ico 文件
		Text	图书借出
GroupBox	gbBorrowerInfo	Text	借阅者信息
	gbBookInfo	Text	待借图书信息
	gbLoanInfo	Text	当前借阅者的已借书情况
Label	lblBorrowerId	Text	借阅者编号：
	lblBorrowerName	Text	姓名：
	lblCardState	Text	借书证状态：
	lblPermitNums	Text	限借数量：
	lblLoanNums	Text	已借数量：
	lblForegift	Text	押金剩余：
	lblBookBarcode	Text	图书条码：
	lblBookName	Text	图书名称：
	lblAuthor	Text	作　者：
	lblTotalNums	Text	总藏书量：
	lblNowNums	Text	现存数量：
	lblPrice	Text	价　格：
TextBox	txtBorrowerId	Text	（空）
	txtBorrowerName	Text	（空）
	txtCardState	Text	（空）
	txtPermitNums	Text	（空）
	txtLoanNums	Text	（空）
	txtForegift	Text	（空）
	txtBookBarcode	Text	（空）
	txtBookName	Text	（空）
	txtAuthor	Text	（空）
	txtTotalNums	Text	（空）
	txtNowNums	Text	（空）
	txtPrice	Text	（空）
Button	btnSelectBorrowerId	Text	…
	btnSelectBookBarcode	Text	…
	btnLoan	Text	借出(&L)
	btnClose	Text	关闭(&C)
DataGridView	dgLoanInfo	BorderStyle	FixedSingle
		GridLineColor	ControlDark

【任务 6-1-6】　编写图书借出窗体的程序代码

1. 添加引用

将类库 bookApp 添加到类库 bookUI 的引用中。

2. 声明窗体级变量

各个窗体级变量的声明如表 6-15 所示。

表 6-15　　　　　　　　　　　　窗体级变量的声明

行号	代码
01	public string loanerName;
02	string strCardState;
03	string strBibliothecaId;
04	string borrowerId;
05	string bookBarcode;
06	int maxDay;
07	int loanNums;
08	System.DateTime loanDate;
09	System.DateTime returnDate;
10	bookApp.loanClass objLoan = new bookApp.loanClass();

3. 编写【图书借出】窗体 Load 事件过程的程序代码

【图书借出】窗体 Load 事件过程的程序代码如表 6-16 所示。

表 6-16　　　　　　　　【图书借出】窗体 Load 事件过程的程序代码

行号	代码
01	private void frmBookLoanManage_Load(object sender, EventArgs e)
02	{
03	btnLoan.Enabled = false;
04	DataGridViewCellStyle headerStyle = new DataGridViewCellStyle();
05	headerStyle.Alignment =
06	System.Windows.Forms.DataGridViewContentAlignment.MiddleCenter;
07	this.dgLoanInfo.ColumnHeadersDefaultCellStyle = headerStyle;
08	}

4. 编写方法 getBorrower 的程序代码

方法 getBorrower 的程序代码如表 6-17 所示。

表 6-17　　　　　　　　　　方法 getBorrower 的程序代码

行号	代码
01	private void getBorrower()
02	{
03	DataTable dt = new DataTable();
04	int maxNum = 0;
05	dt = objLoan.getBorrowerInfo(borrowerId);
06	strCardState = dt.Rows[0]["借书证状态"].ToString();
07	maxNum = Convert.ToInt32(dt.Rows[0]["最大借书数量"]);
08	switch (strCardState)
09	{
10	//判断借书证状态
11	case "有效":

行号	代码
12	//判断读者是否有超期图书
13	if (objLoan.isOverdue(borrowerId) == true)
14	{
15	int loanTotalNum = 0;
16	loanTotalNum =
17	Convert.ToInt32(objLoan.getLoanBookNums(borrowerId));
18	//判断读者是否达到最大借书量
19	if (Convert.ToInt32(loanTotalNum) < Convert.ToInt32(maxNum))
20	{
21	txtBorrowerName.Text = dt.Rows[0]["姓名"].ToString();
22	txtCardState.Text = dt.Rows[0]["借书证状态"].ToString();
23	txtPermitNums.Text = maxNum.ToString();
24	txtLoanNums.Text = loanTotalNum.ToString();
25	txtForegift.Text = dt.Rows[0]["押金剩余"].ToString();
26	maxDay = Convert.ToInt32(dt.Rows[0]["最长借书期限"]);
27	gbLoanInfo.Text = txtBorrowerName.Text + "的已借书情况";
28	dgLoanInfo.DataSource = objLoan.getLoanInfo(borrowerId);
29	btnLoan.Enabled = true;
30	}
31	else
32	{
33	MessageBox.Show("你已经达到最大借书量，不能再借了！",
34	"提示信息", MessageBoxButtons.OK,
35	MessageBoxIcon.Information);
36	txtBorrowerId.Text = "";
37	txtBorrowerId.Focus();
38	btnLoan.Enabled = false;
39	return;
40	}
41	}
42	else
43	{
44	MessageBox.Show("你已经有超期图书了，请归还再借！",
45	"提示信息", MessageBoxButtons.OK,
46	MessageBoxIcon.Information);
47	txtBorrowerId.Text = "";
48	txtBorrowerId.Focus();
49	btnLoan.Enabled = false;
50	return;
51	}
52	break;
53	case "挂失":
54	MessageBox.Show("借阅者的借书证已被挂失，不能继续使用！",
55	"提示信息", MessageBoxButtons.OK, MessageBoxIcon.Information);
56	txtBorrowerId.Text = "";
57	txtBorrowerId.Focus();

行号	代码
58	btnLoan.Enabled = false;
59	return;
60	case "停用":
61	MessageBox.Show("借阅者的借书证已被停用，不能继续使用！ ",
62	"提示信息", MessageBoxButtons.OK, MessageBoxIcon.Information);
63	txtBorrowerId.Text = "";
64	txtBorrowerId.Focus();
65	btnLoan.Enabled = false;
66	return;
67	}
68	}

5. 编写方法 getBook 的程序代码

方法 getBook 的程序代码如表 6-18 所示。

表 6-18　　　　　　　　　　　　方法 getBook 的程序代码

行号	代码
01	private void getBook()
02	{
03	DataTable dt = new DataTable();
04	dt = objLoan.getBookInfo(bookBarcode);
05	txtBookName.Text = dt.Rows[0]["图书名称"].ToString();
06	txtAuthor.Text = dt.Rows[0]["作者"].ToString();
07	txtTotalNums.Text = dt.Rows[0]["总藏书数量"].ToString();
08	txtNowNums.Text = dt.Rows[0]["现存数量"].ToString();
09	txtPrice.Text = dt.Rows[0]["价格"].ToString();
10	strBibliothecaId = dt.Rows[0]["书目编号"].ToString();
11	}

6. 编写方法 checkEmpty 的程序代码

方法 checkEmpty 的程序代码如表 6-19 所示。

表 6-19　　　　　　　　　　　　方法 checkEmpty 的程序代码

行号	代码
01	private bool checkEmpty()
02	{
03	if (string.IsNullOrEmpty(txtBorrowerId.Text))
04	{
05	MessageBox.Show("借阅者编号不能为空，请选择借阅者编号！ ",
06	"提示信息", MessageBoxButtons.OK, MessageBoxIcon.Information);
07	return false;
08	}

续表

行号	代码
09	if (string.IsNullOrEmpty(txtBookBarcode.Text))
10	{
11	MessageBox.Show("图书条码不能为空，请选择图书条码！ ",
12	"提示信息", MessageBoxButtons.OK, MessageBoxIcon.Information);
13	return false;
14	}
15	return true;
16	}

7. 编写方法 setLoanInfo 的程序代码

方法 setLoanInfo 的程序代码如表 6-20 所示。

表 6-20   方法 setLoanInfo 的程序代码

行号	代码
01	private void setLoanInfo()
02	{
03	borrowerId = txtBorrowerId.Text.Trim();
04	bookBarcode = txtBookBarcode.Text.Trim();
05	loanDate = DateTime.Today;
06	returnDate = DateTime.Today.AddDays(maxDay);
07	loanNums = 0;
08	loanerName = "admin";
09	}

8. 编写"选择借阅者"按钮的 Click 事件过程的程序代码

"选择借阅者"按钮 btnSelectBorrowerId 的 Click 事件过程的程序代码如表 6-21 所示。

表 6-21   "选择借阅者"按钮的 Click 事件过程的程序代码

行号	代码
01	private void btnSelectBorrowerId_Click(object sender, EventArgs e)
02	{
03	frmSelectBorrower frmBorrowerSelect = default(frmSelectBorrower);
04	Point startLocation = default(Point);
05	startLocation.X = this.Location.X + txtBorrowerId.Location.X + 10;
06	startLocation.Y = this.Location.Y + txtBorrowerId.Location.Y + 50;
07	frmBorrowerSelect = new frmSelectBorrower(startLocation);
08	frmBorrowerSelect.ShowDialog();
09	borrowerId = frmBorrowerSelect.getBorrowerId();
10	txtBorrowerId.Text = borrowerId;
11	getBorrower();
12	}

9. 编写"选择图书"按钮的 Click 事件过程的程序代码

"选择图书"按钮 btnSelectBookBarcode 的 Click 事件过程的程序代码如表 6-22 所示。

表 6-22   "选择图书"按钮的 Click 事件过程的程序代码

行号	代码
01	private void btnSelectBookBarCode_Click(object sender, EventArgs e)
02	{
03	frmSelectBook frmSelectBook = default(frmSelectBook);
04	Point startLocation = default(Point);
05	startLocation.X = this.Location.X + txtBorrowerId.Location.X + 10;
06	startLocation.Y = this.Location.Y + txtBorrowerId.Location.Y + 50;
07	frmSelectBook = new frmSelectBook(startLocation);
08	frmSelectBook.ShowDialog();
09	bookBarcode = frmSelectBook.getBookId();
10	txtBookBarcode.Text = bookBarcode;
11	getBook();
12	}

10. 编写"借阅者编号"文本框的 KeyDown 事件过程的程序代码

"借阅者编号"文本框 txtBorrowerId 的 KeyDown 事件过程的程序代码如表 6-23 所示。

表 6-23   "借阅者编号"文本框的 KeyDown 事件过程的程序代码

行号	代码
01	private void txtBorrowerId_KeyDown(object sender, KeyEventArgs e)
02	{
03	if (e.KeyCode == Keys.Enter)
04	{
05	borrowerId = txtBorrowerId.Text;
06	getBorrower();
07	}
08	}

11. 编写"图书条码"文本框的 KeyDown 事件过程的程序代码

"图书条码"文本框的 KeyDown 事件过程的程序代码如表 6-24 所示。

表 6-24   "图书条码"文本框的 KeyDown 事件过程的程序代码

行号	代码
01	private void txtBookBarcode_KeyDown(object sender, KeyEventArgs e)
02	{
03	if (e.KeyCode == Keys.Enter)
04	{
05	bookBarcode = txtBookBarcode.Text;
06	getBook();
07	}
08	}

12. 编写【借出】按钮的 Click 事件过程的程序代码

【借出】按钮 btnLoan 的 Click 事件过程的程序代码如表 6-25 所示。

表 6-25　　　　　　　　　　　【借出】按钮的 Click 事件过程的程序代码

行号	代码
01	private void btnLoan_Click(object sender, EventArgs e)
02	{
03	if (checkEmpty() == false)
04	{
05	return;
06	}
07	//执行借书操作
08	setLoanInfo();
09	if (objLoan.loanAdd(borrowerId, bookBarcode, loanDate,
10	returnDate, loanNums, loanerName))
11	{
12	MessageBox.Show("借书成功！", "提示信息", MessageBoxButtons.OK,
13	MessageBoxIcon.Information);
14	//修改借出图书的现存书量
15	objLoan.bookNowNumReduce(strBibliothecaId);
16	objLoan.setBookState(bookBarcode, "借出");
17	btnLoan.Enabled = false;
18	dgLoanInfo.DataSource = null;
19	dgLoanInfo.DataSource = objLoan.getLoanInfo(borrowerId);
20	dgLoanInfo.Refresh();
21	}
22	else
23	{
24	MessageBox.Show("借书失败，请重试！", "提示信息",
25	MessageBoxButtons.OK, MessageBoxIcon.Information);
26	return;
27	}
28	}

【任务 6-1-7】　设计选择借阅者应用程序界面

（1）设计【选择借阅者】窗体的外观

【选择借阅者】窗体的外观设计如图 6-9 所示，该窗体主要包括 1 个 DataGridView 控件。

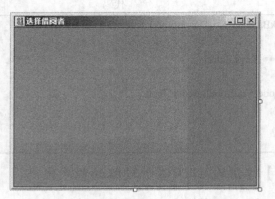

图 6-9　【选择借阅者】窗体的外观设计

（2）编写【选择借阅者】窗体的程序代码

声明窗体级变量的程序代码如表 6-26 所示。

表 6-26　　　　　　　　　　　　　声明窗体级变量的程序代码

行号	代码
01	bookApp.loanClass objLoan = new bookApp.loanClass();
02	DataTable dt = new DataTable();
03	Point startLocation;

【选择借阅者】窗体的程序代码如表 6-27 所示。

表 6-27　　　　　【选择借阅者】窗体的 frmSelectBorrower 方法的程序代码

行号	代码
01	public frmSelectBorrower(Point winLocation)
02	{
03	InitializeComponent();
04	startLocation = winLocation;
05	}

方法 getBorrowerId 的程序代码如表 6-28 所示。

表 6-28　　　　　　　　　　　　方法 getBorrowerId 的程序代码

行号	代码
01	public string getBorrowerId()
02	{
03	return dt.Rows[dataGridView1.CurrentRow.Index]["借阅者编号"].ToString();
04	}

【选择借阅者】窗体 frmSelectBorrower 的 Load 事件过程的程序代码如表 6-29 所示。

表 6-29　　　　　【选择借阅者】窗体的 Load 事件过程的程序代码

行号	代码
01	private void frmSelectBorrower_Load(object sender, EventArgs e)
02	{
03	this.FormBorderStyle = FormBorderStyle.None;
04	this.Location = new Point(startLocation.X, startLocation.Y);
05	dt = objLoan.getBorrowerInfo("");
06	dataGridView1.DataSource = dt.DefaultView;
07	}

DataGridView 控件的 DoubleClick 事件过程的程序代码只有一条语句，如下所示。

```
this.DialogResult = DialogResult.Yes;
```

【任务 6-1-8】　设计选择图书应用程序界面

（1）设计【选择图书】窗体的外观。

【选择图书】窗体的外观设计如图 6-10 所示，该窗体主要包括 1 个 DataGridView 控件。

（2）编写【选择图书】窗体的程序代码。

声明窗体级变量的程序代码如表 6-30 所示。

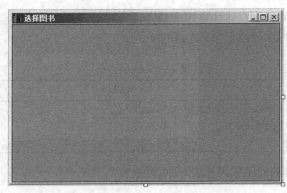

图 6-10　【选择借阅者】窗体的外观设计

表 6-30　　　　　　　　　　　　　声明窗体级变量的程序代码

行号	代码
01	bookApp.loanClass objLoan = new bookApp.loanClass();
02	DataTable dt = new DataTable();
03	Point startLocation;

【选择图书】窗体的程序代码如表 6-31 所示。

表 6-31　　　　　　　　【选择图书】窗体的 frmSelectBook 方法的程序代码

行号	代码
01	public frmSelectBook(Point winLocation)
02	{
03	InitializeComponent();
04	startLocation = winLocation;
05	}

方法 getBookId 的程序代码如表 6-32 所示。

表 6-32　　　　　　　　　　　　方法 getBookId 的程序代码

行号	代码
01	public string getBookId()
02	{
03	return dt.Rows[dataGridView1.CurrentRow.Index]["图书条码"].ToString();
04	}

【选择图书】窗体 frmSelectBook 的 Load 事件过程的程序代码如表 6-33 所示。

表 6-33　　　　　　　　【选择图书】窗体的 Load 事件过程的程序代码

行号	代码
01	private void frmSelectBook_Load(object sender, EventArgs e)
02	{
03	this.FormBorderStyle = FormBorderStyle.None;
04	this.Location = new Point(startLocation.X, startLocation.Y);
05	dt = objLoan.getBookInfo("");
06	dataGridView1.DataSource = dt.DefaultView;
07	}

DataGridView 控件的 DoubleClick 事件过程的程序代码只有一条语句，如下所示。

`this.DialogResult = DialogResult.Yes;`

【任务6-1-9】 测试图书借出程序

1. 设置启动项目和启动对象

首先将 "bookUI" 为启动项目，将窗体 "frmBookLoanManage" 设置为启动对象。

2. 界面测试

① 测试内容：用户界面的视觉效果和易用性；控件状态、位置及内容确认；光标移动顺序。

② 确认方法：屏幕拷贝、目测，【图书借出】窗体运行的初始状态如图 6-11 所示。

③ 测试结论：合格。

3. 功能测试

功能测试的目的是测试任务卡中的功能要求是否能够实现，同时测试【图书借出】模块的容错能力。

（1）准备测试用例。

准备的测试用例如表 6-34 所示。

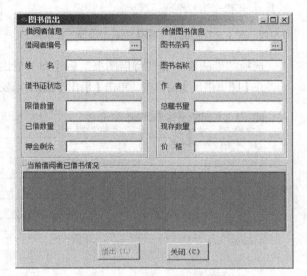

图 6-11 【图书借出】窗体运行的初始状态

表 6-34　　　　　　　　　　模块的测试用例

序号	测试数据				预期结果
	借阅者编号	姓名	图书条码	图书名称	
1	201303020108	杨乙	00050419	UML 基础与 Rose 建模案例	成功借出图书
2	201303020114	周锋	–	–	由于借书证挂失，借出图书失败
3	201303020103	江西	–	–	由于该借阅者有超期未还的图书，借出图书失败

（2）测试使用有效借书证成功借出图书。

① 测试内容：对于有效借书证，成功借出图书。

② 确认方法：屏幕拷贝、目测。

③ 测试过程如下。

在如图 6-11 所示的【图书借出】窗口中，单击 "借阅者编号" 文本框右侧的【…】按钮，显示【选择借阅者】窗口，在该窗体中双击选择编号为 "201303020108" 的借阅者，如图 6-12 所示。

在图 6-11 所示的【图书借出】窗口中，单击 "图书条码" 文本框右侧的【…】按钮，显示【选择图书】窗口，在该窗体中双击选择条码编号为 "00050419" 的图书，如图 6-13 所示。

也可以在 "借阅者编号" 文本框中直接输入 "借阅者编号"，然后按回车键。或者利用条码扫描器扫描借书证的 "借阅者编号"。"图书条码" 也可以使用类似的方法输入。

借阅者编号	姓名	借阅者类型	借书证状态
100878	邓珊	特殊读者	有效
100888	陈惠姣	特殊读者	有效
201303020101	唐王格	学生	有效
201303020102	许磊	学生	有效
201303020103	江西	学生	有效
201303020104	邹采玲	学生	有效
201303020105	刘兴星	学生	有效
201303020107	李坚	学生	有效
201303020108	杨乙	学生	有效
201303020109	余玖亮	学生	有效

图 6-12　在【选择借阅者】窗体中双击选择一位借阅者

图书条码	书目编号	图书名称	价格
00050403	9787810496124	物业管理信息系统	17.5
00050404	9787810496124	物业管理信息系统	17.5
00050405	9787115158048	网页设计与制作案例教程	31
00050406	9787115158048	网页设计与制作案例教程	31
00050408	9787115158048	网页设计与制作案例教程	31
00050413	9787115158048	网页设计与制作案例教程	31
00050415	9787115158048	网页设计与制作案例教程	31
00050417	9787115158918	UML基础与Rose建模案例	28
00050419	9787115158918	UML基础与Rose建模案例	28
00050420	9787115158918	UML基础与Rose建模案例	28

图 6-13　在【选择图书】窗体中双击选择一本图书

选择"借阅者"和"待借图书"后【图书借出】窗口如图 6-14 所示。

在【图书借出】窗口中，单击【借出】按钮，显示如图 6-15 所示的"借书成功"提示信息对话框。

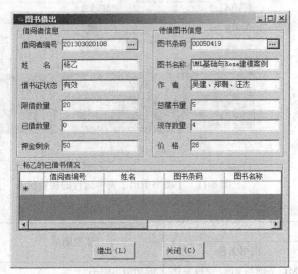

图 6-14　分别确定借阅者和待借出的图书

图 6-15　"借书成功"的提示信息对话框

在该对话框中单击【确定】按钮，成功借出一本图书，"杨乙的已借书情况"发现了变化，如图 6-16 所示。

④ 测试结论：合格。

（3）测试使用挂失的借书证借出图书失败

① 测试内容：使用挂失的借书证，借出图书失败。

② 确认方法：屏幕拷贝、目测。

③ 测试过程如下。

在如图 6-11 所示的【图书借出】窗口的"借阅者编号"文本框中输入借阅者编号"201303020114"然后按回车键，会显示如图 6-17 所示的"借书证已被挂失"的提示信息。

④ 测试结论：合格。

（4）测试有超期未还图书的借阅者借出图书。

① 测试内容：对于有超期未还图书的借阅者，不能成功借出图书，等交纳罚款后才能成功借出图书。

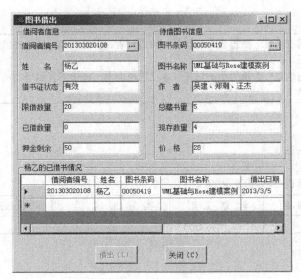

图 6-16　成功借出一本图书后【图书借出】窗口的变化

图 6-17　"借书证已被挂失"的提示信息

② 确认方法：屏幕拷贝、目测。

③ 测试过程如上。

在如图 6-11 所示的【图书借出】窗口的"借阅者编号"文本框中输入借阅者编号"201303020103"，然后按回车键，会出现如图 6-18 所示的"有超期未还图书"的提示信息。

④ 测试结论：合格。

图 6-18　"有超期未还图书"的提示信息

【任务 6-2】　图书续借与归还模块的实施与测试

【任务描述】

1．任务卡

【任务 6-2】的任务卡如表 6-35 所示。

表 6-35　　　　　　　　　　　　　　　　　【任务 6-2】的任务卡

任务编号	06-2	任务名称	图书续借与归还模块的实施与测试
计划工时	2	模块名称	图书续借与归还
窗体名称	frmBookReturnOrRenew	业务处理层的类名称	returnOrRenewClass
数据表名称	借阅信息、图书信息	数据操作层的类名称	bookDBClass
任务说明			
（1）创建图书续借与归还模块的类 （2）设计图书续借与归还应用程序界面 （3）编写图书续借与归还模块的程序代码 （4）测试图书续借与归还程序			
模块主要功能简述			
（1）提供凭证续借与归还、凭书续借或归还两种方式。 （2）借阅者或图书的输入或选择可能通过输入借阅者编号＋回车或者使用条码扫描器扫描输入或者打开【选择已借出图书】窗口双击选择完成。			

243

（3）对于凭证续借与归还的方式，可以从"借阅者信息"数据表中选择任一位借阅者，但是只能从所选择借阅者的已借出图书列表中选择一本图书续借或归还。
（4）对于凭书续借与归还的方式，可以从"借阅信息"数据表中选择任一本已借出图书，而借阅者编号与所选择图书的借阅者对应，图书借阅员不能自由选择。

2．任务跟踪卡

【任务 6-2】的任务跟踪卡如表 6-36 所示。

表 6-36　　　　　　　　　　　【任务 6-2】的任务跟踪卡

任 务 编 号	开 始 时 间	完 成 时 间	计 划 工 时	实 际 工 时	当 前 状 态
06-2					

【任务实施】

【任务 6-2-1】　创建图书续借与归还模块的类

在现有类库 bookApp 中添加新类 returnOrRenewClass，编写类方法的程序代码。

bookDB 类库中 bookDBClass 类对象的声明代码如下所示。

```
bookDB.bookDBClass objBookDb = new bookDB.bookDBClass();
```
方法 getLoanInfoByBarcode 的程序代码如表 6-37 所示。

表 6-37　　　　　　　　　方法 getLoanInfoByBarcode 的程序代码

行号	代码
01	public DataTable getLoanInfoByBarcode(string barcode)
02	{
03	return objBookDb.getDataBySQL("Select 借阅编号,借阅者编号 姓名,"
04	+ "图书条码,图书名称,借出日期,应还日期,续借次数, 图书借阅员 "
05	+ "From loanView Where 图书条码='"
06	+ barcode + "' Order by 借阅编号");
07	}

方法 loanRenew 的程序代码如表 6-38 所示。

表 6-38　　　　　　　　　　方法 loanRenew 的程序代码

行号	代码
01	public bool loanRenew(int maxDay, string borrowerId, string bookBarcode)
02	{
03	string strSql = null;
04	strSql = "Update 借阅信息 Set 借出日期='"
05	+ DateTime.Today.ToShortDateString()
06	+ "',应还日期='"
07	+ DateTime.Now.AddDays(maxDay).Date.ToShortDateString()
08	+ "',续借次数=续借次数+1 where 借阅者编号='"
09	+ borrowerId + "' And 图书条码='" + bookBarcode + "'";
10	return objBookDb.updateDataTable(strSql);
11	}

方法 loanDelete 的程序代码如表 6-39 所示。

表 6-39 方法 loanDelete 的程序代码

行号	代码
01	public bool loanDelete(string borrowerId, string bookCode)
02	{
03	string strSql = null;
04	strSql = "Delete From 借阅信息 Where 借阅者编号='"
05	+ borrowerId + "' And 图书条码='" + bookCode + "'";
06	if (objBookDb.updateDataTable(strSql) == true)
07	{
08	return true;
09	}
10	else
11	{
12	return false;
13	}
14	}

方法 bookNowNumAdd 的程序代码如表 6-40 所示。

表 6-40 方法 bookNowNumAdd 的程序代码

行号	代码
01	public object bookNowNumAdd(string bibliothecaId)
02	{
03	string strEditComm = null;
04	strEditComm = "Update 书目信息 Set 现存数量=现存数量+1 " +
05	" Where 书目编号='" + bibliothecaId + "'";
06	return objBookDb.updateDataTable(strEditComm);
07	}

【任务 6-2-2】 图书续借与归还的界面设计

在现有项目 bookUI 中添加 2 个 Windows 窗体:【图书续借与归还】窗体(该窗体的变量名称为 frmBookReturnOrRenew)和【选择已借出图书】窗体(该窗体的变量名称为 frmSelectLoanBook)。

【图书续借与归还】窗体的外观设计如图 6-19 所示。

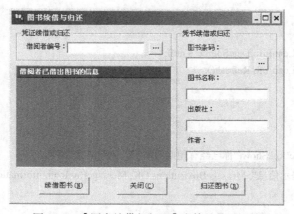

图 6-19 【图书续借与归还】窗体的外观设计

【任务 6-2-3】　编写图书续借与归还窗体的程序代码

1. 添加引用

将类库 bookApp 添加到类库 bookUI 的引用中。

2. 声明窗体级变量

声明窗体级变量的程序代码如表 6-41 所示。

表6-41　　　　　　　　　　　　声明窗体级变量的程序代码

行号	代码
01	public string flagBorrow="";
02	bookApp.returnOrRenewClass objReturnOrRenew = new bookApp.returnOrRenewClass();
03	bookApp.loanClass loanObj = new bookApp.loanClass();
04	string borrowerId;
05	string bookBarcode;
06	string bibliothecaId;

3. 编写方法 getBorrowerLoanInfo 的程序代码

方法 getBorrowerLoanInfo 的程序代码如表 6-42 所示。

表6-42　　　　　　　　　方法 getBorrowerLoanInfo 的程序代码

行号	代码
01	private void getBorrowerLoanInfo()
02	{
03	if (loanObj.isOverdue(borrowerId) == true)
04	{
05	DataTable dt = new DataTable();
06	dt = loanObj.getLoanInfo(borrowerId);
07	if (dt.Rows.Count != 0)
08	{
09	dgLoanInfo.DataSource = dt;
10	btnGetBookBarcode.Enabled = false;
11	}
12	else
13	{
14	dgLoanInfo.DataSource = null;
15	dgLoanInfo.Refresh();
16	}
17	}
18	else
19	{
20	MessageBox.Show("你已经有超期图书了，请归还再借！ ",
21	"提示信息", MessageBoxButtons.OK, MessageBoxIcon.Information);
22	}
23	}

4. 编写方法 getBook 的程序代码

方法 getBook 的程序代码如表 6-43 所示。

表 6-43　　　　　　　　　方法 getBook 的程序代码

行号	代码
01	private void getBook()
02	{
03	DataTable dt = new DataTable();
04	dt = loanObj.getBookInfo(bookBarcode);
05	if (dt.Rows.Count != 0)
06	{
07	txtBookName.Text = dt.Rows[0]["图书名称"].ToString();
08	txtPublisher.Text = dt.Rows[0]["出版社名称"].ToString();
09	txtAuthor.Text = dt.Rows[0]["作者"].ToString();
10	bibliothecaId = dt.Rows[0]["书目编号"].ToString();
11	}
12	}

5. 编写方法 clearControl 的程序代码

方法 clearControl 的程序代码如表 6-44 所示。

表 6-44　　　　　　　　　方法 clearControl 的程序代码

行号	代码
01	private void clearControl()
02	{
03	txtBookBarcode.Text = "";
04	txtBookName.Text = "";
05	txtPublisher.Text = "";
06	txtAuthor.Text = "";
07	}

6. 编写【图书续借与归还】窗体 Load 事件过程的程序代码

【图书续借与归还】窗体 bookReturnOrRenew 的 Load 事件过程的程序代码如表 6-45 所示。

表 6-45　　　　　　　　【图书续借与归还】窗体的 Load 事件过程的程序代码

行号	代码
01	private void frmBookReturnOrRenew_Load(object sender, EventArgs e)
02	{
03	if (flagBorrow == "return")
04	{
05	this.Text = "归还图书";
06	btnBookRenew.Enabled = false;
07	btnBookReturn.Enabled = true;
08	}

行号	代码
09	else
10	{
11	this.Text = "续借图书";
12	btnBookRenew.Enabled = true;
13	btnBookReturn.Enabled = false;
14	}
15	txtBookName.Enabled = false;
16	txtPublisher.Enabled = false;
17	txtAuthor.Enabled = false;
18	txtBorrowerId.Focus();
19	DataGridViewCellStyle headerStyle = new DataGridViewCellStyle();
20	headerStyle.Alignment =
21	System.Windows.Forms.DataGridViewContentAlignment.MiddleCenter;
22	this.dgLoanInfo.ColumnHeadersDefaultCellStyle = headerStyle;
23	}

7. 编写 "选择借阅者" 按钮的 Click 事件过程的程序代码

"选择借阅者" 按钮 btnGetBorrower 的 Click 事件过程的程序代码如表 6-46 所示。

表 6-46 "选择借阅者" 按钮的 Click 事件过程的程序代码

行号	代码
01	private void frmBookReturnOrRenew_Load(object sender, EventArgs e)
02	{
03	if (flagBorrow == "return")
04	{
05	this.Text = "归还图书";
06	btnBookRenew.Enabled = false;
07	btnBookReturn.Enabled = true;
08	}
09	else
10	{
11	this.Text = "续借图书";
12	btnBookRenew.Enabled = true;
13	btnBookReturn.Enabled = false;
14	}
15	txtBookName.Enabled = false;
16	txtPublisher.Enabled = false;
17	txtAuthor.Enabled = false;
18	txtBorrowerId.Focus();
19	DataGridViewCellStyle headerStyle = new DataGridViewCellStyle();
20	headerStyle.Alignment =
21	System.Windows.Forms.DataGridViewContentAlignment.MiddleCenter;
22	this.dgLoanInfo.ColumnHeadersDefaultCellStyle = headerStyle;
23	}

8. 编写"借阅者编号"文本框的 KeyDown 事件过程的程序代码

"借阅者编号"文本框 txtBorrowerId 的 KeyDown 事件过程的程序代码如表 6-47 所示。

表 6-47   "借阅者编号"文本框的 KeyDown 事件过程的程序代码

行号	代码
01	private void txtBorrowerId_KeyDown(object sender, KeyEventArgs e)
02	{
03	if (e.KeyCode == Keys.Enter)
04	{
05	if (txtBorrowerId.Text.Trim().Length >= 5)
06	{
07	borrowerId = txtBorrowerId.Text.Trim();
08	getBorrowerLoanInfo();
09	}
10	}
11	}

9. 编写"选择图书"按钮的 Click 事件过程的程序代码

"选择图书"按钮 btnGetBookBarcode 的 Click 事件过程的程序代码如表 6-48 所示。

表 6-48   "选择图书"按钮的 Click 事件过程的程序代码

行号	代码
01	private void btnGetBookBarcode_Click(object sender, EventArgs e)
02	{
03	DataTable dt = new DataTable();
04	frmSelectLoanBook frmLoanBook = default(frmSelectLoanBook);
05	Point startLocation = default(Point);
06	startLocation.X = this.Location.X + txtBorrowerId.Location.X;
07	startLocation.Y = this.Location.Y + txtBookBarcode.Location.Y + 50;
08	frmLoanBook = new frmSelectLoanBook(startLocation);
09	frmLoanBook.ShowDialog();
10	bookBarcode = frmLoanBook.getLoanBookId();
11	txtBookBarcode.Text = bookBarcode;
12	getBook();
13	dt = objReturnOrRenew.getLoanInfoByBarcode(bookBarcode);
14	txtBorrowerId.Text = dt.Rows[0][1].ToString();
15	dgLoanInfo.DataSource = dt;
16	btnGetBorrower.Enabled = false;
17	txtBorrowerId.Enabled = false;
18	}

10. 编写"图书条码"文本框的 KeyDown 事件过程的程序代码

"图书条码"文本框 txtBookBarcode 的 KeyDown 事件过程的程序代码如表 6-49 所示。

表 6-49 　　　　　　　　　"图书条码"文本框的 KeyDown 事件过程的程序代码

行号	代码
01	private void txtBookBarcode_KeyDown(object sender, KeyEventArgs e)
02	{
03	if (e.KeyCode == Keys.Enter)
04	{
05	bookBarcode = txtBookBarcode.Text.Trim();
06	getBook();
07	//btnGetBookBarcode 按钮可用时
08	if (btnGetBookBarcode.Enabled == true)
09	{
10	DataTable dt = new DataTable();
11	dt = objReturnOrRenew.getLoanInfoByBarcode(bookBarcode);
12	txtBorrowerId.Text = dt.Rows[0][1].ToString();
13	dgLoanInfo.DataSource = dt;
14	btnGetBorrower.Enabled = false;
15	txtBorrowerId.Enabled = false;
16	}
17	}
18	}

11. 编写 DataGridView 控件的 DoubleClick 事件过程的程序代码

DataGridView 控件 dgLoanInfo 的 DoubleClick 事件过程的程序代码如表 6-50 所示。

表 6-50　 DataGrid 控件的 DoubleClick 事件过程的程序代码

行号	代码
01	private void dgLoanInfo_DoubleClick(object sender, EventArgs e)
02	{
03	bookBarcode = dgLoanInfo.Rows[dgLoanInfo.CurrentRow.Index].Cells[2]
04	.Value.ToString();
05	txtBookBarcode.Text = bookBarcode;
06	getBook();
07	}

12. 编写【续借图书】按钮的 Click 事件过程的程序代码

【续借图书】按钮 btnBookRenew 的 Click 事件过程的程序代码如表 6-51 所示。

表 6-51　　　　　　　　　　　　　【续借图书】按钮的 Click 事件过程的程序代码

行号	代码
01	private void btnBookRenew_Click(object sender, EventArgs e)
02	{
03	string strCardState = null;
04	int maxDay = 0;
05	//存放限借期限

行号	代码
06	DataTable dt = new DataTable();
07	if (checkEmpty() == false)
08	{
09	return;
10	}
11	//判断读者是否有超期图书
12	dt = loanObj.getBorrowerInfo(borrowerId);
13	maxDay = Convert.ToInt32(dt.Rows[0]["最长借书期限"]);
14	strCardState = dt.Rows[0]["借书证状态"].ToString();
15	switch (strCardState)
16	{
17	//判断借书证状态
18	case "有效":
19	if (objReturnOrRenew.loanRenew(maxDay, borrowerId, bookBarcode) == true)
20	{
21	dgLoanInfo.DataSource = null;
22	dgLoanInfo.DataSource = loanObj.getLoanInfo(borrowerId);
23	dgLoanInfo.Refresh();
24	MessageBox.Show("图书续借成功！ ",
25	"提示信息", MessageBoxButtons.OK,MessageBoxIcon.Information);
26	}
27	else
28	{
29	MessageBox.Show("图书续借失败！ ",
30	"提示信息", MessageBoxButtons.OK, MessageBoxIcon.Question);
31	return;
32	}
33	break;
34	case "挂失":
35	MessageBox.Show("读者的借书证已被挂失，不能继续使用！ ",
36	"提示信息", MessageBoxButtons.OK, MessageBoxIcon.Information);
37	return;
38	case "停用":
39	MessageBox.Show("读者的借书证已被停用，不能继续使用！ ",
40	"提示信息", MessageBoxButtons.OK, MessageBoxIcon.Information);
41	return;
42	}
43	btnGetBorrower.Enabled = true;
44	}

13. 编写【归还图书】按钮的 Click 事件过程的程序代码

【归还图书】按钮 btnBookReturn 的 Click 事件过程的程序代码如表 6-52 所示。

表 6-52　　　　　　　　　　　【归还图书】按钮的 Click 事件过程的程序代码

行号	代码
01	private void btnReturn_Click(object sender, EventArgs e)
02	{
03	if (objReturnOrRenew.loanDelete(borrowerId, bookBarcode) == true)
04	{
05	loanObj.setBookState(bookBarcode, "在藏");
06	//重新设置图书信息表中的图书状态
07	objReturnOrRenew.bookNowNumAdd(bibliothecaId);
08	//重新设置书目信息表中的现存数量
09	dgLoanInfo.DataSource = null;
10	dgLoanInfo.DataSource = loanObj.getLoanInfo(borrowerId);
11	dgLoanInfo.Refresh();
12	clearControl();
13	MessageBox.Show("图书归还成功！", "提示信息",
14	MessageBoxButtons.OK, MessageBoxIcon.Information);
15	}
16	else
17	{
18	MessageBox.Show("图书归还失败！", "提示信息",
19	MessageBoxButtons.OK, MessageBoxIcon.Question);
20	}
21	}

【任务 6-2-4】　选择已借出图书的窗体设计

（1）设计【选择已借出图书】窗体的外观。

【选择已借出图书】窗体的外观设计如图 6-20 所示，该窗体主要包括 1 个 DataGridView 控件。

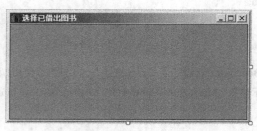

图 6-20　【选择已借出图书】窗体的外观设计

（2）编写【选择已借出图书】窗体的程序代码。

声明窗体级变量的程序代码如表 6-53 所示。

表 6-53　　　　　　　　　　　　声明窗体级变量的程序代码

行号	代码
01	bookApp.loanClass objLoan = new bookApp.loanClass();
02	DataTable dt = new DataTable();
03	Point startLocation;

【选择已借出图书】窗体的程序代码如表 6-54 所示。

表 6-54　　　　　　　【选择已借出图书】窗体的 frmSelectBook 方法的程序代码

行号	代码
01	public frmSelectLoanBook(Point winLocation)
02	{
03	InitializeComponent();
04	startLocation = winLocation;
05	}

方法 getLoanBookId 的程序代码如表 6-55 所示。

表 6-55　　　　　　　　　　方法 getLoanBookId 的程序代码

行号	代码
01	public string getLoanBookId()
02	{
03	return dt.Rows[dataGridView1.CurrentRow.Index]["图书条码"].ToString();
04	}

【选择已借出图书】窗体 frmSelectLoanBook 的 Load 事件过程的程序代码如表 6-56 所示。

表 6-56　　　　　　　【选择已借出图书】窗体的 Load 事件过程的程序代码

行号	代码
01	private void frmSelectLoanBook_Load(object sender, EventArgs e)
02	{
03	this.FormBorderStyle = FormBorderStyle.None;
04	this.Location = new Point(startLocation.X, startLocation.Y);
05	dt = objLoan.getLoanInfo("");
06	dataGridView1.DataSource = dt.DefaultView;
07	}

DataGridView 控件的 DoubleClick 事件过程的程序代码只有一条语句，如下所示。

```
this.DialogResult = DialogResult.Yes;
```

【任务 6-2-5】　测试图书续借与归还程序

1. 设置启动项目和启动对象

将 "bookUI" 为启动项目，将窗体 "frmBookReturnOrRenew" 设置为启动对象。

2. 用户界面测试

① 测试内容：用户界面的视觉效果和易用性；控件状态、位置及内容确认；光标移动顺序。
② 确认方法：屏幕拷贝、目测，【续借图书】窗体运行的初始状态如图 6-21 所示。
③ 测试结论：合格。

3. 功能测试

功能测试的目的是测试任务卡中的功能要求是否能够实现，同时测试【图书续借与归还】模块的容错能力。

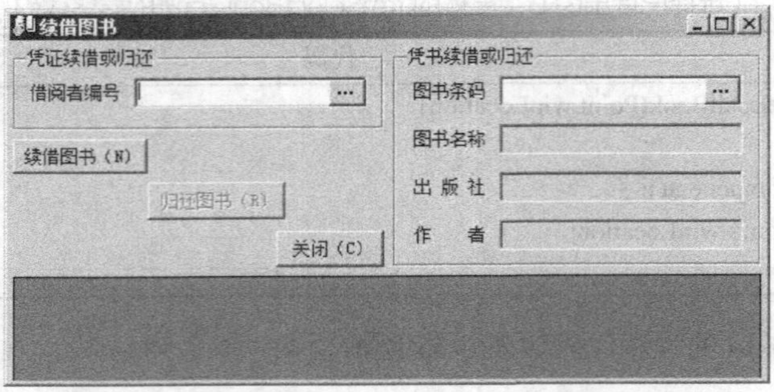

图 6-21　【图书续借与归还】窗体运行的初始状态

（1）准备测试用例。

准备的测试用例如表 6-57 所示。

表 6-57　　　　　　　　　　　　　模块的测试用例

序号	测试数据				预期结果
	借阅者编号	姓名	图书条码	图书名称	
1	201303020108	杨乙	00050419	UML 基础与 Rose 建模案例	成功续借图书
2	201303020110	丁一	00050406	网页设计与制作案例教程	成功借出图书
3	201303020110	丁一	00050406	网页设计与制作案例教程	成功归还图书

（2）测试使用有效借书证成功续借图书。

① 测试内容：对于有效借书证，成功续借图书。

② 确认方法：屏幕拷贝、目测。

③ 测试过程。

在如图 6-21 所示的【续借图书】窗口中，单击"借阅者编号"文本框右侧的【…】按钮，显示如图所示的"选择借阅者"窗口，在该窗体中双击选择编号为"201303020108"的借阅者，如图 6-22所示。

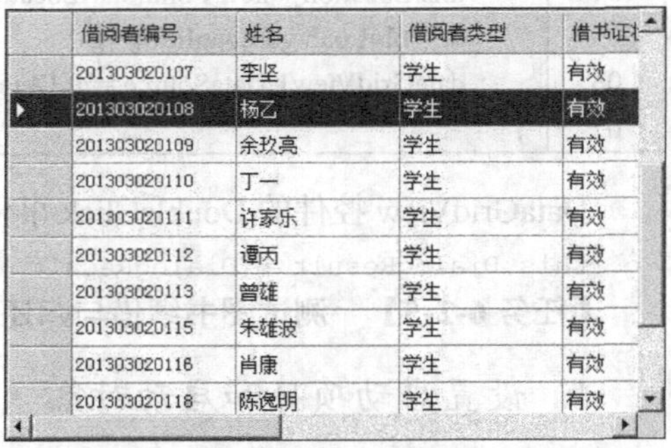

在【续借图书】窗口中双击"借出图书"列表中的《UML 基础与 Rose 建模案例》图书，在该窗口右侧显示该图书的相关数据，如图 6-23 所示。

图 6-22　在【选择借阅者】窗体中双击选择一位借阅者

接着在【续借图书】窗口中单击【续借图书】按钮，续借图书成功，弹出如图 6-24 所示的"图书续借成功！"的【提示信息】对话框，在该对话框中单击【确定】按钮，完成图书续借。

④ 测试结论：合格。

（3）测试使用有效借书证成功归还图书

① 测试内容：对于有效借书证，成功续借图书。

② 确认方法：屏幕拷贝、目测。

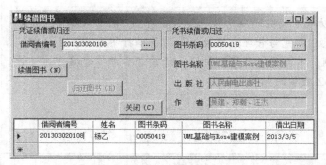

图 6-23 双击选择续借的图书 　　　　　　　　图 6-24 "图书续借成功!"的【提示信息】对话框

③ 测试过程如下。

首先打开【图书借出】窗口，在该窗口中借阅者"丁一"成功借出一本图书《网页设计与制作案例教程》。

然后打开【归还图书】窗口，在该窗口的"借阅者编号"文本框中输入编号"201303020110"，按回车键，显示"丁一"的借书记录，如图 6-25 所示。

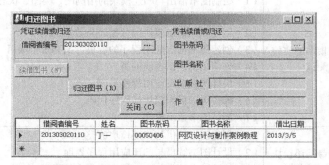

图 6-25 在【归还图书】窗口输入借阅者编号和显示对应的借阅数据

在【归还图书】窗口中双击"借出图书"列表中的《网页设计与制作案例教程》图书，在该窗口右侧显示该图书的相关数据，如图 6-26 所示。

在【归还图书】窗口中单击【归还图书】按钮，归还图书成功，弹出如图 6-27 所示的"图书归还成功"的【提示信息】对话框，在该对话框中单击【确定】按钮，完成图书归还。

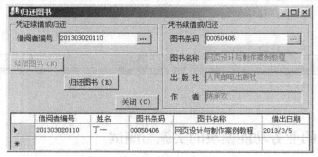

图 6-26 双击选择待归还的图书 　　　　　　　图 6-27 "图书归还成功"的【提示信息】对话框

④ 测试结论：合格。

说明　　　"图书管理系统"的"业务功能"模块还应包括"条码编制"、"图书入库"、"罚款管理"、"游览与管理读者数据"、"游览与管理书目数据"、"条码打印"、"报表打印"等子模块，由于教材篇幅的限制，本单元不作详细说明，请读者参考作者编著的《管理信息系统开发案例教程》（第2版）的相关案例。

项目实战考核评价

本单元的项目实战考核评价内容如表 6-58 所示。

表 6-58　　　　　　　　　　　单元 6 的项目实战考核评价表

	考核项目	考核内容描述	标准分	评分
考核要点	图书借出模块的实施与测试	（1）绘制图书借出与归还模块的用例图、类图、状态图、顺序图和活动图 （2）创建图书借出模块的数据表与数据视图 （3）创建图书借出应用程序的解决方案和多个项目 （4）创建图书借出模块的类 （5）设计图书借出应用程序界面 （6）编写图书借出模块的程序代码 （7）测试图书借出程序	8	
	图书续借与归还模块的实施与测试	（1）创建图书续借与归还模块的类 （2）设计图书续借与归还应用程序界面 （3）编写图书续借与归还模块的程序代码 （4）测试图书续借与归还程序	6	
	素养与态度	认真完成本单元的各项任务、纪律观念强、团队精神强、学习态度好、学习效果好	2	
	小计		16	
评价方式	自我评价	小组评价	教师评价	
考核得分				

同步实践

【任务 6-3】　进销存管理系统的业务功能模块的实施与测试

【任务描述】

（1）设计进销存管理系统的入库单录入窗体，完成入库管理的程序设计。

（2）设计进销存管理系统的入库查询窗体，完成入库查询的程序设计。

【参考资料】

（1）入库单录入窗体的参考界面如图 8-28 所示。

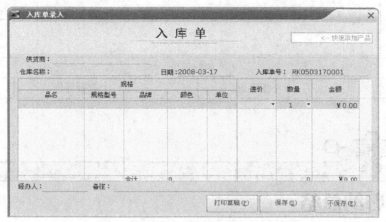

图 8-28　入库单录入窗口

（2）入库查询窗体的参考界面如图 8-29 所示。

图 8-29　入库查询窗口

同步实践考核评价

本单元的同步实践考核评价内容如表 6-59 所示。

表6-59　　　　　　　　　　　　　单元6的同步实践考核评价表

任务编号	06-3	任务名称	进销存管理系统的业务功能模块的实施与测试		
任务完成方式	【　　】小组协作完成　　　　　　【　　】个人独立完成				
任务完成 情况说明					
存在的主要 问题说明					
考核评价					
自我评价		小组评价		教师评价	

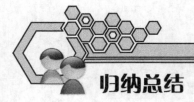

归纳总结

本单元主要完成了图书管理系统的图书借出模块的实施与测试、图书续借与归还模块的实施与测试，还介绍了程序调试成功的基本标准、软件测试应遵循的基本原则、软件测试的基本方法、测试用例的设计方法、软件测试过程及内容等知识。

单元习题

（1）软件测试时应遵守哪些基本原则？

（2）黑盒测试和白盒测试有什么区别？

（3）逻辑覆盖的主要覆盖标准有哪些？

（4）软件测试内容主要包括哪些？

（5）测试报告的主要内容有哪些？

管理信息系统的整合与发布

管理信息系统的各个模块设计完成后，需要设计一个主窗口，将各个模块整合为一个完整的系统。主窗口是各个功能模块的控制台，通过主窗口显示各个功能窗口，主窗口应提供菜单、工具栏和导航栏等多种打开功能窗口的快捷方式。

管理信息系统经过认真测试，确认无误后，应将整个应用系统进行部署，打包生成安装程序，便于在其他计算机中安装系统。生成后安装系统后，应尝试安装和试用管理信息系统。

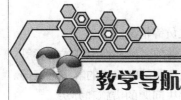

教学导航

教学目标	（1）了解管理信息系统实施阶段的文档编写
	（2）掌握图书管理系统现有类和窗体整合的方法
	（3）掌握图书管理系统主窗体和关于窗体的界面设计方法和功能实现方法
	（4）掌握图书管理系统的部署与发布方法
	（5）掌握生成系统安装程序的方法
	（6）掌握安装应用程序的方法
教学方法	任务驱动法、探究训练法等
课时建议	6课时（含考核评价）

知识必备

7.1　管理信息系统实施阶段的文档编写

1. 编写程序设计报告

管理信息系统程序设计阶段应及时书写程序设计报告，程序设计报告是对系统程序设计过程的总结。为系统调试和系统维护工作提供了依据，可以避免因程序设计人员的调动而造成系统维护工作的困难。

程序设计报告的主要内容包括：程序设计的工具和环境的概述、系统程序模块的组成及总体结构描述，各模块程序中采用的算法及其描述，各程序流程及其描述，系统各模块程序的源代码清单，程序注释说明等。

2. 编写系统测试报告

系统测试报告是在完成了系统测试之后，由测试小组对测试的内容、过程和结果进行总结且整理成文，完成系统测试报告的编写工作。测试报告是提供给测试评审和系统决策的重要依据。

系统测试报告的内容主要包括以下部分。

（1）系统测试概述：主要说明系统测试的目的。

（2）系统测试环境描述：包括硬件、软件、数据库、通信和人员等情况。

（3）系统测试内容描述：包括系统、子系统、模块、程序、文件的名称和性能技术指标等。

（4）系统测试方案描述：包括测试方法、测试数据、测试步骤和测试中故障的解决方案等。

（5）系统测试结果分析：包括系统测试中所发现的问题以及解决问题的措施和办法。

（6）系统测试结论：包括系统功能、技术性能指标的评价及系统测试最终结论。

3. 编写系统实施报告

系统实施阶段的最后一项工作是编写系统实施报告。系统实施报告也称为用户操作手册，它是从使用角度出发对系统进行详细说明。系统实施报告所包括的内容如表 7-1 所示。

表 7-1　　　　　　　　　　　　系统实施报告所包括的内容

项 目 名 称	包括的内容
引言与概述	包括编写目的、项目背景、参考资料和术语说明
软件概述	包括目标、功能和性能
运行环境	包括硬件设备、支持软件和数据结构
使用规程	包括安装和初始化、输入和输出、出错和恢复
操作说明	包括运行步骤、操作示例和程序文件

4. 编写用户手册

用户手册的编制是使用非专门术语的语言，充分地描述该软件系统所具有的功能及基本的使用方法。使用户通过本手册能够了解该软件的用途，并且能够熟悉操作方法。主要包括系统概述、系统目标、系统功能、系统输入/输出格式和系统操作方法等。

5. 编写操作手册

操作手册的编制是为了向操作人员提供该软件每一个运行的具体过程和有关知识，包括操作方法的细节、详细的操作步骤、输入输出数据和注意事项等。

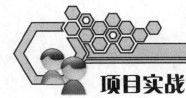

项目实战

【任务 7-1】　图书管理系统的主界面设计与系统整合

【任务描述】

1. 任务卡

【任务 7-1】的任务卡如表 7-2 所示。

表 7-2　　　　　　　　　　　　　　　　　　【任务 7-1】的任务卡

任务编号	07-1	任务名称	图书管理系统的主界面设计与系统整合
计划工时	90min	模块名称	主窗体与系统整合
窗体名称	frmBookMain	业务处理层的类名称	单元 4、5、6 所创建的类
数据库名称	bookData	数据操作层的类名称	bookDBClass
任务说明			
设计图书管理信息系统的"主界面"，编写"Program.cs"类 Main 方法的程序代码，编写"主界面"的方法和事件过程的程序代码实现其功能，测试"主界面"及图书管理系统的启动过程			
模块主要功能简述			
（1）系统运行时，首先启动共享方法 Main，然后判断数据库是否连接成功。 （2）如果数据库连接成功，则显示【用户登录】窗口，用户在该窗口中输入"用户名"和"密码"。系统验证用户所输入的"用户名"和"密码"是否合法，如果合法则显示"登录成功"的提示信息。如果所输入的"用户名"或"密码"有误则显示"登录失败"的原因。 （3）系统验证用户为合法登录者时，显示图书管理系统的主窗口。 （4）主窗口是进入各个功能窗口的集成界面，可以通过菜单、工具栏和导航栏三种方式打开功能窗口。主窗口的状态栏中显示欢迎信息、当前登录用户的姓名和登录日期。 （5）在主窗口中可以打开多个子窗口，打开的多个子窗口可以改变其排列方式。			
主要接口与属性简述			
（1）方法 Main：共享方法，整个图书管理系统的入口，系统运行的起点方法。 （2）方法 checkMdiChild：检验子窗口是否已打开，限制子窗口不能重复打开。			

2. 任务跟踪卡

【任务 7-1】的任务跟踪卡如表 7-3 所示。

表 7-3 【任务 7-1】的任务跟踪卡

任 务 编 号	开 始 时 间	完 成 时 间	计 划 工 时	实 际 工 时	当 前 状 态
07-1					

【任务实施】

【任务 7-1-1】 图书管理系统的建模

1. 绘制用户登录相关类的类图

"用户登录类"的类图如图 7-1 所示。

2. 绘制"操作界面类"的类图

"图书管理系统主界面"的类图如图 7-2 所示。

图 7-1 "用户登录类"的类图

图 7-2 "图书管理系统主界面"的类图

3. 绘制"用户登录系统到打开子窗口操作过程"的顺序图

"用户登录系统到打开子窗口操作过程"的顺序图如图 7-3 所示。

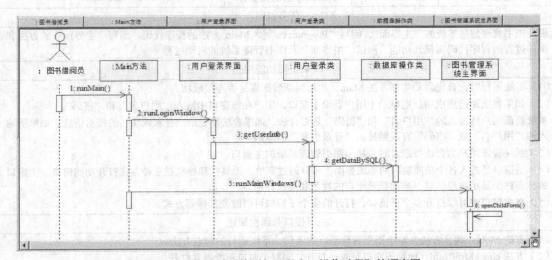

图 7-3 "用户登录系统到打开子窗口操作过程"的顺序图

4. 绘制"用户登录系统到打开子窗口操作过程"的协作图

"用户登录系统到打开子窗口操作过程"的协作图如图 7-4 所示。

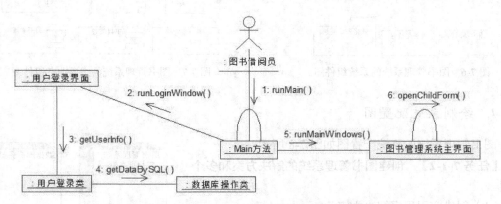

图 7-4　"用户登录系统到打开子窗口操作过程"的协作图

5. 绘制"用户登录系统到打开主窗口操作过程"的活动图

"用户登录系统到打开主窗口操作过程"的活动图如图 7-5 所示。

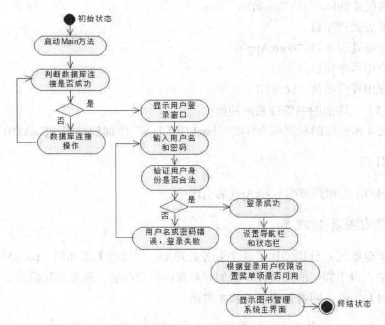

图 7-5　"用户登录系统到打开主窗口操作过程"活动图

6. 绘制组件图

图书管理系统的系统组件图如图 7-6 所示，图书管理系统的主要业务组件图如图 7-7 所示。

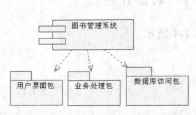

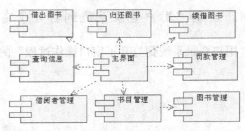

图 7-6　图书管理系统的系统组件图　　　　　图 7-7　图书管理系统的主要业务组件图

7. 绘制系统配置图

图书管理系统的系统配置图如图 7-8 所示。

【任务 7-1-2】 创建图书管理系统的解决方案和多个项目

（1）创建应用程序解决方案。

启动 Microsoft Visual Studio.NET 2008，显示系统的集成开发环境。在【Microsoft Visual Studio】集成开发环境中，创建应用程序解决方案 "bookMis"。

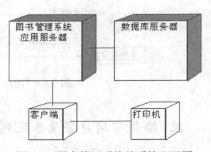

图 7-8　图书管理系统的系统配置图

（2）创建数据库访问项目。

创建一个数据库访问项目 "bookDB"。

（3）创建业务处理项目。

创建一个业务处理项目 "bookApp"。

（4）创建应用程序项目。

创建一个应用程序项目 "bookUI"。

【任务 7-1-3】 添加图书管理系统的类

首先将单元 4 所创建的数据库操作类 "bookDBClass" 添加到类库 "bookDB" 中。

1. 添加引用

将类库 bookDB 添加到类库 bookApp 的引用中。

2. 添加现有业务处理类

前面单元 4 至单元 6 分别创建了 8 个业务处理类，将这些类添加到 "bookMis" 解决方案的类库 bookApp 中。对于同名的类文件，添加时对其进行重命名，避免相互覆盖。

【任务 7-1-4】 设计图书管理系统的主界面

1. 添加 Windows 窗体

在 bookUI 类库中添加一个新的 Windows 窗体，即【图书管理系统】主窗体。

2. 设计窗体外观

在【图书管理系统】主窗体中添加 1 个 MenuStrip 控件、1 个 ToolStrip 控件、1 个 StatusStrip

控件、5 个 Panel 控件和 12 个 Button 控件，调整各个控件的大小与位置，窗体的外观如图 7-9 所示。

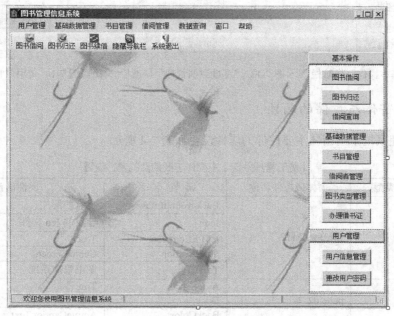

图 7-9　【图书管理系统】主窗体的外观设计

图书管理系统的主菜单由 7 个菜单组成，各个菜单的菜单项如图 7-10 所示。

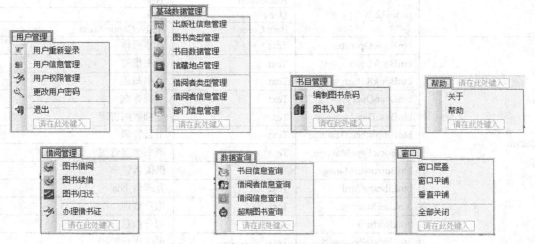

图 7-10　图书管理系统主界面的菜单项

图书管理系统的工具栏包括 5 个按钮，如图 7-11 所示。

图 7-11　图书管理系统的工具栏

图书管理系统的导航栏包括 3 组按钮，分别如图 7-12、图 7-13 和图 7-14 所示。

图 7-12 "基本操作"导航栏　　图 7-13 "基础数据管理"导航栏　　图 7-14 "用户管理"导航栏

3. 设置窗体与控件的属性

【图书管理系统】主窗体主要控件的属性设置如表 7-4 所示。

表 7-4　　　　　　　　　【图书管理系统】主窗体主要控件的属性设置

窗体或控件类型	窗体或控件名称	属性名称	属性设置值
Form	frmBookMain	BackgroundImage	已有的图片
		Icon	已有的 Ico 文件
		IsMdiContainer	True
		StartPosition	CenterScreen
		Text	图书管理系统
panel	panel02_1	AutoScroll	True
		Dock	Top
		BackColor	ActiveCaptionText
	panel02_2	AutoScroll	True
		Dock	Top
		BackColor	ActiveCaptionText
	panel02_3	AutoScroll	True
		Dock	Top
		BackColor	ActiveCaptionText
Button	btnBasicOperate	Text	基本操作
	btnBookLoan	Text	图书借阅
	btnBookReturn	Text	图书归还
	btnLoanQuery	Text	借阅查询
	btnBaseDataManage	Text	基础数据管理
	btnBibliothecaManage	Text	书目管理
	btnBookTypeManage	Text	图书类型管理
	btnBorrowerManage	Text	借阅者管理
	btnLibraryCard	Text	办理借书证
	btnUserManage	Text	用户管理
	btnUserInfo	Text	用户信息管理
	btnUpdatePassword	Text	更改用户密码
statusStrip	statusStrip1	toolStripStatusLabel1	AutoSize：False BorderSides：All Text：欢迎您使用图书管理系统
		toolStripStatusLabel2	AutoSize：False BorderSides：All Width：280
		toolStripStatusLabe31	BorderSides：All Spring：True

【提示信息】菜单栏和工具栏中各个按钮的"（Name）"属性值详见后面程序代码，"Text"属性值详见图 7-9 至图 7-14 所示。

【任务 7-1-5】　在图书管理系统项目中添加窗体

1. 添加引用

将类库 bookApp 添加到类库 bookUI 的引用中。

2. 添加现有窗体

将单元 4 至单元 6 所创建的 14 个窗体添加到类库 bookUI 中。对于同名的窗体，添加时对其进行重命名，避免相互覆盖。

【提示信息】由于前面各单元所创建的各个 Windows 窗体都是以独立窗口的形式显示，而本单元的所添加的各个窗体，则是以子窗口的形式在主窗口中显示，所以应修改代码，调整【选择出版社】、【选择借阅者】、【选择图书】等窗口的显示位置。

【任务 7-1-6】　编写图书管理系统主窗体的程序代码

1. 声明窗体级变量

窗体级变量 currentUserName 的声明如下所示。

```
public static string currentUserName = "";
```

2. 编写 Main 函数的程序代码

类 Program.中 Main 函数的程序代码如表 7-5 所示。

表 7-5　　　　　　　　　　　　类 Program.中 Main 函数的程序代码

行号	代码
01	static void Main()
02	{
03	Application.EnableVisualStyles();
04	Application.SetCompatibleTextRenderingDefault(false);
05	frmUserLogin frmUL = new frmUserLogin(); //新建 Login 窗口
06	frmUL.ShowDialog();　//使用模式对话框方法显示 frmUserLogin
07	if (frmUL.DialogResult == DialogResult.OK) //判断是否登录成功
08	{
09	frmUL.Close();
10	Application.Run(new frmBookMain()); //打开主窗体
11	}
12	else
13	{
14	Application.Exit();
15	}
16	}

3. 编写主窗体 Load 事件过程的程序代码

管理信息系统主窗体 Load 事件过程的程序代码如表 7-6 所示。

表 7-6　　　　　　　　　　　主窗体 Load 事件过程的程序代码

行号	代码
01	private void frmBookMain_Load(object sender, EventArgs e)
02	{
03	toolStripStatusLabel2.Text = "当前登录用户为：" + currentUserName;
04	toolStripStatusLabel3.Text ="登录日期为："
05	+DateTime.Now.ToLongDateString().ToString();
06	panel02_7.Visible = true;
07	panel02_2.Visible = false;
08	panel02_3.Visible = false;
09	}

4. 编写方法 checkMdiChild 的程序代码

方法 checkMdiChild 的程序代码如表 7-7 所示。

表 7-7　　　　　　　　　　　方法 checkMdiChild 的程序代码

行号	代码
01	private bool checkMdiChild(string childFormName)
02	{
03	foreach (Form childForm in this.MdiChildren) {
04	if (childForm.Name.Trim() == childFormName.Trim()) {
05	if (childForm.Visible) {
06	childForm.Activate();
07	} else {
08	childForm.Show();
09	}
10	return true;
11	}
12	}
13	return false;
14	}

5. 编写主窗体 MdiChildActivate 事件过程的程序代码

主窗口 frmBookMain 的 MdiChildActivate 事件过程的程序代码如表 7-8 所示。

表 7-8　　　　　　　　　　　主窗口 MdiChildActivate 事件过程的程序代码

行号	代码
01	private void frmBookMain_MdiChildActivate(object sender, EventArgs e)
02	{
03	if ((this.ActiveMdiChild != null))
04	{
05	toolStripStatusLabel3.Text = "当前操作的窗口是:"
06	+ this.ActiveMdiChild.Text;

行号	代码
07	}
08	else
09	{
10	toolStripStatusLabel3.Text = "登录日期为："
11	DateTime.Now.ToLongDateString().ToString();
12	}
13	}

6. 编写工具栏 ToolStrip 各个按钮的 Click 事件过程的程序代码

工具栏 ToolStrip 各个按钮的 Click 事件过程的程序代码如表 7-9 所示。

表 7-9　　　　　　　　　　工具栏 ToolStrip 各个按钮的 Click 事件过程的程序代码

行号	代码
01	private void tsbBookLoan_Click(object sender, EventArgs e)
02	{
03	mnuBookLoan.PerformClick();
04	}
05	
06	private void tsbBookReturn_Click(object sender, EventArgs e)
07	{
08	mnuBookReturn.PerformClick();
09	}
10	
11	private void tsbBookReLoan_Click(object sender, EventArgs e)
12	{
13	mnuBookReturn.PerformClick();
14	}
15	
16	private void tsbHide_Click(object sender, EventArgs e)
17	{
18	if (tsbHide.Text == "隐藏导航栏")
19	{
20	tsbHide.Text = "显示导航栏";
21	panel02.Visible = false;
22	}
23	else
24	{
25	tsbHide.Text = "隐藏导航栏";
26	panel02.Visible = true;
27	}
28	}
29	
30	private void tsbExit_Click(object sender, EventArgs e)
31	{
32	mnuExit.PerformClick();
33	}

7. 编写【基本操作】按钮的 Click 事件过程的程序代码

【基本操作】按钮 btnBasicOperate 的 Click 事件过程的程序代码如表 7-10 所示。

表 7-10　　　　　　　　【基本操作】按钮的 Click 事件过程的程序代码

行号	代码
01	private void btnBasicOperate_Click(object sender, EventArgs e)
02	{
03	panel02_7.Visible = true;
04	panel02_2.Visible = false;
05	panel02_3.Visible = false;
06	}

8. 编写【基础数据管理】按钮的 Click 事件过程的程序代码

【基础数据管理】按钮 btnDataManage 的 Click 事件过程的程序代码如表 7-11 所示。

表 7-11　　　　　　　　【基础数据管理】按钮的 Click 事件过程的程序代码

行号	代码
01	private void btnBaseDataManage_Click(object sender, EventArgs e)
02	{
03	panel02_7.Visible = false;
04	panel02_2.Visible = true;
05	panel02_3.Visible = false;
06	}

9. 编写【用户管理】按钮的 Click 事件过程的程序代码

【用户管理】按钮 btnUserManage 的 Click 事件过程的程序代码如表 7-12 所示。

表 7-12　　　　　　　　【用户管理】按钮的 Click 事件过程的程序代码

行号	代码
01	private void btnUserManage_Click(object sender, EventArgs e)
02	{
03	panel02_7.Visible = false;
04	panel02_2.Visible = false;
05	panel02_3.Visible = true;
06	}

10. 编写【基本操作】按钮的 MouseMove 事件过程的程序代码

【基本操作】按钮 btnBasicOperate 的 MouseMove 事件过程的程序代码只有一条语句，其功能是设置该按钮的前景颜色，代码如下所示。

```
btnBasicOperate.ForeColor = System.Drawing.Color.Red;
```

11. 编写【基本操作】按钮的 MouseLeave 事件过程的程序代码

【基本操作】按钮 btnBasicOperate 的 MouseLeave 事件过程的程序代码只有一条语句，其功能是设置该按钮的前景颜色，代码如下所示。

```
btnBasicOperate.ForeColor = System.Drawing.Color.Black;
```

【基础数据管理】和【用户管理】按钮 MouseMove 事件过程、MouseLeave 事件过程与【基本操作】按钮类似，请参照【基本操作】按钮编写代码。

12.　编写【图书借阅】按钮的 MouseMove 事件过程的程序代码

【图书借阅】按钮 btnBookLoan 的 MouseMove 事件过程的程序代码只有一条语句，其功能是设置该按钮的背景颜色，代码如下所示。

```
btnBookLoan.BackColor = System.Drawing.Color.Moccasin;
```

13.　编写【借阅管理】按钮的 MouseLeave 事件过程的程序代码

【借阅管理】按钮 btnBookLoan 的 MouseLeave 事件过程的程序代码只有一条语句，其功能是设置该按钮的背景颜色，代码如下所示。

```
btnBookLoan.BackColor = System.Drawing.SystemColors.Control;
```

【图书归还】、【借阅查询】、【书目管理】、【借阅者管理】、【图书类型管理】、【办理借书证】、【用户信息管理】和【更改用户密码】按钮的 MouseMove 事件过程和 MouseLeave 事件过程与【图书借阅】按钮相似，请参照【图书借阅】按钮编写代码。

14.　编写菜单项【书目数据管理】的 Click 事件过程的程序代码

菜单项【书目数据管理】mnuBibliothecaInfo 的 Click 事件过程的程序代码如表 7-13 所示。

表 7-13　　　　　　菜单项【书目数据管理】的 Click 事件过程的程序代码

行号	代码
01	private void mnuBibliothecaInfo_Click(object sender, EventArgs e)
02	{
03	if (checkMdiChild("frmBibliothecaInfoManage"))
04	{
05	return;
06	}
07	panel07.SendToBack();
08	frmBibliothecaInfoManage bibliothecaInfoManage =
09	new frmBibliothecaInfoManage();
10	bibliothecaInfoManage.MdiParent = this;
11	bibliothecaInfoManage.WindowState = FormWindowState.Normal;
12	//设置子窗体的位置是手动的，否则会靠左上角出现
13	bibliothecaInfoManage.StartPosition = FormStartPosition.Manual;
14	bibliothecaInfoManage.Location = new Point(5, 5);
15	bibliothecaInfoManage.Show();
16	bibliothecaInfoManage.TopMost = true;
17	}

15.　编写菜单项【用户重新登录】的 Click 事件过程的程序代码

菜单项【用户重新登录】mnuReLogin 的 Click 事件过程的程序代码如表 7-14 所示。

表 7-14　　　　　　菜单项【用户重新登录】的 Click 事件过程的程序代码

行号	代码
01	private void mnuReLogin_Click(object sender, EventArgs e)
02	{
03	frmUserLogin frmUL = new frmUserLogin(); //新建 Login 窗口

行号	代码
04	frmUL.ShowDialog();　//使用模式对话框方法显示 frmUserLogin
05	if (frmUL.DialogResult == DialogResult.OK) //判断是否登录成功
06	{
07	frmUL.Close();
08	toolStripStatusLabel2.Text = "当前登录用户为：" + currentUserName;
09	toolStripStatusLabel3.Text = "登录日期为：" +
10	DateTime.Now.ToLongDateString().ToString();
11	}
12	}

16. 编写菜单项【图书归还】的 Click 事件过程的程序代码

菜单项【图书归还】mnuBookLoan 的 Click 事件过程的程序代码如表 7-15 所示。

表 7-15　　　　　　　菜单项【图书归还】的 Click 事件过程的程序代码

行号	代码
01	private void mnuBookLoan_Click(object sender, EventArgs e)
02	{
03	if (checkMdiChild("frmBookLoanManage"))
04	{
05	return;
06	}
07	panel07.SendToBack();
08	frmBookLoanManage bookLoanManage = new frmBookLoanManage();
09	bookLoanManage.MdiParent = this;
10	bookLoanManage.WindowState = FormWindowState.Normal;
11	bookLoanManage.StartPosition = FormStartPosition.Manual;
12	bookLoanManage.Location = new Point(5, 5);
13	bookLoanManage.Show();
14	bookLoanManage.TopMost = true;
15	}

17. 编写菜单项【帮助】的 Click 事件过程的程序代码

菜单项【帮助】mnuHelp 的 Click 事件过程的程序代码如表 7-16 所示。

表 7-16　　　　　　　菜单项【帮助】的 Click 事件过程的程序代码

行号	代码
01	private void mnuSystemHelp_Click(object sender, EventArgs e)
02	{
03	string file = null;
04	file = Application.StartupPath + "/help.chm";
05	Help.ShowHelp(this, file);
06	}

18. 编写菜单项【退出】的 Click 事件过程的程序代码

菜单项【退出】mnuExit 的 Click 事件过程的程序代码如表 7-17 所示。

表 7-17　　　　　　　菜单项【退出】的 Click 事件过程的程序代码

行号	代码
01	private void mnuExit_Click(object sender, EventArgs e)
02	{
03	DialogResult result=MessageBox.Show("您是否真的要退出图书管理系统?
04	"提示信息",
05	MessageBoxButtons.YesNo, MessageBoxIcon.Information);
06	if (result==DialogResult.Yes)
07	{
08	Application.Exit();
09	}
10	}

　　【书目数据管理】、【用户重新登录】、【图书归还】、【帮助】和【退出】5 个菜单项的 Click 事件过程的程序代码的编写方法代表了多种不同的方法，请读者参照这 5 个菜单项的 Click 事件过程的程序代码编写其他菜单项的 Click 事件过程的程序代码。

19. 编写【窗口】菜单各个菜单项的 Click 事件过程的程序代码

【窗口层叠】菜单项的 Click 事件过程的程序代码如下所示。
```
this.LayoutMdi(MdiLayout.Cascade);
```
【水平平铺】菜单项的 Click 事件过程的程序代码如下所示。
```
this.LayoutMdi(MdiLayout.TileHorizontal);
```
【垂直平铺】菜单项的 Click 事件过程的程序代码如下所示。
```
this.LayoutMdi(MdiLayout.TileVertical);
```
【全部关闭】菜单项的 Click 事件过程的程序代码如表 7-18 所示。

表 7-18　　　　　　　【全部关闭】菜单项的 Click 事件过程的程序代码

行号	代码
01	private void mnuCloseAll_Click(object sender, EventArgs e)
02	{
03	foreach (Form childForm in this.MdiChildren) {
04	childForm.Close();
05	}
06	}

【任务 7-1-7】　测试图书管理系统

　　功能测试的目的是测试任务卡中的功能要求是否能够实现，同时测试图书管理系统的容错能力。

1. 准备测试用例

　　查询书目信息的测试用例如表 7-19 所示，续借图书的测试用例如表 7-20 所示。

表 7-19　　　　　　　　　　　　　　查询书目信息的测试用例

序号	测试数据				预期结果
	书目编号	图书名称	作者	出版社名称	
1	9787115158048	网页设计与制作案例教程	陈承欢	人民邮电出版社	显示以"网页"打头的书目信息
2	9787313040398	网页美工设计	郭永灿、孟凡奇、王军	上海交通大学出版社	

表 7-20　　　　　　　　　　　　　　续借图书的测试用例

序　号	测试数据				预期结果
	借阅者编号	姓名	图书条码	图书名称	
1	200603020105	向鹏	0005041	网页设计与制作案例教程	续借图书
2	200603020105	向鹏	0005028	数据库系统原理与应用	显示已借出的图书

2. 用户登录测试

（1）测试内容：用户成功登录图书管理系统，显示主窗口。

（2）确认方法：屏幕拷贝、目测。

（3）测试过程如下。

在【bookMis-Microsoft Visual Studio】窗口中单击【启动调试】按钮 ▶ 运行程序，首先显示如图 7-15 所示的【用户登录】窗口，在该窗口输入用户名"admin"和密码"admin"，然后单击【确定】按钮，显示如图 7-16 所示的"合法用户，登录成功"【提示信息】对话框，在该对话框中单击【确定】按钮，显示如图 7-17 所示的图书管理系统的主窗口。

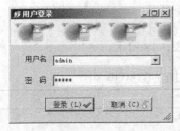

图 7-15　在【用户登录】窗口中输入用户名和密码

图 7-16　【提示信息】对话框

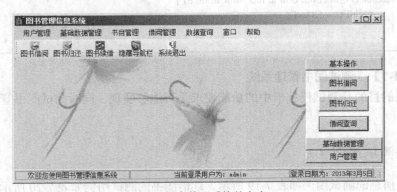

图 7-17　图书管理系统的主窗口

（4）测试结论：合格。

3．书目查询测试

① 测试内容：查询图书名称以"网页"打头的所有书目。

② 确认方法：屏幕拷贝、目测。

③ 测试过程如下。

在如图 7-17 所示的主窗体中，选择【数据查询】-【书目信息查询】命令，显示如图 7-18 所示的【浏览与管理书目数据】子窗口。

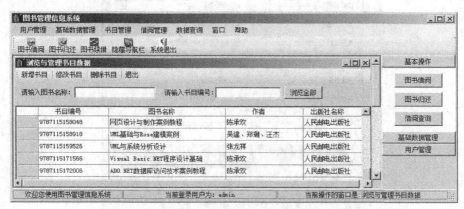

图 7-18　在主窗口中打开【浏览与管理书目数据】窗口

然后在"图书名称"文本框中输入"网页"，自动显示所有以"网页"打头的书目，查询结果如图 7-19 所示。

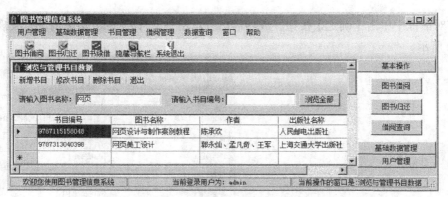

图 7-19　查询以"网页"打头的所有书目

④ 测试结论：合格。

4．图书借阅测试

① 测试内容：对于有效借书证，成功借出图书。

② 确认方法：屏幕拷贝、目测。

③ 测试过程如下。

在如图 7-17 所示的主窗体中，单击选择【借阅管理】→【图书借阅】命令，显示【图书借出】

子窗口。

在【图书借出】子窗口，单击"借阅者编号"文本框右侧【…】按钮，显示【选择借阅者】窗口，在该窗体中双击选择编号为"20703020102"的借阅者。

在【图书借出】窗口中，单击"图书条码"右侧的【…】按钮，显示【选择图书】窗口，在该窗体中双击选择条码编号为"00050414"的图书。

选择"借阅者"和"待借图书"后【图书借出】窗口如图 7-20 所示。

图 7-20　分别确定借阅者和待借出的图书

在【图书借出】窗口中，单击【借出】按钮，显示如图 7-21 所示的"借书成功"提示信息对话框。

在该对话框中单击【确定】按钮，成功借出一本图书，"许磊的已借书情况"发现了变化，如图 7-22 所示。

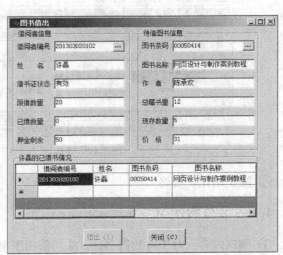

图 7-21　"借书成功"的提示信息对话框　　图 7-22　成功借出一本图书后【图书借出】窗口的变化

④ 测试结论：合格。

5. 图书续借测试

① 测试内容：许磊续借图书名称为《网页设计与制作案例教程》的图书。

② 确认方法：屏幕拷贝、目测。

③ 测试过程如下。

在如图 7-17 所示的主窗体中，选择【借阅管理】→【图书续借】命令，显示【续借图书】子窗口。在该子窗口的"借阅者编号"文本框中输入编号"20703020102"，然后按回车键，显示许磊的借书记录。

在【续借图书】子窗口中双击"借出图书"列表中的第一行，选择《网页设计与制作案例教程》图书，在窗口右侧显示该图书的相关数据，如图 7-23 所示。

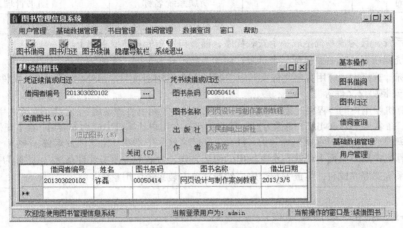

图 7-23　在【续借图书】窗口中输入借阅者编号和显示借阅数据

在【续借图书】子窗口中单击【续借图书】按钮，续借图书成功，出现如图 7-24 所示的【提示信息】对话框，在该对话框中单击【确定】按钮，完成图书续借。

④ 测试结论：合格。

6. 系统退出测试

① 测试内容：关闭图书管理系统主窗口，退出系统。

② 确认方法：屏幕拷贝、目测。

③ 测试过程如下。

在如图 7-24 所示的窗体中，选择【系统设计】→【退出系统】命令，或者单击工具栏中的【系统退出】，弹出如图 7-25 所示的"是否真的退出图书管理系统"的【提示信息】对话框，在该对话框中单击【是】即可关闭主窗口，退出系统。

图 7-24　"图书续借成功"的【提示信息】对话框

图 7-25　"是否真的退出图书管理系统"的对话框

④ 测试结论：合格。

【任务 7-2】 图书管理系统的部署与发布

【任务描述】

1. 任务卡

【任务 7-2】的任务卡如表 7-21 所示。

表 7-21　　　　　　　　　　　　　　　【任务 7-2】的任务卡

任务编号	07-2	任务名称	图书管理系统的部署与发布
计划工时	2	所属系统名称	图书管理系统
任务说明			
部署图书管理系统，且为该系统生成一个安装程序，部署与发布的具体要求如下。 （1）打包的系统程序安装时主要包括三个阶段：启动、显示安装进度、安装结束。 （2）安装到目标计算机中"应用程序文件夹"中主要包括多个 DLL 文件、MSM 文件、ICO 文件、OCX 文件以及 RTF 格式的安装协议文件等。 （3）在目标计算机中用户的"程序"菜单中创建一个子文件夹"图书管理系统"，在该子文件夹中添加一个主输出的快捷方式，命名为"bookMis"，图标为📕，即应用系统在用户计算机中成功安装后，在【开始】菜单的【程序】菜单中将创建一个"图书管理系统"子文件夹，在该文件夹中创建一个快捷方式📕 bookMis。 （4）在目标计算机中用户桌面上创建一个主输出的快捷方式，命名为"图书管理系统"，图标为📕。 （5）图书管理系统部署完成后，生成安装程序，然后试着安装系统应用系统。			

2. 任务跟踪卡

【任务 7-2】的任务跟踪卡如表 7-22 所示。

表 7-22　　　　　　　　　　　　　　　【任务 7-2】的任务跟踪卡

任务编号	开始时间	完成时间	计划工时	实际工时	当前状态
07-2					

【任务实施】

【任务 7-2-1】 向解决方案中添加部署项目

首先在 Windows 操作系统【资源管理器】窗口的文件夹"07 管理信息系统的整合与发布"中创建 1 个子文件夹"任务 7-2"，然后将【任务 7-1】所整合的管理信息系统的类文件、窗体文件以及其他文件全部复制到该文件夹中，打开文件夹"任务 7-2"中的解决方案"bookMis"。向解决方案"bookMis"中添加部署项目的步骤如下。

（1）在【解决方案资源管理器】中右键单击"解决'bookMis'（3 个项目）"，在弹出的快捷菜单依次选择【添加】→【新建项目】，如图 7-26 所示，显示【添加新项目】对话框。

（2）在【添加新项目】对话框左侧的"项目类型"列表项中选择"其他项目类型"之"安装和部署"，在右侧的"模板"列表项中选择"安装项目"。在"名称"文本框中输入"bookSetup"，位置为"任务 7-2"，如图 7-27 所示。

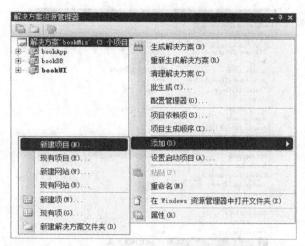

图 7-26 在【解决方案资源管理器】中的【新建项目】命令

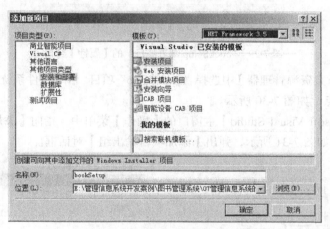

图 7-27 【添加新项目】对话框

在【添加新项目】对话框中单击【确定】按钮，便会在解决方案"bookMis"中添加一个"bookSetup"项目，并且在"文件系统"编辑器中自动被打开，如图 7-28 所示。

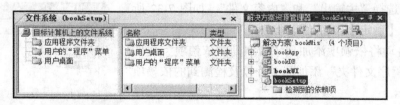

图 7-28 解决方案"bookMis"中添加一个"bookSetup"项目

【任务 7-2-2】 设置部署项目的属性

在【解决方案资源管理器】中选择新添加的项目"Setup"。在【属性】窗口中，分别设置"Author"、"Description"、"Manufacturer"、"ProductName"、"Title"、"Version"等属性的值，结果如图 7-29 所示。

【任务 7-2-3】 向部署项目中添加项目输出项

向部署项目中添加文件、文件夹和其他输出项步骤如下。

图 7-29　"bookSetup 部署项目"的【属性】窗口

（1）在【解决方案资源管理器】中选择"bookSetup"项目。在【文件系统】编辑器中选择"应用程序文件夹"节点，如图 7-30 所示。

（2）在【Microsoft Visual Studio】主窗口的【操作】菜单中，指向【添加】菜单，然后选择【项目输出】命令，如图 7-31 所示，弹出【添加项目输出组】对话框。

图 7-30　在【文件系统】编辑器中
　　选择"应用程序文件夹"节点

图 7-31　选择【项目输出】菜单

（3）在【添加项目输出组】对话框中，从"项目"下拉列表中选择"bookUI"，按住 Ctrl 键从列表中分别选择"主输出"和"内容文件"，如图 7-32 所示。然后单击【确定】按钮关闭对话框。

系统会自动将依赖项添加到"检测到的依赖项"文件夹中，"应用程序文件夹"添加的文件以及检测到的依赖项如图 7-33 所示。

（4）备份数据库 bookData。

在 SQL Server 2005 或 SQL Server 2008 的【Microsoft SQL Server Management Studio】中右键单击数据库 bookData，在弹出的快捷菜单中依次选择【任务】→【备份】命令，如图 7-34 所示，将该数据库备份为一个备份文件，命名为"bookDB.dat"。

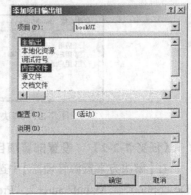

图 7-32　在【添加项目输出组】对话
框中选择"主输出"和"内容文件"

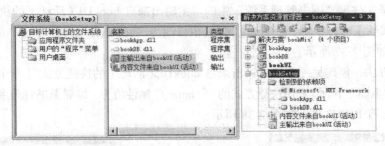

图 7-33　"应用程序文件夹"添加的文件以及检测到的依赖项

（5）准备 RTF 格式的许可协议文档。

将内容为"许可协议"的 Word 文档另存为 RTF 格式的文档，命名为"Lisence.rtf"。

（6）添加【应用程序文件夹】的子文件夹。

在【文件系统】编辑器中右键单击"应用程序文件夹"节点，在弹出的快捷菜单中选择【添加】→【文件夹】命令，如图 7-35 所示。这样添加了 1 个子文件夹，子文件夹的默认名称为"新建文件夹 #1"，将其重命名为"customFile"。

图 7-34　在快捷菜单中选择【备份】命令

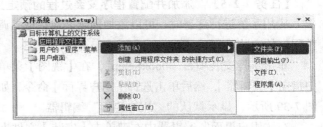

图 7-35　"应用程序文件夹"节点的快捷菜单

（7）在子文件夹 customFile 中添加文件。

右键单击子文件夹 customFile，在弹出的快捷菜单中，选择【添加】→【文件】命令，添加备份数据库"bookDB.dat"。以同样的方法添加许可协议文档"Lisence.rtf"和多个 ico 文件。添加多项文件后，【解决方案资源管理器】如图 7-36 所示，单击【全部保存】按钮保存所有的新增和修改。

【任务 7-2-4】　创建应用程序的快捷方式

在【文件系统】编辑器的【用户的"程序"菜单】文件夹中添加 1 个子文件夹"图书管理系统"。

在【文件系统】编辑器的"应用程序文件夹"中右键单击"主输出来自 bookUI（活动）"，在弹出的快捷菜单中选择菜单项【创建 主输出来自 bookUI（活动）的快捷方式】，这时在"应用程序文件夹"中会添加一个"主输出来自 bookUI（活动）的快捷方式"，将该快捷方式拖动到文件夹【用户的"程序"菜单】的子文件夹"图书管理系统"中。

图 7-36　【解决方案资源管理器】及添加的多项文件

单击选择子文件夹"图书管理系统"中的"主输出来自 bookUI（活动）的快捷方式"，在该快捷方式的【属性】窗口中将"（Name）"属性值修改为"bookMis"，将"Icon"属性值设置为已有 ICO 文件，如图 7-37 所示。

以同样的方法，创建另一个"主输出来自 bookUI（活动）的快捷方式"，将该快捷方式拖动到文件夹"用户桌面"中。设置该快捷方式的"（Name）"属性值为"蝴蝶图书管理系统"，将"Icon"属性值设置为已有 ICO 文件，如图 7-38 所示。

图 7-37 "bookMis 文件安装属性"设置

图 7-38 "蝴蝶图书管理系统文件安装属性"设置

单击【全部保存】按钮保存创建的快捷方式及其属性设置。

【任务 7-2-5】 添加并配置程序安装过程的预定义对话框

应用系统进行部署时，可以添加预定义对话框，调整程序的安装过程。

单击选择安装项目"bookSetup"，在【视图】菜单中指向【编辑器】，然后单击选择【用户界面】命令，如图 7-39 所示，显示默认的"用户界面"编辑器。

图 7-39 单击选择【用户界面】菜单项

在"用户界面"编辑器中右键单击【安装】文件夹中的【启动】子文件夹，在弹出的快捷菜单中选择【添加对话框】命令，打开如图 7-40 所示的【添加对话框】对话框，在该对话框中单击选择"许可协议"选项，然后单击【确定】按钮。

在"用户界面"编辑器中，右键单击选中"许可协议"，在弹出的快捷菜单中单击【上移】，重复多次上述操作，将"许可协议"项移至"安装文件夹"项之上，如图 7-41 所示。

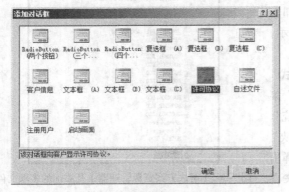

图 7-40 【添加对话框】对话框

图 7-41 在"用户界面"编辑器中添加"许可协议"

提示　直接使用鼠标拖动也可以调整"用户界面"编辑器各项的上下位置。

【任务 7-2-6】　生成图书管理系统的安装程序

将"bookMis"【解决方案资源管理器】中的"bookUI"设置为"启动项目",在【bookUI】属性页对话框中将该项目中的"bookUI.Program"设置为"启动对象",将"应用程序图标"设置为已有 ICO 文件,如图 7-42 所示。

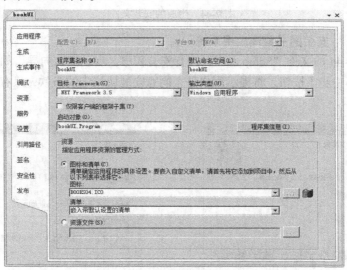

图 7-42　【bookUI】属性页对话框

打开【bookSetup 属性页】对话框,在该对话框中,配置"输出文件名"为"bookSetup.msi",其他设置保留默认设置不变,如图 7-43 所示。

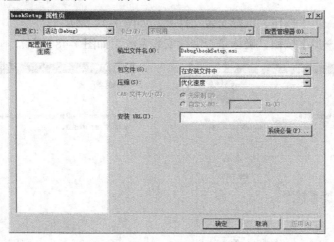

图 7-43　【Setup 属性页】对话框

安装项目的属性设置完成后在【生成】菜单中,单击选择【生成解决方案】命令,生成解决方案。然后单击选择【生成 bookSetup】命令生成安装项目。如果已生成安装项目,也可以单击选择【重新生成 bookSetup】命令,重新生成安装项目 bookSetup。

生成解决方案后，在该安装项目 Setup 就自动生成了安装文件，如图 7-44 所示。

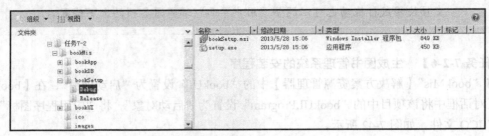

图 7-44　生成的安装文件

【任务 7-2-7】　安装图书管理应用系统

（1）双击图 7-44 的文件"Setup.exe"，运行安装程序，启动安装向导，如图 7-45 所示。

（2）单击【下一步】按钮，将提示用户是否同意安装协议中的条款，只有同意才能进入下一步，如图 7-46 所示。

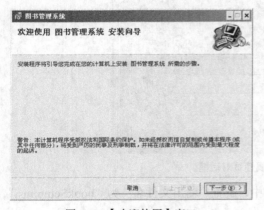

图 7-45　【欢迎使用】窗口

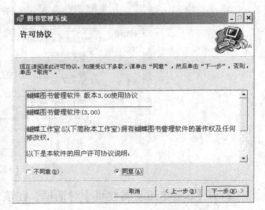

图 7-46　【许可协议】窗口

（3）单击【下一步】按钮，选择安装文件夹，如图 7-47 所示。

（4）单击【下一步】按钮，确认是否继续安装系统，如图 7-48 所示。

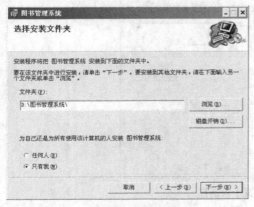

图 7-47　【选择安装文件夹】窗口

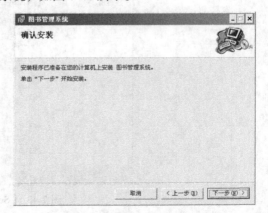

图 7-48　【确认安装】窗口

（5）单击【下一步】按钮，进入文件复制阶段，显示安装进度条，如图 7-49 所示。

（6）系统安装成功后，即显示成功安装的窗口，如图 7-50 所示。

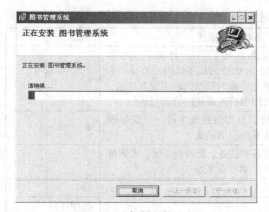

图 7-49　"复制文件"窗口

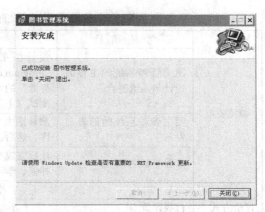

图 7-50　【安装完成】窗口

应用系统成功安装后，在目标计算机的 C 盘中的"图书管理系统"文件夹安装了多个文件和子文件夹，如图 7-51 所示。

在目标计算机的桌面了出现了如图 7-52 所示的快捷方式，在【开始】菜单的【所有程序】菜单下出现了"图书管理系统"的子文件夹，在该子文件夹出现了如图 7-53 所示的快捷方式。

图 7-51　目标计算机 D 盘的"图书管理系统"文件夹中的文件和子文件夹

图 7-52　目标计算机桌面的快捷方式

图 7-53　目标计算机【开始】菜单中快捷方式

【任务 7-2-8】　还原数据库

应用系统安装完成后，将文件夹"图书管理系统"→"customFile"中的备份数据库"bookDB.dat"还原为数据库文件"bookData_Data.MDF"和"bookData_log.ldf"。

还原数据库的操作方法请读者参考相关书籍。

【任务 7-2-9】　试运行安装后的图书管理系统

双击目标计算机桌面上的快捷方式"蝴蝶图书管理系统"，首先出现【用户登录】窗口，在【用户登录】窗口中输入正确的用户名和密码（例如用户名为"admin"，密码为"admin"）。然后单击【确定】按钮，显示"登录成功"的提示信息，在提示信息对话框中单击【确定】按钮，显示图书管理系统的主窗口，在主窗口单击选择菜单项，即可打开子窗口。

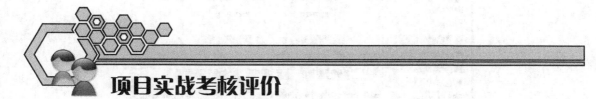

项目实战考核评价

本单元的项目实战考核评价内容如表 7-23 所示。

表 7-23　　　　　　　　　　　　单元 7 的项目实战考核评价表

考 核 项 目		考核内容描述	标准分	评分
考核要点	图书管理系统的主界面设计与系统整合	设计图书管理信息系统的"主界面"，编写"Program.cs"类 Main 方法的程序代码，编写"主界面"的方法和事件过程的程序代码实现其功能，测试"主界面"及图书管理系统的启动过程	8	
	图书管理系统的部署与发布	部署图书管理系统，且为该系统生成一个安装程序，然后试着安装系统应用系统	4	
	素养与态度	认真完成本单元的各项任务、纪律观念强、团队精神强、学习态度好、学习效果好	2	
	小计		14	
评价方式	自我评价	小组评价	教师评价	
考核得分				

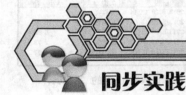

同步实践

【任务 7-3】　进销存管理系统的主界面设计与系统整合

【任务描述】

（1）设计进销存管理系统的"主界面"，编写"Program.cs"类 Main 方法的程序代码，编写"主界面"的方法和事件过程的程序代码实现其功能，测试"主界面"及进销存管理系统的启动过程。

（2）为进销存管理系统生成一个安装程序。

【参考资料】

进销存管理系统的参考主界面如图 7-54 所示。

图 7-54　进销存管理系统的参考主界面

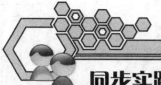

同步实践考核评价

本单元的同步实践考核评价内容如表 7-24 所示。

表 7-24　　　　　　　　　　　单元 7 的同步实践考核评价表

任务编号	07-2	任务名称		进销存管理系统的主界面设计与系统整合	
任务完成方式		【　】小组协作完成		【　】个人独立完成	
任务完成情况说明					
存在的主要问题说明					
考核评价					
自我评价		小组评价		教师评价	

归纳总结

本单元主要介绍了图书管理系统的主界面设计与系统整合方法、图书管理系统的部署与发布方法、应用程序的安装方法，还介绍了管理信息系统实施阶段的文档编写。

单元习题

（1）管理信息系统实施阶段的文档主要有哪些？

（2）简要说明管理信息系统的主界面的主要作用。

（3）简要说明图书管理系统的系统测试内容。

（4）以图书管理系统为例说明如何部署管理信息系统。

（5）以图书管理系统为例说明如何生成系统的安装程序。

（6）以图书管理系统为例说明如何安装应用程

管理信息系统的运行与维护

管理信息系统的测试和试运行完成后，便可交付使用。在系统正式使用之前必须收集必要的相关数据，且对这些数据进行编码。为了保证系统正常运行，必须制订相应数据编码标准、运行管理制度、安全保障制度。在系统运行过程中，对系统的功能、性能进行评价，考察和评审系统是否达到了预期目标，技术性能是否达到了设计的要求，系统的各种资源是否得到充分的利用，经济效益是否理想。为了使系统适应环境和其他变化的因素，对系统应及时地进行维护，保证管理信息系统正常工作并不断适应新环境、满足新需要。

管理信息系统的系统评价是对管理信息系统的性能进行估计、检查、测试、分析和评审，包括用实际指标与计划指标进行比较，以及评价系统目标实现的程度。系统评价应从技术和经济两方面进行评价，即技术评价和经济效益评价，同时还要进行社会效益的评价。

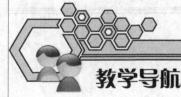

教学导航

教学目标	（1）熟悉管理信息系统的数据采集与编码方法
	（2）了解管理信息系统运行的组织结构、运行规章制度和工作内容
	（3）了解系统维护的需求来源、类型和内容
	（4）熟悉管理信息系统的运行与维护方法
	（5）学会管理信息系统运行阶段的文档编写
	（6）了解管理信息系统评价的目的和内容，学会编写系统评价报告
教学方法	任务驱动法、分析探究法等
课时建议	6课时（含考核评价）

知识必备

8.1 管理信息系统的数据采集

数据采集就是确认和获取新产生数据的过程，是为了更好地掌握和使用信息，而对其进行吸收和集中，以便进一步对信息的加工、存储、传输和共享提供原料。

8.8.1 数据采集的作用

数据采集的作用主要表现如下。

（1）数据采集是信息处理的基础。

俗话说：巧妇难为无米之炊，如果没有数据，管理信息系统也就没有加工对象，信息的处理也就成了无源之水。

（2）数据采集的数量和质量，直接影响和决定着信息加工的数量和质量。

俗话说：垃圾进，垃圾出。如果采集数据的数量偏少，经管理信息系统处理后输出的结果可能会产偏差，不具有代表性，也就无法反映事物的本质特性。同样如果采集的数据不准确，甚至有包含错误数据，管理信息系统在处理数据时无法识别和改正错误数据，输出结果同样会不准确。

（3）数据采集是信息化的关键环节。

数据采集与数据存储、传输和加工相比，工作量大，费用较高。由于数据采集目前还需要大量手工完成，人为影响因素较多，数据采集的效率不高，严重影响了信息化水平。

8.8.2 数据采集的方法

数据采集的方法主要有四种方式：人工采集、联机自动化采集、通过网络渠道采集和通过管理信息系统采集。数据采集的途径主要包括各种单据（例如各种入库单、收据、凭证、清单、卡片）、账本、各种报表、各种记录；现行系统的说明文件，例如各种流程图、程序；各部门外的数据来源，例如上级文件、计算机公司的说明书、外单位的经验材料等。

1. 人工采集

人工采集的数据一般是经过一定的中间环节而获得的数据，例如凭证、票据、档案文件等。利用人工采集时，我们要对数据的来源和数据本身的准确性有充分的了解，以保证采集数据的可靠性。

人工采集数据的方法有多种，比较常用的数据采集方法有以下几种。

（1）统计资料法：通过单据、凭证、报表等途径，获取所需的数据。

（2）实地收集法：到生产、流通、库存等现场进行实地考察，收集所需的数据。

（3）市场调查法：通过问卷调查、抽样调查、电话咨询等方式收集数据。

（4）网络获取法：通过因特网获取所需的数据。

（5）阅读分析法：通过阅读有关文件、报刊杂志获取各种数据。

人工采集数据简单易行、一次性投资较少，但时效性较差，受人为因素影响较多，容易出错。

2. 联机自动化采集

联机自动化采集数据是采用自动化装置来实现的，主要是指将某种测量设备、计算机装置直接与电子数据处理系统连接，利用电磁、光电、声电、电热等感应及机械原理等，将所需的有关数值或状态数据直接送入计算机数据处理系统，不经过人工测量、记录和整理，而由计算机直接处理。

联机采集数据速度快、准确性高、精度高，但投资较大，通用性较差。

3. 网络渠道采集

网络渠道采集通常利用局域网或因特网，从网上获取有用的信息。网络渠道是一种既快捷又经济的数据采集方式，但也受设备、时间和安全性等条件的限制。

4. 管理信息系统采集

通过其他的管理信息系统或管理信息系统的其他模块获取所需的共享数据。

8.8.3　数据获取的新技术

1. 图像扫描技术

扫描仪是继键盘、鼠标之后的第三代输入设备，是获取图像信息的重要工具。扫描仪可以捕捉各种印刷品、照片以及物体的图像信息。它是一种高精度的光机电一体化产品，能通过光电器件将检测到的光信号转换为电信号，再将电信号通过模拟/数字转换器转换为数字信号传输到计算机中进行处理。对文字进行扫描输入，经过相应软件处理可将图形文字转换为相应的文本文件并可以对其中的文字进行处理，是一种快速输入印刷体文献信息的好方法。

2. 数字照相技术

数码相机中的照片可以直接传送到计算机中，并用软件进行加工和修改，然后将它们添加到网页中，或者通过电子邮件发送到指定的网站，使人们拍摄的照片可以在极短的时间内传向世界各地。数码相机是光、机、电一体化的产品，其工作原理与传统相机不同，而更像是一台扫描仪或复印机。数码相机可以直接连接到计算机、电视机或者打印机上，在一定条件下，数码相机还可以直接连接到移动式电话机或者手持 PC 上。可以在相机的显示器上观看所拍的照片，也可以打印输出或者将其进行编辑处理。

3. 条形码技术

条形码也称为条码，它是迄今为止在自动识别、自动数据采集中应用最普遍、最经济的一种信息标识技术，已普遍应用到计算机管理的各个领域，特别是商业自动销售系统（POS 系统：Point of Sale）上应用尤为普遍。我国 1991 年批准的《通用商品条码》国家标准就是参照国际物品编码协会的技术规范制订的，它是国际贸易中和商业自动销售系统中的物品标识标准。

4. 触摸屏技术

触摸屏作为一种新型计算机输入设备，它是目前最简单、方便的一种人机交互技术。触摸屏工作时，用手指或其他物体触摸屏幕，然后系统根据手指触摸的图标或菜单来定位选择信息输入。

触摸屏由触摸检测部件和触摸控制器组成，触摸检测部件安装在显示器屏幕前面，用于检测用户触摸位置，接收触摸信号后传送到触摸屏控制器；触摸控制器的主要作用是从触摸点检测装置上接收触摸信息，并将它转换成触点坐标，再送给计算机的 CPU，它同时能接收 CPU 发来的命令并加以执行。

5. 手写输入技术

手写输入技术沿袭了人们日常的书写习惯，所以容易被人们接受。同时，又可以发挥计算机在输入、编辑、修改等方面的优势。手写输入法是一种方便而且易被人们接受的输入方式。手写系统的包括手写板和手写笔。从 20 世纪 80 年代中期研发出第一代手写汉字输入产品至今，在识别技术上已经成熟，已解决了工整书写、连笔手写和行、草书字识别问题，在技术上有了重大突破。

8.8.4　数据整理

目前管理信息系统中大部分数据的采集仍然通过人工采集方法获取的。数据采集完成后要及时对采集的数据进行表达和整理，数据表达的主要形式有：文字表述、数字表述、图表表述和图像表述等。

1. 整理、分析调查得到的原始资料

（1）分析已采集的数据能否提供足够的支持，能否满足正常的信息处理业务和定量化分析的需要。

（2）分清所采集的信息的来龙去脉、目前的用途、与周围环境之间的关系。

（3）分析现有报表的数据是否全面，是否满足管理的需要，是否正确地反映业务的实物流。

2. 对数据进行分类处理

将得到的数据分成输入数据类、过程数据类和输出数据类。

3. 数据汇总

（1）数据分类编码。

将采集的数据按业务过程进行分类编码，按处理过程的顺序进行排列。

（2）数据完整性分析。

按业务过程自顶向下对数据项进行整理，从本到源，直到记录数据的原始单据或凭证，确保数据的完整性和正确性。

（3）将所有原始数据和最终数据分类整理出来。

原始数据是管理信息系统的主要输入数据，输出数据则是反映管理业务所需要的主要指标。

8.2 管理信息系统的数据编码

8.8.1 数据编码概述

1. 数据编码的作用

（1）使数据输入简单方便。

用字母或数字表示复杂的汉字或英语单词，使得输入简单，提高了输入速度和准确性。

（2）保证数据定义的唯一性。

用编码表示实体或属性，编码成为识别对象的唯一标识，消除了数据含义的不确定性，保证了数据的唯一性，不会出现重复输入现象，也便于反映数据之间的逻辑关系。

（3）便于计算机检索和处理。

编码是进行信息的分类、校核、检索、统计的键，利用编码这一键可以识别数据库文件中的每一条记录，进行分类和校核，提高处理速度，减少错误，节省存储空间。

（4）编码可以保证数据的正确性。

利用编码可以识别不同的数据，在企业各部门间传递数据时，通过编码可以保证数据的正确性。

（5）企业只有建立一个完善、可行的编码体系，才可能实现三化（系统化、标准化、通用化），才可能利用管理信息系统有效地管理生产和经营。

2. 数据编码的类型

编码的种类很多，设计编码时可以根据需要进行选择，也可以把不同类型组合使用。常用的编码方法如下。

（1）序列码：用连续数字表示编码。序列码简单明了，使用方便，易于扩充，易于管理。但没有逻辑含义，不能反映编码对象的特征，不便于分类汇总，另外缺乏灵活性，新增加的数据只能排在最后，删除数据则要造成空码。例如用 0001 表示王颖的职工号，用 0126 表示张小林的职工号。ASCII 码中对字符的编码，"A" 的编码为 62，"B" 的编码为 66 等。GB2261-80 "人的性别编码" 中，1 为男，2 为女。

（2）区间码：对编码对象分区间进行编码。区间码用较少的位数，表示较多信息，便于插入和追加。例如：会计科目编码，用区间码表示会计科目性质，101～199 表示资产类科目，201～299 表示负债类科目等。

（3）分组码：编码分为几段，每一段有一定的含义，各段编码的组合表示一个完整的编码。

分组码易于识别、校验、分类、扩充。例如，我国行政区编码由 6 位数字组成，分成三组，每组由 2 位数字组成，第一组表示省（自治区、直辖市），第二组表示市（州、地、盟），第三组表示县（县级市、旗）。有一个编号"430121"，其前 2 位 43 表示"湖南省"，中间 2 位 01 表示"长沙市"，右边 2 位 21 表示"长沙县"。

（4）助记码：以编码对象名或缩写符号和规格等作为编码的一部分。助记码直观，便于记忆和使用，但不利于计算机处理。例如编码 TV_CL_34，"TV"表示电视机，"CL"表示彩色，"34"表示 34 英寸。

8.8.2　数据编码设计

1．数据编码设计的原则

由于编码与数据的使用有着密切的关系，涉及数据输入、输出和数据处理的各个环节，并和数据库的结构有关，所以编码设计时一定要考虑周全、反复推敲，逐步优化后再确定。数据编码设计时应遵循以下原则。

（1）唯一确定性。

在管理信息系统中，每一个编码只代表唯一和确定的实体或属性，每一个实体或属性只能有唯一确定的编码。不能存在同物异码或异物同码现象，当一物多码时，系统将视为多种物品而不会自动合并。反之，当多物一码时，系统会将这些物品视为同一物而不作分辨。

（2）整体性和系统性。

编码组织应该具有一定的系统性，便于分类和识别。物料编码必须覆盖所有的物料，有物料就必须有编码。

（3）易于识别和记忆。

编码应便于管理人员识别、记忆，也要便于计算机识别、分类。对于容易与数字混淆的字母I、O、Z、V 等尽量不用。

（4）可扩充性。

制订编码方案时，应考虑公司未来业务、生产、人员等方面可能的发展，预留足够的备用代码位，以免编码不够使用。当增加新的实体或属性时，可以直接利用原编码体系进行编码，而不需要变动原编码体系。

（5）简明性和效率性。

在不影响编码系统的容量和扩充性的前提下，编码尽可能简短、统一，以方便输入，提高处理效率。

（6）标准化和规范化。

编码设计要尽量采用国际或国内的标准，以方便实现信息的共享，并可以减少以后系统更新和维护的工作量。编码的结构、类型和格式等必须严格统一，同时要有规律性，以便于计算机进行处理。

（7）中文限制。

如果以中文加字符的方式来编码，虽然容易记住，但不便于有序化和输入，一般应尽量避免使用中文字来编码。

2. 数据编码设计的步骤

数据编码的设计步骤如下。

（1）确定编码对象、明确编码的目的。对数据词典所列出项目，首先根据其重要性确定初始编码对象，然后考察它们是否有标准代码，若没有才最终确定为编码对象。

（2）选用标准代码。例如图书类型编码应使用《中国图书馆图书分类法》，固定资产编码应使用《固定资产分类与代码》（国家标准 GB/T14885-94），产品编码应使用《全国主要产品分类与代码　第1部分：可运输产品》（国家标准 GB/T7635.1－2002）。

（3）设计编码结构。根据使用者的要求、习惯、信息量的多少、使用频率、使用范围、使用期限设计编码结构。

（4）设计编码校验。设置校验位会增加输入量并降低处理速度，应根据系统错误处理能力，考虑是否需要校验位。如果需要校验位则进行校验位设计。

（5）编制编码表。

（6）编写编码设计书。

3. 数据编码标准

对信息分类与编码进行标准化是实现信息表达、组织、交换与共享的基础。采用计算机技术，建立管理信息系统是提高管理水平与综合效益的重要手段。而要建立管理信息系统，对信息进行有效的组织，必须对信息进行分类和编码。要实现管理信息系统之间的数据交换和共享，必须首先实现各系统之间在信息分类与编码上的统一，采用相同的信息分类与编码标准是最节省人力和费用的方法。

信息分类编码标准化是把信息分类编码的原则、方法、分类结构、编码结构、分类项、分类项代码等内容制订成标准。

一个数据编码标准的主要内容如下。

（1）分类原则。所进行的分类依赖事物的哪些特征，采用什么分类方法或分类结构。

（2）编码方法。标准所采用的代码类型、代码结构以及编码方法。

（3）分类项表和代码表。按分类结构列出的分类项表和代码表。

（4）进一步编码的方法。在某些情况下，对一定范围内的事物，只能把粗分类制订成标准，不同的部门或单位可以根据自身不同的特点和细分类，在标准中规定细分类的基本原则与方法，以达到最大程序的统一。

8.3 管理信息系统的评价

所谓评价就是对某一事物进行的考核。管理信息系统的评价分为广义评价和狭义评价。广义的系统评价是指从系统开发的开始到结束的每一阶段都需要进行评价，例如系统规划阶段评价项目开发是否可行，系统分析阶段评价逻辑设计是否达到了系统目标，系统设计阶段评价物理设计是否实现了逻辑模型的目标，系统实施阶段则评价系统的功能、性能是否满足要求等。狭义的系统评价是指在系统建成并投入运行之后所进行的全面、综合评价。本单元主要针对狭义的系统评价进行阐述。

　　管理信息系统的狭义评价是在系统运行过程中，依据用户反馈意见和系统运行情况，定期对系统的运行状况进行综合考核，考察和评审新系统是否达到了预期目标，技术性能是否达到了设计要求，系统的各种资源是否得到充分利用，经济效益是否理想，为系统维护或者再次开发提供依据。

8.3.1　系统评价的目的

　　（1）检查系统实现目标的情况。
　　主要包括系统功能及各项指标是否达到设计要求，满足用户需要程度和为用户提供服务的质量等方面。
　　（2）检查各种资源的利用效率。
　　主要包括计算机硬件设备的利用率、已存储的信息目前已发挥了哪些作用，还将起什么作用等。
　　（3）明确系统改进和扩充要求。
　　主要包括评价系统的效用、不足和存在的问题，找出系统的薄弱环节，并提出改进意见等。

8.3.2　系统评价的内容

　　（1）系统目标评价。
　　测定系统是否达到设计目标，实现的程度如何。
　　（2）系统功能评价。
　　检查在实际运行环境下系统功能的完成情况，评价用户对功能的实际效果的满意度。
　　（3）系统性能评价。
　　系统性能评价主要围绕以下几个方面进行。
　　① 系统的实用性。评价系统操作人员对所开发系统的满意程度，包括操作是否方便，用户界面是否友好，人机交互是否灵活，输出报表质量是否满意，系统运行效率、资源利用率是否较高。
　　② 系统的先进性。包括系统是否采用了先进的开发技术和开发方法，是否选用了先进的开发平台，系统的移植性、适应性是否较强。
　　③ 系统的可靠性。包括系统是否具有较强的检错、纠错能力和抗干扰能力，系统的平均无故障时间是否较长。
　　④ 系统的安全性。包括系统各个环节上的校验措施是否完善，安全保密措施是否健全，数据备份、转储是否符合要求，对各种意外情况有无预防措施与应急计划。
　　⑤ 系统的可维护性。系统是否具有较强的扩充能力和较好的可维护性。
　　（4）系统管理评价。
　　系统管理评价主要评价系统管理是否科学和有效，包括运行记录是否完备，系统维护是否有严格的审批制度，主管人员能否及时了解系统运行情况，主管人员是否有技术手段和组织途径检查系统各部分的运行情况。

（5）系统的效益分析。

系统的效益分析主要从社会效益和经济效益两个方面来评价。社会效益是指由于管理信息系统的运行使管理效率和管理水平得以提高，提高了企业或组织对市场的适应能力，改善了企业或组织的形象。经济效益指由于系统的运行，给用户带来了收入增加、成本下降等可以用货币直接表示的效益。例如新的管理信息系统运行后，减少了管理人员，节约了管理费用，提高了生产率，同时降低了成本消耗，降低了库存费用，从而增加利润。

8.4　管理信息系统的系统维护

管理信息系统的维护是指系统交付使用后，为了使系统适应环境和各种其他变化的因素，对原系统及时地进行改进和完善，保证管理信息系统正常工作并不断适应新环境、满足新需要。

8.4.1　管理信息系统维护的需求来源

管理信息系统维护的需求来源主要有以下几个方面。

（1）来自于企业管理机制和管理策略的改变。

（2）来自用户意见以及对管理信息系统更高的要求。

（3）来自于系统本身，系统本身存在一些缺陷需要改进。

（4）先进技术的出现，例如计算机软硬件技术的更新换代。

8.4.2　管理信息系统维护的类型

（1）纠错性维护。

纠错性维护是指为保证系统正常可靠运行而对系统进行的维护，改正系统测试中未发现的软件缺陷。

（2）适应性维护。

适应性维护是指为适应变化的外界环境而对系统进行的维护。一方面由于硬件和软件平台的升级换代，要求所开发的管理信息系统不断适应的新的硬软件环境，以提高系统的性能和运行效率。另一方面企业或组织本身也在不断变化，例如体制的改变、机构的调整、用户需求的变化等都可能导致编码、数据格式、数据结构、输入输出方式等发生改变，系统要适应这些变化，必须进行调整和完善，以满足用户的新要求。

（3）完善性维护。

完善性维护是指为扩充功能和改善性能而进行的修改，随着用户对管理信息系统使用的逐步熟悉和软件使用单位管理水平的提高，对软件提出更高的要求，这些要求虽然在软件开发初期并没有写进需求规格说明书中，但对完善系统以满足软件使用单位的需要是合理的，一般应列入维护阶段的计划。

（4）预防性维护。

为了改进软件的可靠性和可维护性，适应未来环境和用户需求的变化，主动增加预防性功能，减少以后的维护工作量和延长软件使用寿命。

8.5　管理信息系统评价与维护阶段的文档编写

8.5.1　系统评价报告

系统评价的结果应形成正式的书面文件，即系统评价报告，系统评价报告对所开发系统的目标、功能、性能、计划执行情况、新系统实现后的经济效益和社会效益等给予评价。系统评价报告的主要内容如表 8-1 所示。

表 8-1　　　　　　　　　　　　　系统评价报告的主要内容

项 目 名 称	包括的内容
系统概况	包括系统名称、结构、功能及开发概况等
技术评价	包括目标评价、功能评价、性能评价和系统管理评价等
经济评价	包括系统的经济效益和社会效益的评价等
综合评价	对系统进行全方位的综合评价
改进建议	包括系统中存在的问题及应改进地方的建议

8.5.2　系统开发总结报告

在整个管理信息系统开发完成并正式运行一段时间后，开发人员应与项目实施计划对照，总结实际执行情况，从而对开发工作做出评价，总结经验教训，为今后的开发工作提供借鉴。系统开发总结报告包括以下内容。

（1）系统开发概述。包括管理信息系统的提出者、开发者、用户，系统开发的主要依据，系统开发的目的，系统开发的可行性分析等。

（2）系统项目的完成情况。包括系统构成与主要功能，系统性能与技术指标，计划与实际进度对比，费用预算与实际费用的对比等。

（3）系统评价。包括系统的主要特点，采用的技术方法与评价，系统工作效率与质量，存在的问题与原因，用户的评价与反馈意见。

（4）经验与教训。包括系统开发过程中的经验与教训，对今后工作的建议等。

项目实战

【任务 8-1】　图书管理系统的数据采集与编码

【任务描述】

（1）任务卡

【任务 8-1】的任务卡如表 8-2 所示。

表8-2 【任务8-1】的任务卡

任务编号	08-1	任务名称	图书管理系统的数据采集与编码
计划工时	60min	所属系统名称	图书管理系统
任务说明			

（1）收集《中国图书馆图书分类法》规定的图书类型
（2）收集20个知名出版社数据，且进行编码
（3）准备5个用户数据，且进行编码
（4）准备10本图书数据，且按《中图法》进行分类与编码
（5）采集20个借阅者数据，且进行编码
（6）准备3条图书借阅数据，用于图书管理系统的试运行

（2）任务跟踪卡

【任务8-1】的任务跟踪卡如表8-3所示。

表8-3 【任务8-1】的任务跟踪卡

任务编号	开始时间	完成时间	计划工时	实际工时	当前状态
01-1					

【任务实施】

1. 准备图书类型数据

《中国图书馆图书分类法》简称《中图法》，是目前我国各类图书馆普遍使用的一部图书分类法，图书馆信息化管理系统建立后，首先应将馆藏的图书按《中图法》进行分类，并以此建立图书分类主题词，便于图书的分类存放和检索。

《中图法》分类表的基本结构是：基本部类、大类、简表和详表。其中基本部类有五大类，分别是"马克思主义、列宁主义、毛泽东思想"、"哲学"、"社会科学"、"自然科学"、"综合性图书"。基本部类下分为22个大类，分别用字母标识，如表8-4中的第1、2列所示。22个大类下细分构成简表，简表细分又构成详表，例如T大类（工业技术）细分为20类。每一类下还有细分，例如TP类（自动化技术、计算机技术）细分为TP1（自动化基础理论）、TP2（自动化技术及设备）、TP3（计算技术、计算机技术）、TP6（射流技术）。TP3（计算技术、计算机技术）细分为TP30（一般性问题）、TP31（计算机软件）、TP32（一般计算器和计算机）、TP33（电子数字计算机）、TP34（电子模拟计算机）、TP35（混合电子计算机）、TP36（微型计算机）、TP37（多媒体技术与多媒体计算机）、TP38（其他计算机）与TP39（计算机的应用）。TP31（计算机软件）细分为TP311（程序设计、软件工程）、TP38.13（数据库理论与系统）、TP38.138（数据库系统）、TP38.56（软件工具、工具软件）、TP312（程序设计、算法语言）、TP316（操作系统）、TP316.8（网络操作系统）、TP316.89（其他）和TP317（程序包）等。

表8-4 图书类型一览表

图书类型代码	图书类型名称	图书类型代码	图书类型名称
A	马克思主义、列宁主义、毛泽东思想	T	工业技术
B	哲学	TB	一般工业技术

续表

图书类型代码	图书类型名称	图书类型代码	图书类型名称
C	社会科学总论	TD	矿业工程
D	政治、法律	TE	石油、天然气工业
E	军事	TF	冶金工业
F	经济	TG	金属学、金属工艺
G	文化、科学、教育、体育	TH	机械、仪表工业
H	语言、文字	TJ	武器工业
I	文学	TK	能源与动力工程
J	艺术	TL	原子能技术
K	历史、地理	TM	电工技术
N	自然科学总论	TN	无线电电子学、电信技术
O	数理科学和化学	TP	自动化技术、计算机技术
P	天文学、地球科学	TQ	化学工业
Q	生物科学	TS	轻工业、手工业
R	医药、卫生	TU	建筑科学
S	农业、林业技术（科学）	TV	水利工程
T	工业技术	T-0	工业技术理论
U	交通、运输	T-1	工业技术现状与发展
V	航空、航天	T-2	机构、团体、会议
X	环境科学、劳动保护科学	T-6	参考工具书
Z	综合性图书		

2. 准备出版社数据

我国部分出版社的数据如表 8-5 所示。

表 8-5　　　　　　　　　　　　　部分出版社的数据

出版社编号	ISBN	出版社名称	出版社简称	地　　址
001	7-01	人民出版社	人民	北京
002	7-02	人民文学出版社	人民文学	北京
003	7-03	科学出版社	科学	北京东黄城根北街 16 号
004	7-04	高等教育出版社	高教	北京西城区德外大街 4 号
005	7-100	商务印书馆	商务	北京
006	7-107	人民教育出版社	人民教育	北京
007	7-111	机械工业出版社	机工	北京市西城区百万庄大街 22 号
008	7-112	中国建筑工业出版社	建筑工业	北京西郊百万庄
009	7-113	中国铁道出版社	铁道	北京市宣武区右安门西街 8 号
010	7-114	人民交通出版社	交通	北京
011	7-115	人民邮电出版社	人邮	北京市崇文区夕照寺街 14 号
012	7-116	地质出版社	地质	北京

续表

出版社编号	ISBN	出版社名称	出版社简称	地　　址
013	7-117	人民卫生出版社	卫生	北京
014	7-118	国防工业出版社	国防工业	北京市海淀区紫竹院南路23号
015	7-119	外文出版社	外文	北京
016	7-120	中国水利水电出版社	水利水电	北京市三里河路6号
017	7-121	电子工业出版社	电子	北京市海淀区万寿路173信箱
018	7-300	中国人民大学出版	人大	北京
019	7-302	清华大学出版社	清华	北京清华大学学研大厦
020	7-303	北京师范大学出版社	北师大	北京

3. 准备用户数据

图书管理系统的部分用户数据表8-6所示

表8-6　　　　　　　　　　　　图书管理系统的部分用户数据

用户编号	用户名	密码	用户类型	启用日期	是否停用
1001	admin	admin	系统管理员	2012/12/4	是
1002	王艳	123	图书管理员	2012/12/15	是
1003	测试用户	123	普通用户	2013/1/10	是
1004	成欢	123	图书管理员	2013/1/15	是
1005	刘婷	123	图书借阅员	2013/8/3	否

4. 准备图书数据

准备的图书数据如表8-7所示。

表8-7　　　　　　　　　　　　图书数据

序号	书目编号	图书名称	作者	出版社
1	9787115117670	管理信息系统与案例分析	高林、周海燕	人民邮电出版社
2	9787115158048	网页设计与制作案例教程	陈承欢	人民邮电出版社
3	9787115158918	UML基础与Rose建模案例	吴建、郑潮、汪杰	人民邮电出版社
4	9787115159526	UML与系统分析设计	张龙祥	人民邮电出版社
5	9787115171566	Visual Basic.NET程序设计基础	陈承欢	人民邮电出版社
6	9787115172006	ADO.NET数据库访问技术案例教程	陈承欢	人民邮电出版社
7	9787111188360	Visual Basic.NET程序设计	刘瑞新、崔庆	机械工业出版社
8	9787111209935	数据库系统原理与应用	刘志成、彭勇等	机械工业出版社
9	9787111229827	信息系统应用案例教程	陈承欢，郭外萍	机械工业出版社
10	9787040147308	企业信息系统应用	孙万军	高等教育出版社

序号	ISBN	出版日期	图书页数	价格	图书类型
1	7-115-11767-5	2013-03-05	220	20	TP3
2	7-115-15804-8	2007-03	289	31	TP3

续表

序号	书目编号	图书名称			作 者	出 版 社
3	7-115-15891-8	2007-04	266	28		TP3
4	7-115-15952-6	2007-08	266	27		TP3
5	7-115-17156-6	2008-04	260	27		TP3
6	7-115-17200-6	2008-04	257	32		TP3
7	7-111-18836-5	2006-05	249	23		TP3
8	7-111-20993-5	2007-04	296	28		TP3
9	7-111-22982-7	2008-01	186	20		TP3
10	7-04-014730-0	2004-06	217	23.8		TP3

序号	总藏书数量	现存数量	待入库数量	馆藏地点	简介
1	5	5	5	A-010-02	以案例驱动，较为全面地介绍管理信息系统的知识、概念、构成、技术与实现方法
2	12	4	2	A-001-01	
3	5	3	0	A-001-01	
4	5	5	0	A-001-01	
5	6	5	0	A-001-01	
6	5	3	1	A-001-01	本教材通过大量实例，介绍了ADO.NET主要对象的基本概念和使用方法
7	10	10	0	A-001-01	本教材网上提供电子教案下载，下载网址为 http://www.cmpbook.com
8	5	4	4	A-001-01	本教材是普通高等教育"十一五"国家级规划教材，是湖南省教育科学"十一五"规划重点资助课题研究成果教材，是高职高专业计算机类专业规划教材
9	5	3	3	A-001-01	本书以真实的信息系统为案例组织教学内容，在实际工作环境中，使学生了解信息系统的数据输入、数据编码、数据存储、数据处理与数据输出的基础原理与方法
10	5	5	0	A-001-01	

5. 准备借阅者数据

图书管理系统的借阅者数据如表 8-8 所示。

表 8-8　　　　　　　　　　　　借阅者数据

序号	借阅者编号	姓 名	性别	出生日期	借阅者类型	借书证状态
1	100878	邓珊	女	1994/8/6	1	有效
2	100888	陈惠姣	女	1994/4/26	1	有效
3	201303020101	唐玉格	男	1994/5/14	4	有效
4	201303020102	许磊	男	1994/8/2	4	有效
5	201303020103	江西	女	1994/5/11	4	有效
6	201303020105	刘兴星	男	1994/12/4	4	有效

序号	借阅者编号	姓名	性别	出生日期	借阅者类型	借书证状态
7	201303020106	段甲	女	1994/1/17	4	挂失
8	201303020107	李坚	男	1993/6/3	4	有效
9	201303020108	杨乙	男	1993/1/5	4	有效
10	201303020110	丁一	男	1993/12/24	4	有效
11	201303020111	许家乐	男	1994/6/4	4	有效
12	201303020112	谭丙	女	1992/6/27	4	有效
13	201303020113	曾雄	男	1993/7/16	4	有效
14	201303020114	周锋	男	1994/2/23	4	挂失
15	201303020116	肖康	男	1994/3/25	4	有效
16	201303020117	陈卓	男	1994/12/23	4	停用
17	201303020118	陈逸明	女	1995/5/5	4	有效
18	201303020119	邬世豪	女	1994/9/4	4	挂失
19	201303020121	何北	男	1993/9/12	6	有效
20	201303020122	杨磊	男	1992/12/20	6	有效

序号	办证日期	有效期截止日期	证件号码	联系电话	部门	押金剩余
1	2013/10/20	2016/7/7	43010319940806301X	2783888	计算机系	50
2	2013/10/20	2016/7/7	430204199404263227	2441390	计算机系	50
3	2013/10/20	2016/7/7	430281199505149127	2783888	计算机系	50
4	2013/10/20	2016/7/7	430281199408020022	2783888	计算机系	50
5	2013/10/20	2016/7/7	430203199405110226	2783888	计算机系	50
6	2013/10/20	2016/7/7	430423199412045836	2783888	计算机系	50
7	2013/10/20	2016/7/7	430423199401178211	2783888	机械系	50
8	2013/10/20	2016/7/7	430424199306035040	2783888	机械系	50
9	2013/10/20	2016/7/7	430623199301051919	2783888	机械系	50
10	2013/10/20	2016/7/7	430121199312240010	2783666	机械系	50
11	2013/10/20	2016/7/7	430281199406047360	2783666	机械系	50
12	2013/10/20	2016/7/7	430224199206273331	2783666	外语系	50
13	2013/10/20	2016/7/7	431222199307165311	2783666	外语系	50
14	2013/10/20	2016/7/7	430202199402234016	2783668	外语系	50
15	2013/10/20	2016/7/7	430921199403251763	2783668	电子系	50
16	2013/10/20	2016/7/7	430203199412237524	2783688	电子系	50
17	2013/10/20	2016/7/7	430224199505050031	2783688	经济管理系	50
18	2013/10/20	2016/7/7	430321199409041211	2783688	经济管理系	50
19	2013/10/20	2016/7/7	430321199309124511	2494888	经济管理系	50
20	2013/10/20	2016/7/7	430524199212207433	2494666	经济管理系	50

6.　准备借阅数据

图书管理系统的借阅数据如表 8-9 所示。

表 8-9　　　　　　　　　　　图书管理系统的借阅数据

借阅编号	借阅者编号	图书条码	借出日期	应还日期	续借次数	图书借阅员
1	201303020102	00050414	2013/3/5	2014/2/28	1	admin
2	201303020103	00050296	2012/3/5	2013/2/28	0	admin
3	201303020108	00050419	2013/3/5	2014/2/28	1	admin

【任务 8-2】　图书管理系统的系统评价与运行维护

【任务描述】

（1）任务卡

【任务 8-2】的任务卡如表 8-10 所示。

表 8-10　　　　　　　　　　　【任务 8-2】的任务卡

任务编号	08-2	任务名称	图书管理系统的系统评价与运行维护
计划工时	30min	所属系统名称	图书管理系统
任务说明			
（1）图书管理系统投入运行后，对该系统的功能、性能以及满足用户目标等方面进行评价 （2）在图书管理系统运行和使用过程中，对系统进行有效维护			

（2）任务跟踪卡

【任务 8-2】的任务跟踪卡如表 8-11 所示。

表 8-11　　　　　　　　　　　【任务 8-2】的任务跟踪卡

任 务 编 号	开 始 时 间	完 成 时 间	计 划 工 时	实 际 工 时	当 前 状 态
08-2					

【任务实施】

1.　图书管理系统的评价

图书管理系统开发完成投入运行后，应对图书管理系统的性能进行检查、分析和评审，一方面检查图书管理系统的目标、功能及各项指标是否达到了设计要求，满足用户要求的程序如何，从而对图书管理系统的当前状态有明确的认识。另一方面通过评审和分析的结果发现问题，找出图书管理系统的薄弱环节，提出改进的意见，进行必要的修改和维护，为系统今后的升级做准备。

从用户观点看，系统已达到了以下目标。

（1）能够及时收集和保存数据，包括图书、借阅者、用户等数据。

（2）能够快速地传递信息。

（3）能够提供准确的信息，包括图书信息、借阅者信息、图书借阅信息等。

（4）能够实现报表自动生成与打印。

（5）能够实现图书编码与入库、图书借阅与归还、图书库存清查、办理借阅者等业务功能。

从技术观点来看，系统已达到了以下目标。

（1）方便了用户的使用，具有较高的用户友好性。

（2）具有较高的可靠性和运行效率。

（3）具有较强的可维护性和扩充性。

2. 图书管理系统的维护

管理信息系统的维护主要包括对硬件设备的维护和软件的维护两个方面。

（1）硬件维护。

硬件维护指对硬件系统的日常维修和故障处理，图书管理系统在使用过程中要观察环境温度、湿度的变化，电源等是否正常。日常维护要做到制度化，按期对设备进行例行检查和保养，更换易损部件，发现异常及时处理。必要时可以停机检修，停机前必须做好数据备份。

（2）软件维护。

软件维护是指在软件交付使用之后，为了改正软件设计存在的缺陷或为了扩充新的功能满足新的要求而进行的修改工作。

① 程序维护。

系统维护的主要工作量是对程序的维护，当系统的业务发生变化或程序出现错误时，必须对程序进行修改和调整。

② 数据维护。

数据维护是指对系统中数据文件或数据库进行修改，包括建立新文件，更新现有文件内容，调整数据表的结构，对数据进行备份和恢复等。

③ 编码维护。

当系统应用范围扩大和应用环境变化时，系统中的各种编码需要进行一定程度的扩充、修改、删除以及设置新的编码。

④ 文档维护。

根据系统、数据、编码及其他维护的变化，对相应文档进行修改，并对所进行的维护进行记载。

项目实战考核评价

本单元的项目实战考核评价表如表 8-12 所示。

表 8-12　　　　　　　　　　　单元 8 的项目实战考核评价表

考核要点	考 核 项 目	考核内容描述	标准分	评分
考核要点	图书管理系统的数据采集与编码	（1）收集《中国图书馆图书分类法》规定的图书类型 （2）收集 20 个知名出版社数据，且进行编码 （3）准备 5 个用户数据，且进行编码 （4）准备 10 本图书数据，且进行分类与编码 （5）采集 20 个借阅者数据，且进行编码 （6）准备 3 条图书借阅数据	3	

续表

考核要点	考核项目	考核内容描述	标准分	评分
	图书管理系统的系统评价与运行维护	（1）图书管理系统进行评价 （2）对图书管理系统进行有效维护	2	
	素养与态度	认真完成本单元的各项任务，纪律观念强，团队精神强，学习态度好，学习效果好	1	
	小计		6	
评价方式	自我评价	小组评价	教师评价	
考核得分				

同步实践

【任务 8-3】　进销存管理系统的数据采集与系统评价

【任务描述】

（1）实地调查一家电脑销售公司或家电销售公司，了解商品入库与销售情况。收集公司、公司部门、公司员工、供应商、客户、商品类型、商品、仓库、商品入库、商品销售等方面的数据，设计合适的表格，将所收集的数据填写表中。

（2）对进销存管理系统进行评价。

【参考资料】

1. 进销存管理系统的数据采集与维护

进销存管理公司的基本信息样表如表 8-13 所示。

表 8-13　　　　　　　　　　进销存管理公司的基本信息

公 司 名 称	联 系 人	联 系 电 话	电 子 邮 件	单 位 地 址

进销存管理公司部门的基本信息样表如表 8-14 所示。

表 8-14　　　　　　　　　　进销存管理公司部门的基本信息

部 门 编 号	部 门 名 称	拼 音 代 码	联 系 电 话	部门负责人

进销存管理公司员工的基本信息样表如表 8-15 所示。

表 8-15　　　　　　　　　　进销存管理公司员工的基本信息

姓　名	拼 音 代 码	职　务	身份证号码	住 宅 电 话	手　机	住　址

进销存管理公司供货商的基本信息样表如表 8-16 所示。

表 8-16 进销存管理公司供货商的基本信息

供货商名称	拼音代码	联 系 人	电 话	手 机	地 址	预付货款/未付货款

进销存管理公司客户类别样表如表 8-17 所示。

表 8-17 进销存管理公司客户类别

类 别 编 号	类 别 名 称	类 别 描 述

进销存管理公司客户信息样表如表 8-18 所示。

表 8-18 进销存管理公司客户信息

客户名称	拼音代码	所属地区	联系人	固定电话	手 机	地 址	期初欠款	折扣额度

进销存管理公司的商品类别样表如表 8-19 所示。

表 8-19 进销存管理公司商品类别

类 别 编 号	类 别 名 称	类 别 描 述

进销存管理公司的商品信息样表如表 8-20 所示。

表 8-20 进销存管理公司的商品信息

条形码	商品名称	拼音代码	品牌	规格型号	款式	计量单位	生产厂家	等级	产地	库存下限	库存上限	进价	建议售价

进销存管理公司的仓库信息样表如表 8-21 所示。

表 8-21 进销存管理公司的仓库信息

仓 库 名 称	拼 音 代 码	联 系 人	固 定 电 话	手 机	地 址

进销存管理公司的入库单主表数据样表如表 8-22 所示。

表 8-22 进销存管理公司的入库单主表数据

入 库 单 号	供货商名称	入 库 日 期	合 计 数 量	仓 库 名 称	经 办 人	备 注

每张入库单的商品数据样表如表 8-23 所示。

表 8-23 入库单明细表数据

入库单号	入库日期	商品名称	品牌	款式	型号规格	仓库名称	经办人	计量单位	进价	数量

提货单主表数据样表如表 8-24 所示。

表 8-24   提货单主表数据

提货单号	提货日期	提货人	客户名称	合计数量	仓库名称	经办人	付款方式	应付金额合计	实付金额合计	备注

每张提货单的商品数据样表如表 8-25 所示。

表 8-25   提货单明细表数据

提货单号	提货日期	提货人	客户名称	商品名称	品牌	款式

型号规格	仓库名称	经办人	计量单位	数量	单价	应付金额	实付金额

计量单位名称一般有公斤、克、吨、米、厘米、升、毫升、年、月、日、箱、件、包、罐、盒、台、瓶、袋、桶、条、块、张、把、辆、丸等。其编码、名称和描述如表 8-26 所示。

表 8-26   计量单位及其编码

计算单位编码	计算单位名称	描述	计算单位编码	计算单位名称	描述
T	吨	ton	CS	箱	case
KG	千克	kilogram	BX	盒	box
G	克	gram	BA	桶	barrel
M	米	meter	KE	罐	kettle
CM	厘米	centimeter	BG	袋	bag
MM	毫米	millimeter	BO	瓶	bottle
L	升	litre	EA	个	each
ML	毫升	milliliter	PI	件	piece
Y	年	year	PL	丸	pill

部分货币数据如表 8-27 所示。

表 8-27   部分货币数据

币种编码	币种名称	币种缩写	币种编码	币种名称	币种缩写
01	人民币	RMB	22	丹麦克郎	DKK
12	英镑	GBP	23	挪威克郎	NOK
14	美元	USD	27	日元	JPY
15	瑞士法郎	CHF	28	加拿大元	CAD
18	新加坡元	SGD	29	澳大利亚元	AUD
21	瑞典克郎	SEK	33	欧元	EUR
			70	卢布	SUR

运输途径数据如表 8-28 所示。

表 8-28 运输途径数据

运输途径编号	运输途径编码	运输途径描述
01	BS	汽车（busses）
02	TR	火车（train）
03	SB	轮船（steamboat）
04	AP	飞机（airplane）

2. 进销存管理系统的评价

进销存管理系统投入运行后，阳光电器公司的管理人员可以从繁琐的工作中解脱出来，集中精力进行企业的策划和运作，有效地管理账目，带动企业步入现代化管理阶段，节省了大量的人力、物力和财力，使企业经营运作物流畅通，账目清晰明了，经营状况翔实准确，使企业的经营管理体系更加科学化、规范化。

采用计算机管理后，规范了日常业务操作流程，除了进货时验货票仍采用手工填写外，其余单据全由计算机产生，计算机内保留了全部金额账和数量账及各种报表。需要数据时可随时从计算机中获取，一切进销存信息以计算机为准，大大简化了业务流程，为一线销售人员减轻了工作压力，使他们能全身心地投入到为顾客服务、为企业创效益之中。将现代化科技管理手段引入商业管理，为商业企业带来的不仅是流程的规范化、操作的自动化，更重要的是加速了传统商业的管理模式向现代化管理体系的转变，实现了进销存管理流程的规范化、自动化，受到了一线人员的普遍欢迎。

财务管理是企业经营核算的关键环节，由于所有进销存数据的规范化，为财务子系统的正常运行创造了条件。实现计算机进销存管理自动化后，所有经营信息可以做到共享，财务系统所有经营数据自动取自于进销存系统，进销存系统数据生成以后自动记入会计相关账目，并产生相应的记账凭证，使财会人员工作强度大幅度减轻。每逢汇总和月底出报表，财务人员只需操作键盘几分钟，正确无误的财务数据就呈现眼前，使他们有时间介入管理分析工作。

同步实践考核评价

本单元同步实践考核评价内容如表 8-29 所示。

表 8-29 单元 8 的同步实践考核评价表

任务编号	08-3	任务名称	进销存管理系统的数据采集与系统评价		
任务完成方式	【　　】小组协作完成		【　　】个人独立完成		
任务完成 情况说明					
存在的主要 问题说明					
考核评价					
自我评价		小组评价		教师评价	

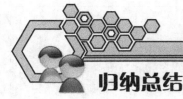

归纳总结

　　本单元介绍了图书管理系统的数据采集与编码、图书管理系统的评价、图书管理系统的运行维护。同时还介绍了管理信息系统数据采集的作用、方法和技术、管理信息系统的评价方法、管理信息系统运行阶段的文档编写等内容。

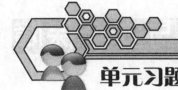

单元习题

　　（1）数据采集的主要作用是什么，数据采集有哪些基本方法？
　　（2）数据编码的基本原则是什么，数据编码的基本步骤有哪些？
　　（3）管理信息系统系统评价的目的是什么？
　　（4）管理信息系统系统性能评价主要围绕哪些方面进行？
　　（5）为了保护图书管理系统的数据，从硬件环境、软件系统、程序设计和组织管理制度等方面说明系统维护应采取哪些措施？
　　（6）系统维护的需求来源于哪些方面？
　　（7）系统维护主要有哪些类型？
　　（8）系统评价与维护阶段包括哪些文档？

管理信息系统的有效管理与安全保障

在管理信息系统的建设过程中，不仅要有先进的设计方法和优良的开发工具，而且要有完善的管理策略和先进的管理技术。管理信息系统是以软件工程为主的知识密集型产品，它综合了多种技术，其开发过程是一项创造性的工作，存在着一系列组织管理特点，必须遵循其特有的规律，加强组织管理工作。管理的目的是要保证开发的质量、进度、经费能够达到预定的目标。

管理信息系统的安全保障是指采取各种有效手段，通过系统开发过程中的安全设计和运行过程中的安全管理，使系统中的硬件、软件、数据资源受到妥善的保护，不因人为因素和自然因素而被破坏、篡改、丢失或者泄漏，保证系统能连续正常运行。

教学导航

教学目标	（1）熟知管理信息系统开发的项目管理、文档管理、质量管理和行为管理 （2）对管理信息系统的开发和运行过程的安全隐患有一定的认识 （3）熟悉管理信息系统的开发过程和运行过程的安全保障措施
教学方法	任务驱动法、分析探究法等
课时建议	4课时（含考核评价）

9.1 管理信息系统开发的项目管理

项目管理是 20 世纪 50 年代后期发展起来的一种计划管理方法。所谓项目管理，是指在一定资源（包括人力、设备、材料、经费、能源、时间等）约束条件下，运用系统科学的原理和方法对项目及其资源进行计划、组织和控制，旨在实现项目的既定目标（包括质量、速度、经费）的管理方法体系。

1. 项目管理的必要性

（1）从系统的观点进行全局又切合实际的安排，使得预期的多目标能达到最优的结果。

管理信息系统是一个投资较大、建设周期较长的系统工程，要重点考虑各分项目之间的关系与协调及众多资源的调配与利用。在此基础上制订出切实可行的计划，避免不必要的返工或重复劳动，也避免对能力估计不足而导致计划不能执行。

（2）为估计系统建设的人力资源需求提供依据。

在项目的计划安排中，对软件的工作量做了估计，需要什么级别的软件开发人员，系统的设计与编程的工作量是多少，对硬件的安装调试，对使用人员的配置都有详细的要求，以便对系统建设的人力资源需要提出一个比较准确的数字。同时，可以通过计划的执行来考查各级人员的素质及效率。

（3）能通过计划安排来进行项目控制。

项目执行的日程表制订以后，就可以定期检查计划的进展情况，分析拖延或超前的原因，决定如何采取行动或措施，使其回到计划日程表上来。同时追踪记录各项目的运行时间及费用，并与预计的数字进行比较，以便项目管理人员为下一步行动做出决策。

（4）提供准确一致的文档数据。

项目管理要求事先整理好有关基础数据，使每个项目的建设者都能使用同一文件及数据。同时，在项目进行过程中生成的各类数据又可以给大家共享，保证项目建设者之间的工作协调有序。

2. 项目管理的方法

编制管理信息系统开发项目工作计划的常用方法有甘特图和网络计划法。

（1）甘特图也称为线条图或横道图。它是以横线来表示每项活动的起止时间，其优点是简单、明了、直观和易于编制，它是小型项目中常用的工具，也是大型复杂的工程项目中，高层管理者了解全局、安排子项目工作进度时使用的工具。

（2）网络计划法用网状图表安排与控制项目各项活动的方法，一般适用于工作步骤密切相关、错综复杂的工程项目的计划管理。

目前常用的项目管理软件有 Microsoft 公司的 Project、Welcom 公司的 OpenPlan 和 TimeLine 公司的 TimeLine 等。这些软件主要用于编排项目的进度计划，通过资源的分析和成本管理，合理配置资源，使计划进度更为合理，同时按计划来安排工程进度，并对进度进行动态跟踪与控制等。

3. 管理信息系统项目的特点

管理信息系统的建设具有项目的一般特点，同时还具有自己独特的特点，可以用项目管理的思想和方法来指导管理信息系统的建设。

（1）管理信息系统的目标是不精确的，任务的边界是模糊的，质量要求更多是由项目团队来定义的。

对于管理信息系统的开发，许多客户一开始只有一些初步的功能要求，给不出明确的想法，提不出确切的要求。管理信息系统项目的任务范围很大程度上取决于项目组所做的系统规划和需求分析。

（2）管理信息系统项目进行过程中，客户的需求会不断被激发，被不断地进一步明确，导致项目的进度、费用等计划不断更改。

客户需求的进一步明确，系统项目相关内容就得随之修改，而在修改的过程中又可能产生新的问题，并且这些问题很可能在过了相当长的时间以后才会发现。这样，就要求项目经理要不断监控和调整项目计划的执行情况。

（3）管理信息系统是智力密集、劳动密集型的项目，受人力资源影响最大，项目成员的结构、责任心、能力和稳定性对管理信息系统项目的质量以及是否成功有决定性的影响。因而在管理信息系统项目的管理过程中，要将人力放在与进度、成本一样高的地位来对待。

4. 项目管理的主要任务

项目管理的主要任务有以下几个方面。

（1）明确总体目标、制订开发规则，对开发过程进行组织管理，保证总体目标顺利实现。

（2）严格选拔和培训人员，合理组织开发机构和管理机构。

（3）编制和调整开发计划进程表。

（4）开发经费的概算与控制。

（5）组织项目复审和书面文件资料的复查与管理。

（6）系统建成后运行与维护过程的组织管理。

5. 管理信息系统项目管理的内容

（1）任务管理。

将整个开发工作划分成一个个较细的具体任务，并将这些任务落实到人或各个开发小组里，明确工作责任，使开发工作高效和有序。

划分任务时，应该按统一的标准，包括任务内容、文档资料、计划进度和验收标准等。同时要根据任务的大小、复杂程度以及所需的软硬件资源等方面的情况分配资金。在开发过程中，各开发小组、参与者如何协调，需要哪些服务支持和技术支持等，都应在任务划分时予以明确。

（2）计划编制与进度控制。

任务划分后，还要制订详尽的开发计划表，包括配置计划、软件开发计划、测试评估计划、质量保证计划、安全保证计划、安装计划、培训计划、验收计划等。这些计划表的建立应尽可能考虑周全，不要在开发过程中随意增加项目内容或改动计划。

这些计划表可以采用任务时间计划表表示出来，以进一步明确任务的开始和结束时间、任务之间的依赖关系和关键路径。任务时间计划表的建立可以采用表格形式（如 PERT 技术），也可以采用图形方式（如计划网络图、甘特图等）。

（3）人员管理。

管理信息系统的开发一定做好人员的组织管理工作，人在系统项目中既是成本，又是资本。人力成本是管理信息系统项目成本构成中最大的一项，开发过程应尽量使人力资源的投入最小，人力资源作为资本，开发过程应尽量发挥人力资本的价值，使人力资源的产出最大。管理信息系统开发过程所需要的各类人员以及工作任务如表 9-1 所示。

表 9-1　　　　　　　　　管理信息系统开发过程所需要的各类人员以及工作任务

人员类别	主要工作任务
项目负责人	相当于系统开发的总工程师地位，应当精通管理业务，并熟悉管理信息系统的开发
系统分析员	负责系统分析和设计，他们应当既懂管理业务，又懂系统开发
程序员	负责编写、调试程序和软件文档编写
网络设计员	负责网络设计与建立
数据库设计员	负责数据库建立和数据管理
软件测试员	负责软件测试
操作人员	上机操作人员，数据输入人员
硬件人员	负责机器的维护和保养工作

除此之外，开发项目还需要抽调管理人员参加开发工作，由于系统开发人员对具体的问题不够熟悉，没有使用部门和管理人员的参与和配合，往往使设计脱离实际，不能很好地投入运行。

（4）经费管理。

首先要制订好经费支出计划，包括各项任务所需的资金分配，系统开发时间表及相应的经费支出，各项任务可能出现的超支情况及应付办法等，在执行过程中，如果经费有变动，要及时通知相关人员。其次要严格控制经费支出。

（5）审计与控制。

审计与控制是保证开发工作在预算的范围内，按照任务时间表来完成相应开发任务。首先要制订开发的工作制度，明确开发任务，确定质量标准。还要制订详细的审计计划，针对每个开发阶段进行审计，并分析审计结果，处理开发过程中出现的问题，修正开发过程中出现的偏差。

（6）风险管理。

任何一个系统开发项目都具有风险性，在风险管理中，应注意技术方面必须满足需求，经费开销控制在预算范围内，保证开发进度，在开发过程中尽量与用户沟通，充分估计可能出现的风险。

总之，在开发过程中，要以科学思想为指导，采用正确的开发方法，开发人员要统一思想，有计划、有步骤地开展工作，同时要做好项目管理工作，协调好各类人员之间的关系，随时注意开发过程中出现的问题，并及早给予解决。要充分发挥集体的作用，集思广益、团结协作地完成管理信息系统的开发任务。

9.2　管理信息系统开发的文档管理

管理信息系统开发的文档是描述系统从无到有整个发展过程和演变过程状态的文字资料。管理信息系统实际是由物理的管理信息系统与对应的文档两大部分组成，系统的开发应以文档的描述为依据，而系统的运行与维护更需要文档来支持。

系统文档不是事先一次形成的，而是在系统开发、运行与维护过程中不断地按阶段依次编写、修改、完善与积累而形成的。规范系统文档的质量，将直接影响系统开发或运行的结果。当系统开发人员发生变化时，规范的系统文档显得尤为重要。

文档资料是 MIS 开发过程按照国家软件开发规范编写的一套有价值的资料集合。MIS 开发过程中的各个阶段都是从上一阶段产生的文档开始，以产生该阶段的文档而告结束。文档是每个阶段工作成果的总结，也是开展下一阶段的工作依据。在系统完成并交付用户使用后，这套文档就是维护系统的依据。这些文档资料在不同的开发阶段，由参加该阶段工作的技术人员编写，编写文档时一定要遵守国家有关文档书写的规范，要求做到标准化、规范化，尽可能简单明了，便于阅读和理解，除了文字以外，适当使用图表加以说明。为保证文档的一致性与可追踪性，所有文档要及时收齐，统一保管。

1.　文档编写的基本原则

（1）立足于用户和使用者。
（2）立足于实际需要。
（3）文字准确，图表清晰，简单明了。

2.　文档管理的要求

（1）文档管理制度化。

必须形成一整套的文档管理制度，根据完善的制度来协调、控制系统开发工作，并以此对每一个开发成员的工作进行评价。

（2）文档编写标准化。

在系统开发前制订或选择统一的文档编写标准，在标准的制约下，开发人员完成所承担任务的文档编写。

（3）保证文档的一致性。

管理信息系统开发过程是一个不断变化的动态过程，一旦需要对某一个文档进行修改，要及时、准确地修改与之相关的文档。

（4）文档管理由专人负责。

项目开发过程形成的文档应指定专人负责，负责文档的保管、整理和借阅。

3.　文档管理的工作任务。

文档的重要性决定了文档管理的重要性，即必须对文档进行规范管理。系统文档的管理工作主要如下。

（1）文档标准与规范的制订。

（2）文档编写的指导与督促。

（3）文档的收存、保管与借用手续的办理等。

4. 管理信息系统文档的类型

管理信息系统开发的各个阶段都要产生相应的文档，这些文档按用途可以分为管理文档、开发文档和应用文档，主要文档如表 9-2 所示，各个文档的详细内容在前面各单元已有详细阐述，在此不再赘述。

表 9-2　　　　　　　　　　　　　　　　管理信息系统文档类型

文档类型	文档名称
管理文档	系统开发立项报告、可行性研究报告、系统开发计划书、需求说明书、需求变更申请书、系统开发进度月报、系统开发总结报告等
开发文档	系统分析说明书、系统设计说明书、程序设计说明书、数据库设计说明书、系统测试计划、系统测试报告、系统评价报告等
应用文档	用户手册、操作手册、运行日志/月报、维护修改建议书等

9.3　管理信息系统开发的质量管理

管理信息系统项目建设的目的是在一定的时间和一定费用下完成的一定任务，并且这些任务必须达到一定的质量要求。因而管理信息系统项目管理的一个很重要方面就是系统建设的质量管理。

管理信息系统开发的质量管理不仅仅是项目开发完成之后的最终评价，而是在管理信息系统开发过程中的全面质量控制。也就是说，不仅包括系统实现时质量控制，也包括系统分析、系统设计时的质量控制；不仅包括对系统实现时软件质量控制，而且还包括对文档、开发人员和用户培训的质量控制。

为了在管理信息系统的建设过程中实施全面质量管理，主要采取以下几项措施。

（1）实行工程化的开发方法。

管理信息系统特别是复杂的大型系统的开发是一项系统工程，必须建立严格的工程控制方法，要求开发小组的每个成员都要严格遵守工程规范。

（2）实行阶段性冻结与修改控制。

管理信息系统的开发具有阶段性，每个阶段有自己的任务和成果。在每个阶段末要冻结部分成果，作为下一个阶段开发的基础。冻结后的成果要修改，必须经过一定审批程序，并且对项目计划作相应的调整。

（3）实行阶段审查与版本控制。

在管理信息系统生命周期的每个阶段结束之前，都正式使用相关标准对该阶段的成果进行严格的技术审查，若发现问题，在本阶段内及时解决。版本控制是保证项目小组顺利工作的重要技术。版本控制是指通过给文档和程序文件编上版本号，记录每次的修改信息，使项目小组的所有成员都了解文档和程序的修改过程。

（4）实行面向用户参与的原型演化。

在每个阶段的后期，快速建立反映该阶段成果的原型，利用原型系统与用户交互及时得到反馈信息，验证该阶段的成果并及时纠正错误。

（5）强化项目管理，引入外部监理与审计。

重视管理信息系统的项目管理，特别是项目人力资源的管理。同时还要重视第三方的监理和审计的引入，通过第三方的审查和监督来确保项目质量。

（6）尽量采用面向对象和可视化程序开发方法进行系统开发。

面向对象的方法强调类、封装、继承和多态，能提高软件的可重用性，有利于用户的参与。可视化程序开发方法的主要思想是用图形工具和可重用部件来交互地编制程序。可视化编程技术可以获得高度的平台独立性和可移植性。在可视化编程环境中，用户还可以自己构造可视控件，或引用其他环境构造的符合软件接口规范的可视控件，增加了编程的效率和灵活性。

（7）进行全面测试。

采用适当的方法和手段，对系统规划、系统分析、系统设计、系统实现和文档进行全面测试。

9.4　管理信息系统开发的行为管理

管理信息系统开发的行为管理是保证系统正常运行的重要措施之一。不同职业的行为规范有所不同，总的目的是约束从业人员的行为，努力减少由于从业人员的不良行为给企业或组织带来的不良影响和后果，创造和谐的工作环境。规范 MIS 行为需要结合用户实际和 MIS 自身的特点，依据相关法规建立和逐步完善。

1．制订相关法规，规范从业人员的行为

我国在计算机领域先后颁布了《中华人民共和国计算机信息网络国际互联网规定》、《中华人民共和国管理信息系统安全保护条例》等法规，一定程度上规范了从业人员的行为。各个企业或组织根据自身特点进一步作出了明确的规定，主要包括以下几点。

（1）规范对社会的行为　保证员工的行为符合社会普遍公认的行为准则，并努力服务于社会，不对社会造成破环。

（2）规范对集体的行为　保证员工的行为不使集体利益受到损害，促使员工为集体作出应有的贡献。

（3）规范个人的行为　促使员工具有正义感和道德感。

2．制订道德规范，提高从业人员的职业道德水平

由于软件工程项目的特点及其影响，人的因素、人员的管理等在软件开发和管理中所处的特殊地位，软件人员的职业行为和职业道德水平是一个不容忽视的问题。任何职业都有其特殊性，针对本行业的特点制订相应的道德规范，是对本行业的从业人员提出的一些特别的和较高的要求，这些要求既体现了从事本行业的人所特有的品质，也指出了本行业的从业者担负的特殊责任和义务，只有具备了这些品质的人才能成为本行业的优秀人才。

职业道德规范是与法律、法规相配套的具有针对性的制度，除了具有教育的作用外，还可以起到监督和约束的作用，有助于规范从业人员的职业行为，减少违法违规行为的发生，也有利于我国软件行业的健康发展。

对于系统开发人员把道德规范和技术置于同样的地位加以学习和掌握，加强对违反规则所负

的责任和后果的清楚认识，有助于内在地培养出自觉的公德意识和规则意识，提高软件从业人员的社会责任感。对于新的从业人员，上岗培训除了业务培训外，职业道德教育也是一项重要的内容，并且应在今后的工作岗位上不断地自觉加强修养。

9.5   管理信息系统的正常使用与安全保障

随着计算机网络技术的迅速发展和计算机在管理工作中的广泛应用，管理信息系统的安全问题越来越受到人们的重视，加强对管理信息系统的安全保障势在必行，主要有以下几方面的原因。

（1）管理信息系统在使用过程中会出现一些无法预料的缺陷，软件质量存在着这样或那样的不足。

（2）对投入运行的管理信息系统的管理和操作的不当，造成系统工作状况不够理想。

（3）计算机犯罪、网络黑客、计算机病毒借助于 Internet 到处进行故意破坏或非法盗用，使管理信息系统的安全和质量保障受到巨大的挑战。

9.5.1   管理信息系统的安全隐患

以计算机为主要处理工具的现代管理信息系统，给人们日常工作和生活带来了前所未有的高效率，同时也产生了难以避免的安全隐患。管理信息系统虽然功能强大、技术先进，但由于受到它自身的体系结构、设计构思、运行机制的限制，隐含了许多不安全的因素。影响管理信息系统安全的主要因素有以下几方面。

1．软件与数据因素

（1）软件本身存在的先天性缺陷。

由于软件程序的复杂性和编程的多样性，在管理信息系统软件中会留下一些不易发现的安全漏洞，软件漏洞显然会对系统的安全与保密产生严重的影响，使程序不能对数据进行正确或完整的处理，用户的需求得不到满足，致命错误导致系统不能正常工作。

（2）系统本身和数据的质量问题。

操作系统、数据库管理系统运行不稳定，造成经常死机。有的软件缺陷导致系统运行速度慢，有的软件缺陷导致系统突然崩溃或数据丢失。

（3）系统支持软件被破坏。

操作系统是支持系统运行、保障数据安全、协调处理业务的关键软件，如果遭到攻击或破坏，将造成系统运行的崩溃。数据库中存放了系统的数据资源，如果被失窃或被破坏，将造成系统无法访问或处理数据。另外文档的遗失将使得软件的升级与维护十分困难。

2．硬件与物理因素

（1）硬件的失灵、破坏和盗窃。

硬件失灵将导致数据得不到正确或完整的处理，硬件的破坏或盗窃造成重要数据被破坏或永远丢失。

（2）电源失效。

电源突然出现故障，使计算机停机，硬件可能受到损害、磁盘崩溃，存储在磁盘上的数据丢失或无法读出。

3．环境与灾害因素

（1）管理信息系统需要一个良好的运行环境，环境的温度、湿度、清洁度都对计算机硬件、软件有影响。

（2）意外的灾害，例如地震、火灾、水灾、风暴、社会暴力或战争等，使得计算机硬件、软件、文件以及记录在纸上的数据都可能被毁坏。

（3）空间的电磁波对系统产生电磁干扰，影响系统的正常运行。

4．人为与管理因素

（1）用户使用不当。

在数据输入、传输、处理、分配过程中，用户无心的操作导致数据毁坏、数据处理错误并产生错误的输出。

（2）人为的恶意攻击。

人为的恶意攻击是有意破坏，非法使用系统硬件、软件或数据导致数据毁坏、机密信息被非法截取、系统服务失灵等情况。

（3）企业或组织内部的管理不善或内部人员的违法犯罪。

企业或组织内部低水平的安全管理和保障，内部人员的违法犯罪行为等都会影响系统的安全性，例如防火墙是一种常用的网络安全装置，它可以防止外部人员对内部网资源的非法入侵或破坏，但不能防止内部人员对系统的破坏。

9.5.2　数据安全与保密

在管理信息系统中，由于数据要被各个用户共享，因此必须进行数据保护，以防止被无意或有意的非法使用或破坏，而给企业造成巨大损失。所以数据的安全与保密是系统设计应考虑的重要环节。

数据的不安全因素主要来自自然灾害或意外事件（例如意外掉电）、计算机病毒、非法访问、人为破坏等。

数据安全性保护的基本目的是防止对数据资源的破坏和篡改。安全保护的方法可以分为物理限制、利用操作系统功能的限制和基于数据库管理系统功能的限制等方法。

在进行数据的安全保护时，首先要明确需要进行保护的对象以及保护要求。然后针对具体对象和具体要求采取保护措施。常见的安全保护对象包括数据定义、数据文件、程序以及有关数据库的各种操作等。

我们可以采用以下保护措施来保证数据的安全。

（1）采用用户认证、用户权限检查措施，限制非法访问。

使用用户名和口令登录，口令不要使用可以联想到或很容易套出的数据，并且经常变更。使用访问权限控制，规定用户对计算机、数据、文件访问的权限，使每个用户只能在自己的权限范围内使用数据和文件。使用防火墙隔离外部网络与内部局域网，防止非法用户通过 Internet 对局域网进行未经许可的访问和对数据的非法修改等。

（2）采用数据备份措施，定期对程序和数据进行备份。

采取硬盘镜像、双服务器等冗余系统，将数据映像到另一个硬盘，当一个服务器发生故障时能切换到另一个服务器继续提供服务。定期对运行的程序和数据进行备份，一旦数据被破坏，可以将备份数据恢复，保证系统能正常工作。对于删除的数据进行必要的备份，以防误删或日后查找。例如资金、账户数据在清算前后及当日进行备份。

（3）进行数据加密。

对数据进行加密，使非法用户无法阅读。

9.5.3　管理信息系统开发过程的安全保障措施

管理信息系统的安全保障除了在技术上需要提供各种防范措施之外，还需借助于法律和社会监督，需要有健全的管理制度。管理信息系统的安全保障指制订有关的政策、规章制度或采用适当的硬件手段、软件程序和技术工具，保证管理信息系统不被未经授权进入并使用、修改、盗窃而采取的各种行之有效的措施。管理信息系统的安全保障措施必须贯穿于整个系统设计、建立和运行的过程中，在设计管理信息系统时应采取专门的技术、策略、手段保护管理信息系统中数据的准确性和可靠性不受各种不利因素影响。

系统开发过程的安全保障措施是指在系统的规划、设计、实现过程充分考虑系统的安全问题，采用有效的安全防范措施，以保证系统在运行过程中的安全与正确。

1. 系统开发的总体安全保障措施

（1）对新开发的管理信息系统项目要进行严格审查，严格地按照预算进行。

（2）对于需求规格说明书中的用户需求目标必须达到。

（3）要满足预定的质量标准。

（4）管理信息系统要建立相应的系统和文档资料。

2. 系统开发过程硬件的安全保障措施

选用的硬件设备或机房辅助设备本身应稳定可靠，性能优良，电磁辐射小，对环境条件的要求尽可能低，设备能抗震防潮，抗电磁辐射干扰、抗静电能力强，有过压、欠压、过流等电冲击的自动防护能力以及良好的接地保护措施等。

3. 系统开发过程环境的安全保障措施

（1）合理规划中心机房与各部门机房的位置，力求减少无关人员进入的机会。

机房应远离有害的气体源、强振动源、噪声源及存放易燃、易爆、腐蚀的地方，避开高压电线、雷达站、无线电发射台、微波中继线路等。机房内设备的位置应远离主要通道。

（2）机房内采取了防火、防水、防潮、防磁、防尘、防雷击、防盗窃等措施，机房内设置火警装置。

（3）供电安全，电源稳定。系统的主机机房采用双路供电或一级供电，应配有不间断电源（UPS），保证连续不间断供电，以防因断电造成设备和数据的损坏。系统电源与其他电器设备不共用，电器系统接地良好，并尽量将安全接地与信号接地分开。对于不允许停止工作的管理信息系统，还应当自备发电设备。

为了确保网络上数据传输正确无误，防止外界干扰对网络数据的影响，必须保证整个系统有独立的信号地线，建议铺设铜网。

（4）安装空调设备，调节室内的温度、湿度和洁净度。

（5）防静电、防辐射。

为了防止由于电磁辐射而产生的信息泄露，信息传输电缆应采用屏蔽电缆，并埋地铺设。对于保密性要求很高的系统，为严格控制电磁辐射，可采用全部或局部的不同级别的电磁屏蔽，也可以在关键设备内采用局部电磁屏蔽措施。另外，机房静电也会给系统的正常运行带来很多问题，也应采取必要的防护措施，例如防止由于湿度太低引起静电荷的聚集，机房不宜铺设地毯，工作人员一般不要穿尼龙或化纤纺织品的工作服等。

4. 系统开发过程通信网络的安全保障措施

系统开发过程通信网络安全保障是指利用网络管理控制和技术措施，保证在一个网络环境中，数据信息的保密性、完整性和可利用性受到保护。网络安全的主要目标是确保经过网络传送的信息，在到达目的地时没有任何增加、改变、丢失或被非法读取。

（1）采用安全传输层协议和安全超文本传输协议，从而保证数据和信息传递的安全性。采用安全电子交易协议和电子数字签名技术进行安全交易。

（2）使用防火墙技术。防火墙技术是网络安全的重要技术手段，其主要作用是在网络入口点检验网络通信，根据用户设定的安全规则，在保护内部网络安全的前提下，提供内外网络通信，主要是控制外部对内部网络的访问，以保证本地网络资源的安全。

（3）采用加密这种主动的防卫手段。在网络应用中一般采取公钥密码和私钥密码两种加密形式，在因特网中使用最多的是公钥加密系统。

（4）采用 VPN（Virtual Private Network）技术。

VPN 是指采用 TCP/IP 安全技术，借助现有的因特网网络环境，在公开网络信道上建立的逻辑上的专用网络。采用 VPN 技术的目的是为了在不安全的信道上实现安全信息传输，保证企业或组织的内部信息在因特网上传输时的机密性和完整性，同时使用鉴别对通过因特网的数据传输进行确认。

5. 系统开发过程软件的安全保障措施

软件是保证管理信息系统正常运行的主要因素和手段。

（1）选择安全可靠的操作系统和数据库管理系统。

操作系统是其他软件的运行基础，其他的应用软件是在操作系统的支持下运行的，在安全策略和安全功能上，操作系统能够给予相当的支持和保障。所以选择一个安全可靠的操作系统是软件安全最基本的要求。

管理信息系统一般需要后台数据库管理系统的支持，安全的数据库管理系统直接制约了管理信息系统应用程序及数据文件的安全防护能力，选择数据库管理系统时要考虑它自身的安全策略和防护能力。数据库管理系统应保护数据具备抗攻击性，能抵御物理破坏，进行用户识别和访问控制，保证合法用户能顺利地访问数据库中授权的数据和一般的数据，不会出现拒绝服务的情况，并能进行安全的通信。

（2）设立安全保护子程序或存取控制子程序，充分运用操作系统和数据库管理系统提供的安全手段，加强对用户的识别检查及控制用户的存取权限。

（3）尽量采用面向对象的开发方法和模块化的设计思想，将某类功能封装起来，使模块之间、子系统之间能较好地实现隔离，避免错误发生后的错误蔓延。

（4）对所有的程序都进行安全检查测试，及时发现不安全因素，逐步进行完善。

（5）采用成熟的软件安全技术，软件安全技术包括软件加密技术、软件固化技术、安装高性能的防毒卡、防毒软件、硬盘还原卡等，以提高系统安全防护能力。

6. 系统开发过程数据的安全保障措施

系统开发过程数据的安全管理是管理信息系统安全的核心。管理信息系统中数据安全设计主要包括数据存取的控制、采用数据加密技术防止数据信息泄漏、预防计算机病毒感染、数据备份等方面。

（1）数据存取的控制。

对于获得数据使用权的用户，要根据预先定义好的用户操作权限进行存取控制，保证用户只能存取有权存取的数据。通常将存取权限的定义经编译后存储在数据字典中，每当用户发出存取数据库的操作请求后，DBMS 查找数据字典，根据用户权限进行合法性检查，若用户的操作请求超过了定义的权限，系统拒绝执行此操作。

存取控制常采用以下两种措施。

① 识别与验证访问系统的用户。系统能够识别每个合法的身份，并对其合法性进行验证，只有识别和验证都通过后，系统才允许用户访问系统数据。

② 决定用户访问权限。对于已被系统识别与验证的用户，还要对其访问操作实施一定的限制以确保共享资源情况下信息的安全可靠，可以防范人为的非法越权行为。

（2）数据加密。

数据加密是防止数据信息泄漏，保障数据保密性、真实性的重要措施，是数据安全保护的有效手段，也是抵抗计算机病毒感染、保护数据库完整性的重要手段。

数据加密有序列密码、分组密码、公开密钥密码、磁盘文件数据信息加密等多种方式。

9.5.4 管理信息系统运行过程的安全保障措施

系统运行过程的安全保障措施主要是在系统运行过程强化安全管理，建立和健全管理信息系统运行制度，不断提高各类人员的素质，有效地利用运行日志对系统实行监督和控制，以确保系统的正确和安全地运行。

1. 系统运行的管理制度

（1）建立正确使用管理信息系统的操作步骤。

（2）建立数据管理制度和数据备份制度。

（3）建立密码口令管理制度，做到口令专管专用，定期更改并在失密后立即报告。

（4）建立病毒的防治管理制度，及时检测、清除计算机病毒，并备有检测、清除的记录。

（5）建立安全培训制度，对职工进行计算机安全法律教育、职业道德教育和计算机安全技术教育，对关键岗位的人员进行定期考核。

（6）建立系统失效或数据被破坏后的数据恢复制度。

（7）建立严格的使用系统登记管理制度，对系统运行情况进行记录。

人工记录的系统运行情况和系统自动记录的运行信息，都应作为基本的系统文档妥善保管，这些文档既可以在系统出现问题时查清原因和责任，还能作为系统维护的依据和参考。

（8）建立人员调离的安全管理制度，人员调离时立即收回钥匙、更换口令、取消账号，及时办好移交，并向被调离人员申明其保密注意事项。

2. 系统运行过程硬件与环境的安全保障措施

（1）限制对硬件设备或终端无节制的使用。

（2）按制度及时检查和保养硬件设备，及时修理有故障的设备。

（3）信息中心的机房和计算机必须建立防火防盗等安全保护措施。

（4）管理信息系统中的各台计算机要设置使用权限，凭用户名和密码登录系统。

（5）制订计算机使用培训和安全操作规程。

（6）选择合适的存储介质，且保证存储介质的安全可靠，对存储介质要定期进行检查和清理。所有存储介质都应建立详尽的档案，存储介质上数据清除以及存储介质的销毁一定要严格、谨慎。

（7）限制外来人员和无关人员进入机房。

3. 系统运行过程通信网络的安全保障措施

（1）采用加密技术对网络中传输的信息进行加密处理。

用户在网络上相互通信，其数据安全的威胁主要是非法窃听截取，非法用户或者黑客通过搭线窃听、截取有线线路上传输的信息，或采用电磁窃听、截取无线传输的信息等。因此，对网络传输的信息进行数据加密，然后在网络信道上传输密文，这样，即使中途被截获，也无从理解信息内容，可以有效避免信息失密。数据加密是一种主动的信息安全防范措施。

（2）对网络和用户的行为进行动态监测、审计和跟踪，对网络和系统的安全性进行评估，发现并找出所存在的安全问题和安全隐患。

（3）通过使用网络安全监测工具，帮助系统管理员发现系统的漏洞，监测系统的异常行为，追查安全事件。

（4）对访问的用户进行身份鉴别和验证，以防止非法用户采用冒名的方法入侵系统，从而保证数据完整性。使用数字签名是实施身份认证的方法之一，数字签名是以电子形式存储信息的一种方法，一个签名信息能在一个通信网络中传输，基于公钥密码体制和私钥密码体制都可以获得数字签名。

4. 系统运行过程软件的安全保障措施

（1）建立软件或系统使用登录制度，操作人员在指定的计算机或终端上操作，对操作内容按规定进行登记。

（2）限制未授权用户使用本系统，不越权运行程序，不查阅无关参数。

（3）加强软件维护，妥善管理软件，按照严格的操作规程运行软件。

（4）对系统运行状况进行监视，跟踪并详细记录运行信息，出现操作异常时立即报告有关部门。

（5）不做与工作无关的操作，不运行来历不明的软件。

5. 系统运行过程数据的安全保障措施

（1）建立用户密码体系。

（2）数据备份。

重要数据经常定期备份，以防止自然灾害或意外事故将数据文件破坏后，使数据不至于完全丢失，并能使系统尽快恢复运行。所有的数据备份都应当进行登记，妥善保管，防止被盗取、被破坏、被误用。重要的数据备份还应当进行定期检查，定期进行复制，保证备份数据的完整性和时效性。

数据备份的方法有全文备份（备份文件的所有内容）、增量备份（只备份新增部分内容）、重点备份（备份不易实现的数据）。

（3）建立用户对数据的查询、增加、修改、删除、更新分级权限制度。

通过设置数据存取权限保障数据的安全，数据安全包括禁止无权用户存取数据和防止有权用户随意修改数据或在不经意的情况下无意破坏数据。数据的安全措施常采用多级保护方法，对于不同的安全级别的数据设置不同密码。例如进入主窗口设置一个密码，对系统中某些重要数据的修改、更新设置另一个密码，层层把关。

（4）数据输入控制。

进入系统的数据，必须格式规范，保证数据在输入前和输入过程中的正确性、无伪造、无非法输入。

（5）程序化的例行编辑检查。

程序化的例行编辑检查是在原始数据被正式处理之前，利用预先编好的预处理程序对输入的数据进行错误检查，不满足预定条件的数据反馈提示信息，系统拒绝对有疑问的数据作进一步的处理。例如，进销存管理系统先把订单中各物品编码与预先存储的物品库文件中的编号进行比较，如果结果不一致就拒绝接受该订单。

程序化的例行编辑检查主要包括如下几项。

① 格式检查：检查输入数据的格式、大小、内容等，如身份证号码是否符合标准格式。

② 存在检查：将输入的编码与预先已知的编码比较，确定输入的编码是否有效。

③ 合理检查：检查输入数据值是否在合理范围内，例如我国的邮政编码只能为 6 位。

④ 数字检查：将输入的数据与系统中预定好的某个数字进行运算，结构符合条件，则认为输入的数字正确。

（6）总量控制技术。

总量控制以确保数据总量的完整和准确。管理信息系统处理得到的数据总量与手工计算的数据总量应一致，如果不一致应进一步核对，找出其原因。例如对于管理信息系统中的订货子系统，计算机计算出来的总订货量与订货合同中的订货量应相同，新输入的订货数量经系统计算后得到的总量与输入前的数据进行比较，结果应符合手工计算值。

6. 灾难性事故的恢复措施

灾难性事故是指突发的或人们无法抗拒的意外事件的发生对管理信息系统的正常工作所造成的破坏性影响。例如，火灾、水灾、突然停电、人为的毁坏等。为了尽量减少灾难性事故对管理信息系统的严重影响和破坏，应防患于未然，事先制订周密的应急计划，将系统中最关键的、最重要的需要保护的数据进行备份，明确恢复系统运行的硬件、软件条件，熟练掌握系统恢复方法。

项目实战

【任务 9-1】 图书管理系统的有效管理和安全保障

【任务描述】

（1）任务卡

【任务 9-1】的任务卡如表 9-3 所示。

表 9-3 　　　　　　　　　　　　　【任务 9-1】的任务卡

任务编号	09-1	任务名称	管理信息系统的有效管理和安全保障
计划工时	30min	所属系统名称	图书管理系统
任务说明			
（1）制订图书管理系统运行和维护的各种规章制度 （2）为了保护图书管理系统的数据，从硬件环境、软件系统、程序设计和组织管理制度等方面综合考虑其安全保障措施			

（2）任务跟踪卡

【任务 9-1】的任务跟踪卡如表 9-4 所示。

表 9-4 　　　　　　　　　　　　　【任务 9-1】的任务跟踪卡

任 务 编 号	开 始 时 间	完 成 时 间	计 划 工 时	实 际 工 时	当 前 状 态
09-1					

【任务实施】

1. 制订图书管理系统运行和维护的各种规章制度

为了保证图书管理系统能可靠地正常运行，要制订图书管理系统运行和维护的各种规章制度，严格进行系统的日常运行管理和维护，确保系统安全正常稳定。同时要重视系统安全性问题，系统投入使用后要保证不会出现数据丢失等现象，并保证数据的一致性、并发性和可移植性，而且要具有定期备份，数据恢复的功能，不同岗位的职员拥有不同的访问权限。在权限管理上，是通过用户登录权限进行严格划分和控制来实现的。

将使用人员分成不同的组，不同的组授予不同的权限。

① 系统管理员组：拥有对系统所有操作权限，可对系统内操作人员密码的增加、删除和修改。

② 系统操作员组：拥有一定的查询修改和删除权限，可使用系统的日常业务处理和报表查询、打印等系统功能。

③ 系统查询组：只拥有对系统数据查询及打印的权限。

2．图书管理系统运行过程的安全保障措施

图书管理系统必须将准确、可靠和安全放在第一位，为了保护数据，本系统应从硬件环境、软件系统、程序设计和组织管理制度四个方面综合考虑其安全保障措施。

（1）对于硬件系统，采用磁盘阵列和移动硬盘，将数据交叉存放在各磁盘阵列上，如果阵列中的某个成员出现故障，可通过其他部分予以恢复；除了采用 RAID5 技术外，本系统采用移动硬盘做日常备份，采用光盘做月备份，最大程度地保护数据的安全。同时配备在线式 UPS，定期对服务器、网络通信设备等进行监控。

（2）对于软件系统，采用 SQL Server 2008 数据库，通过账号及口令使后台的数据与前台的操作分离，防止普通用户对数据库进行直接操作。利用 SQL Server 2008 的事务处理机制，保证数据的完整性与一致性，提供各种故障恢复机制，做到故障自动恢复。

对于一般的故障，由系统自动恢复，如掉电则重新启动计算机由 SQL Server 2008 自动恢复进程；若出现硬盘故障，可在不停机状态下热插拔更换。当出现整个系统彻底破坏时，可以通过系统重新安装整个系统，然后将备份的全部数据库恢复到新系统中。

（3）在程序设计过程中，设置查询用户、图书借阅员、图书管理员和数据库系统管理员四级用户体系，根据用户级别分别授予相应的操作权限，同时，对用户口令采用高强度的加密算法进行保护；另外，设置流水账、明细账等方式存放各种操作过程信息，为系统提供多条审计线索，确保每一笔数据操作都有据可查，保证数据操作的合法性和安全性。

（4）在组织管理制度上，制订明确的数据操作规程和数据安全管理制度，在直接对数据库进行操作时，必须有两个以上人员的共同操作才能进行。可将系统管理员口令分为两段，分别进行管理。定期检查和清除计算机及网络环境中的各种计算机病毒，经常对数据库进行备份。

项目实战考核评价

本单元的项目实战考核评价内容如 9-5 所示。

表 9-5　　　　　　　　　　　单元 9 的项目实战考核评价表

	考核项目	考核内容描述	标准分	评分
考核要点	管理信息系统的有效管理	制订图书管理系统运行和维护的各种规章制度	1.5	
	图书管理系统运行过程的安全保障措施	为了保护图书管理系统的数据，从硬件环境、软件系统、程序设计和组织管理制度等方面综合考虑其安全保障措施	1.5	
	素养与态度	认真完成本单元的各项任务，纪律观念强，团队精神强，学习态度好，学习效果好	1	
	小计		4	
评价方式	自我评价	小组评价	教师评价	
考核得分				

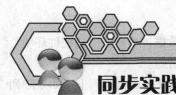

同步实践

【任务 9-2】 进销存管理系统的有效管理和安全保障

【任务描述】

(1)制订进销存管理系统运行和维护的各种规章制度。

(2)为了保护进销存管理系统的数据,从硬件环境、软件系统、程序设计和组织管理制度等方面综合考虑其安全保障措施。

【参考资料】

参见图书管理系统的制度制订和安全保障措施。

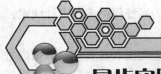

同步实践考核评价

本单元同步实践考核评价内容如表 9-6 所示。

表 9-6   单元 9 的同步实践考核评价表

任务编号	09-2	任务名称	进销存管理系统开发的有效管理和安全保障		
任务完成方式	【　】小组协作完成		【　】个人独立完成		
任务完成情况说明					
存在的主要问题说明					
考核评价					
自我评价		小组评价		教师评价	

归纳总结

本单元介绍了管理信息系统开发的项目管理、文档管理、质量管理和行为管理,重点介绍了管理信息系统的开发和运行过程的安全隐患和安全保障措施。

单元习题

（1）管理信息系统开发过程中，为什么要进行项目管理？

（2）项目管理有哪些方法？管理信息系统项目有哪些特点？

（3）管理信息系统开发项目管理的主要任务有哪些？

（4）管理信息系统项目管理所包括的内容有哪些？

（5）管理信息系统开发的文档管理有哪些要求？主要工作任务是什么？

（6）为了在管理信息系统的建设过程实施全面质量管理，可以采取哪几项措施？

（7）管理信息系统的行为管理有何作用？主要包括哪些措施？

（8）管理信息系统的运行管理主要包括哪些内容？

（9）影响管理信息系统安全的主要因素有哪些？

（10）系统开发的总体安全保障措施有哪些？

（11）系统开发过程环境的安全保障措施有哪些？

（12）系统开发过程软件的安全保障措施有哪些？

（13）系统运行过程中有哪些管理制度？

（14）系统运行过程中数据的安全保障措施有哪些？

管理信息系统项目开发综合实训

管理信息系统开发综合实训是教学过程中重要的实践教学环节。它是根据专业教学计划的要求,在教师指导下对学习者进行的专业技术训练,培养学习者综合运用理论知识分析和解决实际问题的能力,实现由理论知识向操作技能的转化,是对理论与实践教学效果的检验,也是对学习者综合分析能力与独立工作能力的培养过程。因此,加强实践教学环节,搞好综合实训教学,对实现专业培养目标、提高学习者的综合素质有着重要的作用。

A.1 综合实训目的

(1)通过综合实训巩固、深化和扩展学习者的理论知识与专业技能。

① 使学习者进一步掌握管理信息系统的开发方法及其特点,主要学会系统分析与设计的各个步骤。

② 进一步学习和加深对面向对象开发方法和可视化程序开发方法的理解和应用。

③ 巩固所学的计算机语言和数据库知识,培养良好的程序设计风格,提高逻辑思维能力和创新能力。

④ 掌握测试的方法,了解逻辑覆盖的主要覆盖标准。

(2)提高学习者的编程能力,学会撰写系统开发所需的各种文档资料。

(3)学会理论与实践相结合,培养学习者运用所学的理论知识和技能解决社会实践中所遇到的实际问题的能力及其基本工作素质。

(4)培养学习者正确的设计思想和思维方法、理论联系实际的工作作风、严肃认真的科学态度以及独立工作的能力,树立自信心。

(5)训练和培养学习者获取信息和综合处理信息的能力、文献检索能力、文字和语言表达能力以及合作精神。

A.2　待选用的项目开发题

（1）学习者信息管理系统。
（2）进销存管理信息系统。
（3）教务管理信息系统。
（4）工资管理信息系统。
（5）人力资源管理系统。
（6）设备管理系统。
（7）物业管理系统。
（8）综合实训室管理系统。

A.3　综合实训要求

（1）认真做好系统设计前各项准备工作，充分认识综合实训对提高综合素质和培养动手能力的重要性。

（2）综合实训过程中，要结合所学的知识，对管理信息系统有一个总体的认识和全面的了解，并学会使用所学管理信息系统开发的原理和方法解决实际问题。

（3）综合实训过程中，详细记录系统调查、系统分析、系统设计、程序编写、系统测试等过程中的各种信息。

（4）编写规范的文档资料，文档资料要符合《计算机软件产品开发文件编制指南（GB8567—88）》，编制软件使用说明书。

（5）综合实训过程中既要虚心接受老师的指导，又要充分发挥主观能动性。结合课题、独立思考、努力钻研、勤于实践、勇于创新。

（6）在设计过程中，要严格要求自己，树立严密、严谨的科学态度，必须按时、保质、保量完成综合实训任务。一定独立按时完成规定的综合实训内容，不得弄虚作假，不准抄袭或拷贝他人的程序或其他内容。

（7）小组成员之间，既要分工明确，又要密切合作，培养良好的互助、协作精神。

（8）综合实训期间，严格遵守学校的规章制度，不得迟到、早退、旷课。缺课节数达三分之一以上者，综合实训成绩按不及格处理。

A.4　综合实训过程安排

管理信息系统开发综合实训与开发真实的管理信息系统侧重点有所不同，综合实训主要巩固所学过的知识，学习管理信息系统开发的方法，过程相对简单些，基于学习者的实际情况和时间限制，提出以下内容供参考。

1.　综合实训准备、制订综合实训计划

（1）复习和巩固管理信息系统的开发方法，布置综合实训任务。

（2）5至10人为一组，每一组选定一名组长，组长主要负责考勤以及与指导教师联系。

（3）选题应满足教学的基本要求，贯彻因材施教的原则，使学习者在水平和能力上有较大提高，鼓励学习者有所创新。难度适当并具有一定的先进性和覆盖面，一般应使学习者在规定的时间内经过努力可以完成。选择课题后，各小组进行分工。

（4）根据综合实训时间的长短制订一个切实可行的系统开发计划，要求编制进度表。

2. 问题定义

弄清楚所开发的系统具体要解决什么问题，具体包括系统的名称、开发背景、待开发系统的现状、所开发的系统应达到的目标（目标包括功能、性能、使用方便性等）。

3. 可行性研究

展开初步调查，确定问题定义阶段所确定的系统目标是否能实现，所确定的问题是否可以解决，系统方案在经济上、技术上、操作上是否可以接受。

可行性研究包括以下步骤：进一步确认系统的规模和具体细化系统目标；了解和研究正在运行的类似系统，以积累开发的感性认识，取长补短；建立新系统的粗略逻辑模型；提出多套解决方案，评价各套方案的优劣，最后决定采纳的方案；编写可行性研究报告。

4. 需求分析

需求分析的基本任务是准确地定义新系统的目标，回答系统必须"做什么"的问题。

（1）展开深入细致的调查分析。了解当前系统的工作流程，准确理解用户的要求，获得当前系统的物理模型。当前系统指目前正在运行的系统，可能是需要改进的正在运行的管理信息系统，也可能是人工处理的系统。

（2）抽象出当前系统的逻辑模型。物理模型反映了系统"怎样做"的具体实现，去掉物理模型中非本质的因素，抽象出本质的因素。所谓本质因素是指系统固有的、不依赖运行环境变化而变化的因素，任何实现均可这样做。所谓非本质因素不是固有的，随环境不同而不同，随实现不同而不同。

（3）进行深入细致的需求分析。需求分析的目的是使软件设计人员和用户之间进行全面的深入沟通，以明确用户所需的究竟是一种什么样的软件。需沟通的主要内容有：将要开发的软件所涉及的概念、目标、功能、性能、控制逻辑、算法、运行环境、运行过程等。通过需求分析产生的软件规格说明书是软件设计、调试和测试工作的基础，是软件评审、鉴定和验收的依据之一。一份软件规格说明书的质量优劣，一方面取决于需求分析深入的程度，另一方面取决于系统分析员刻画软件需求的正确性、完整性、合理性和一致性时所达到的程度。

（4）建立目标系统的逻辑模型。目标系统指待开发的新系统，分析、比较目标系统与当前系统逻辑上的差别，然后对"变化的部分"重新分解，逐步确定变化部分的内部结构，从而建立目标系统的逻辑模型。

（5）作进一步补充和优化。为了完整描述目标系统，还要作一些补充说明，描述目标系统的人机界面，说明目标系统尚未考虑的问题。

5. 总体设计

系统的总体设计的基本任务包括系统结构设计、数据库设计。

（1）系统结构设计：分析功能结构，划分功能模块，确定各个模块的功能、模块之间的调用关系、模块之间的接口。

（2）数据库设计。进行数据库的概念、逻辑两个方面的设计。

（3）编写概要设计文档，要求绘制一套完善的 UML 软件模型或者层次数据流图，编写数据字典，绘制 E-R 图。

6. 详细设计

主要确定每个功能模块的具体执行过程：为每个模块进行详细的算法设计；为模块内的数据结构进行设计；对数据库进行物理设计；进行编码设计、输入/输出格式设计、人机对话设计等；编写详细设计说明书。可以使用的工具有 IPO 图、程序流程图、N-S 图等。

7. 编写代码

把详细设计阶段的结果翻译成用某种程序设计语言书写的程序。可采用可视化程序开发工具完成。程序要进行反复调试，以保证没有语法错误、逻辑错误和异常。采用 C#、VB.NET 或 Java 编写系统的各功能模块的程序代码，并自行测试程序。

8. 综合测试

对所开发的系统进行全面测试，以发现程序中是否存在错误，是否有不正确或遗漏了某些功能，系统能否正确地接受输入数据，能否产生正确的输出信息；访问外部信息是否有错；性能上是否满足要求等。选择测试用例时，应由输入数据和预期的输出数据两部分组成，不仅要选用合理的输入数据，还要选择不合理的输入数据。进行综合测试时应制订测试计划并严格执行。

（1）小组成员交叉测试程序，并记录测试情况。

（2）综合测试所开发的系统，且记录测试情况，直到能正确运行为止。

9. 完善系统

根据综合测试结果，对程序和系统进行修改、完善，且进行回归测试。

10. 验收与评分

整理各个阶段书写的文档资料，按要求编写综合实训报告。指导教师对每个小组的所开发的管理信息系统以及每个成员所开发的模块进行综合验收，结合综合实训的过程考核，根据综合实训成绩的评定办法，给所有学习者评定成绩或等级。

A.5 综合实训课时分配

序号	综合实训项目及要求	课时分配
1	选择和分析综合实训题，明确综合实训题要求实现的功能，制订综合实训计划和进度表	2
2	系统初步调查，进行可行性分析和需求分析	2
3	系统总体设计，划分功能模块，绘制数据流图和模块结构图	4
4	进行编码设计和数据库设计	4

序号	综合实训项目及要求	课时分配
5	编写系统的各功能模块的代码，调试、修改程序	16
6	进行系统测试、运行	4
7	综合实训总结，书写综合实训报告	4
8	评分，综合实训情况讲评	4
合计		40

A.6　教学组织设计

（1）要求学习者在机房上机的时间不低于 30 学时，并且要求一人一机。学习者上机时间可以根据具体情况进行适当增减。

（2）5～10 人为一小组，每小组选取一个综合实训题，每一小组的成员可一起制订综合实训计划和进度表；进行系统调查、可行性分析、需求分析；讨论系统的功能、进行系统总体设计和功能模块划分。

（3）每一小组的各个成员要独立完成 UML 软件模型或数据流图的绘制、编码设计、数据库设计和算法设计，各功能模块的代码编写、调试和修改，不得相互抄袭或拷贝。

A.7　综合实训报告的内容

综合实训报告应包括以下内容。

（1）管理信息系统名称、开发者、开发日期、摘要、关键字等。

（2）综合实训项目说明：包括问题定义、使用环境、开发方法、设计思路等。

（3）可行性分析：包括现有系统状况、系统逻辑模型、新系统目标、开发计划、进度表等。

（4）需求分析：包括 UML 软件模型或者数据流图、数据字典、新系统逻辑模型的定义等。

（5）总体设计：包括系统功能设计、系统结构设计、数据库设计、网络环境、系统运行环境等。

（6）详细设计：包括算法设计、数据结构设计、数据库物理设计、输入/输出设计、界面设计等。

（7）程序设计：选择可视化开发工具和程序语言、编程、调试等。

（8）综合测试：包括测试方法、测试用例、测试结果、出现的错误的修改等。

（9）设计小结：总结综合实训过程的体会及存在的问题。

（10）其他方面：包括参考文献等。

A.8　考核方式与评分标准

1. 考核方式

考核方式分为过程考核和终结考核两种形式。

过程考核主要考查以下几个方面。

（1）明确综合实训要求，制订了具体综合实训计划和进度表，且能按计划和进度要求有条不綮地进行综合实训。

（2）对所要开发的系统进行了系统调查、可行性分析和需求分析。

（3）系统总体设计合理，功能模块划分正确，UML 软件模型或者数据流图绘制正确。

（4）编码设计合理，数据库设计正确。

（5）能按要求编写各功能模块的代码，调试、修改程序。

终结考核主要考查功能的实现、系统的正确运行、算法的正确实现、程序的可读性、用户界面的友好性、文档资料的完整性以及综合实训报告的书写情况。

2．考核标准

序　号	考核项目	考核项目	评分比例
1	过程考核	综合实训要求、综合实训计划、进度表	50%
		系统调查、可行性分析、需求分析	
		总体设计、功能模块、UML 软件模型或者数据流图	
		编码设计、数据库设计	
		程序代码、算法	
2	终结考核	功能的实现，系统的正确运行，算法的正确实现	30%
		程序可行性、健壮性、可读性较好。用户界面友好	
3	纪律考核	综合实训期间组织纪律性强，无迟到、早退、缺课现象	5%
4	创新情况	设计具有独创性，构思巧妙、有新意	5%
5	小组协作	小组协作精神强，所有的小组成员在规定时间内完成综合实训任务，无雷同现象或抄袭现象	5%
6	文档资料	文档资料书写完整，字迹清楚，页面整洁	5%
		认真书写综合实训报告，综合实训有收获	
合计			100%

参考文献

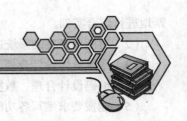

[1] 陈承欢. 管理信息系统开发案例教程〔M〕. 北京：人民邮电出版社，2009

[2] 陈承欢，彭勇. 管理信息系统基础与开发技术〔M〕. 北京：人民邮电出版社，2005

[3] 沈美莉，陈孟建. 管理信息系统〔M〕. 北京：人民邮电出版社，2009

[4] 张月玲，范丽亚. 管理信息系统〔M〕（第 2 版）. 北京：清华大学出版社，2010

[5] 王成钧. 信息管理实用技术教程〔M〕. 北京：清华大学出版社，2006

[6] 王丙义. 信息分类与编码〔M〕. 北京：国防工业出版社，2003